【改訂2版】

戦略管理会計

Managerial Accounting

早稲田大学ビジネススクール教授
西山 茂 著

ダイヤモンド社

はじめに

グローバル化やBRICｓをはじめとする中進国・発展途上国にある企業の成長に伴って、日本企業を取り巻く環境の変化が激しくなっている。このような状況の中で、過去の常識や経験だけに基づいて意思決定をしていくことは、非常にリスクが高く、また判断ミスにつながるおそれもある。それでは、意思決定の成功確率を少しでも高めていくには、どうしたらよいのであろうか。

そのためには、経営の基本ツールを押さえ、自分のものとして十分に使いこなすことによって、経験や勘のズレを修正していくことが必要になる。つまり、経営のツールを活用して、しっかりとしたビジョンや財務目標を掲げ、それに沿って経営環境を考えながら適切な戦略を立て、確実に実行していくことが重要なのである。

このステップの中で、管理会計は大変重要な役割を果たしている。具体的には、さまざまな数値データを収集し、それをベースにしたシミュレーションを行い、戦略立案と意思決定のための情報を提供したり、採用された戦略を効果的に実行に移していくためのコストや組織のコントロールを行う際に、管理会計のさまざまなツールを使うことができるのである。

それでは、管理会計のツールがなければどのようなことが起こるのだろうか。

たとえば、経営戦略やマーケティングといった定性的な分析だけで戦略を立案してしまうと、それが仮に成功しても、どの程度のリターンが得られるのか、ROE（Return on Equity：自己資本利益率）が上昇するのか、またVBM（Value Based Management：価値創造経営）の考え方をベースにして企業価値がどの程度上昇するのか、といった財務的な成果の見当がつかない。そのため、株主をはじめとした外部関係者の関心が高い財務数値の目標が達成できなかったり、戦略の優劣を測る物差しがなくなってしまい、結果として判断ミスを犯すおそれが出てくるのである。

また、いくら良いビジョンや戦略を策定しても、それをスムーズに実行に移すための仕組みや、事業部門や個々の従業員に対する戦略の方向性に沿った評価基準やインセンティブがなければ、その実現は難しくなり、絵に画いた餅になりかねない。このように管理会計は、ビジョンの実現や戦略の策定、実行、また適切な人的資源管理になくてはならないものなのである。

さらに、コスト管理の仕組みがしっかりできている企業は、コスト競争力が高まり、低コストを武器に戦うコスト・リーダーシップ戦略を採用しやすくなり、また独自性を出すことによって戦う差別化戦略を採用する場合でも、コスト競争力を加えることによってその強みをより強固にすることができる。つまり、しっかりとした管理会計の仕組みが確立していることは、採用できる戦略の幅を広げ、企業の強みをより強固にすることにもつながっていくのである。

このように、管理会計は経営戦略やマーケティング戦略の立案・実行、さらには人的資源管理に密接に関連している。

本書は、全体を「意思決定のための管理会計」「コスト管理のための管理会計」「組織管理のための管理会計」「今後、重要性を増す機能・分野の管理会計」の４つの部に分けている。

第1部の「意思決定のための管理会計」では、経営管理者が意思決定を行っていくためにはどのようなツールがあり、経営の視点からどう使いこなしていけばよいかについて、ビジョンとプラン、短期的意思決定、価格戦略の意思決定、長期的意思決定の４つの章に分けて解説している。

第2部の「コスト管理のための管理会計」では、コストをコントロールしていくツールの内容と意味、またそれを経営の視点からどのように使いこなしていったらよいかについて、ABCによるコントロール、原価企画によるコントロール、標準原価計算によるコントロールの3つの章に分けて解説している。

第3部の「組織管理のための管理会計」では、組織をコントロールしていく仕組みや考え方にはどのようなものがあり、それを経営の視点からどのように使いこなしていったらよいかについて、組織の構築とコントロール、損益分岐点分析とコントロール、予算管理によるコントロール、バランスト・スコアカードの4つの章に分けて解説している。

第4部の「今後重要性を増す機能・分野の管理会計」では、これからの日本企業にとって特に重要と考えられる管理会計の機能や分野として、販売費および一般管理費のコントロール、研究開発費のコントロール、エンターテインメント・ビジネスのコントロールの3つを取り上げ、どのように対応していけばよいかを解説している。

本書は、経営管理に携わっている企業の経営幹部や、分社化された子会社の経営幹部、事業部の幹部、将来の幹部候補である若手ビジネスマンに、財務データをどう経営管理に生かしていけばよいのかを学んでいただくことを目的としている。最近は、持株会社や事業部制をはじめとする分権的な組織を採用する企業が増えており、トップ・マネジメントだけではなく、中堅幹部でも経営管理者として活動しなければならなくなっている。また、経済のグローバル化の中で、合弁会社（ジョイント・ベンチャー）やアウトソーシングなど、外部の企業と連携していくことも多い。その面からも、経営の基本ツールである管理会計を共通言語としてマスターしておくことがより重要となっている。

また、財務経理の専門家にとっても、経営者に対して意味のある判断資料を提供したり適切なアドバイスをしていくためには、経営者的な幅広い視点で数値データを理解し、まとめていく能力が必要になる。したがって、日々接している数値データを経営という視点から使いこなす方法を学んでいただきたい。

ところで、私は監査法人において公認会計士としてビジネスキャリアをスタートして以来、コンサルティング業務に従事したり、企業の経営幹部と接点を持つ中で、これからの経営者には、日々の意思決定や経営管理に密接に関係する管理会計を学ぶことがより重要だと一貫して考えてきた。そして、その後の日本企業を取り巻く大きな環境変化と業績の企業間格差を見るにつけ、ビジョンや戦略をしっかり策定し、それを確実に実行していくことの重要性が年々高まってきていると感じていた。

本書の初版は、そのような中で、当時ダイヤモンド社の編集長であった上坂伸一氏と経営の視点に立った管理会計の本をつくろうということで意見が一致し、執筆したものである。しかし出版から10年余が経過することで、初版で扱っていなかったバランスト・スコアカードなどが注目されたり、日本企業を取り巻く環境も変化してきている。そこで、新しいツールの解説を加え、事例をアップデートした新版を出版しようと現編集長の岩崎卓也氏からご提案をいただき、本書を上梓するプロジェクトが始まったのである。

本書の視点や内容は、監査法人トーマツ時代から現在に至るまでの数多くのクライアントとのプロジェクト、早稲田大学大学院での研究やMBAプログラムでの学生との接点、あるいは企業の経営幹部とのトレーニングなどを通じたディスカッションがベースになっている。これらの機会を与えてくださった多くの企業の経営幹部やビジネスパーソンの方々、MBAプログラムの卒業生、学生、また同僚の先生方にこの場をお借りして深く感謝するものである。

さらに、今回の改訂はさまざまな仕事の合間を縫って行ったため、お話をいただいてから3年余が経過してしまった。しかし何とか形になったのは、その間辛抱強く待っていただき、また的確なアドバイスをしていただいた、岩崎卓也氏のおかげである。この場をお借りして、心より感謝するものである。また、本書の作成や校正については、ダイヤモンド社の城満寿美氏に数多くのきめ細かくまた的確なアドバイスをいただいた。城氏の熱心かつ丁寧なご対応にも深く感謝する。さらに、本書の実務面を中心とした読者の視点からのレビューは、早稲田大学大学院の私のゼミのOBである清水享氏にお願いした。清水氏は私のゼミの非常に優秀な卒業生の一人であるが、彼の実務に即した多面的で適切なアドバイスは大変参考になった。この点についても、心より感謝するものである。この3名の方々のご支援がなければ、本書は日の目を見なかったであろう。

本書が管理会計を経営管理に積極的に利用していこうと考えている方々の一助となり、ツールを上手に使いこなす足腰の強い企業が1社でも多く出てくることにつながれば望外の喜びである。

2009年3月

西山　茂

第2章 短期的意思決定

第3章 価格戦略の意思決定

第4章 長期的意思決定

◉第２部――コスト管理のための管理会計

第1章 ABCによるコントロール

第2章 原価企画によるコントロール

第3章 標準原価計算によるコントロール

◉第3部――**組織管理のための管理会計**

第1章 組織の構築とコントロール

第2章 損益分岐点分析とコントロール

第3章
予算管理によるコントロール

第4章
バランスト・スコアカード

第3章 エンターテインメント・ビジネスのコントロール

戦略管理会計

Managerial Accounting

序 管理会計の重要性

会計（アカウンティング）は、管理会計と財務会計の2つの分野に分けることができる。その違いとしては、以下の4つの点が挙げられる。

まず第1に、**利用目的**である。

管理会計は、企業の内部にある会計データを、意思決定や組織のコントロールなどに利用していくことを目的としている。一方、財務会計は、貸借対照表や損益計算書といった企業の業績を表す財務データを定められたルールに従って作成し、外部の関係者にディスクローズしていくこと、またディスクローズされた情報を上手に利用していくことを目的としている。簡単に言うと、管理会計と財務会計の第一の違いは、企業内部で利用するためのものか、企業外部で利用するためのものかという点にある。

第2に、**ルール**である。

管理会計はあくまでも企業の内部で会計データを利用するためのものであるから、必ず従わなければならないルールはなく、企業がそれぞれ必要に応じていろいろな考え方やツールを活用していく。一方、財務会計は外部に企業の財務データをディスクローズするという目的から、外部の関係者が他の企業との比較などをしやすいように一定のルールが決められている。

第3に、**情報量**である。

管理会計は企業内部の情報であるため、仕組みさえつくればかなり多くの情報を入手することができる。一方、財務会計はルールに従ってディスクローズされた企業の業績についての過去情報であるから、それを使って企業の過去の状況を分析したり、これをベースにした現在あるいは将来予測をある程度は行うことができても、入手できる情報に限界があることは否めない。

第4に、求められる**データの性質**である。

管理会計と財務会計のどちらにおいても、情報の正確性とタイムリーな情報提供は重要である。しかし管理会計では、それに加えて何のために数値データを集計するのか、つまり利用目的に合っているのか、さらに効果があるのか、といった点が重要となる。

このように管理会計と財務会計にはいろいろな相違点がある。それでは次に、管理会計がなぜ重要なのかについて考えてみたい。

管理会計は、企業の内部にある数値データを意思決定や組織のコントロールなどに利用することを目的としている。しかし、その利用の方法については、財務会計のように必ず従わなければならないルールがあるわけではない。したがって、どのような仕組みをつくり、またどのようなツールを採用し、それをどう使っていくのかは各企業の考え方次第である。ということは、その利用の仕方によって大きな差がつく可能性があるということでもある。

さらに、管理会計は企業の内部の情報をベースにしたものであるため、仕組みさえつくればかなり多くの情報を入手することができる。いわば管理会計は情報の宝庫なのである。したがって、管理会計の手法を駆使して効率よく質の高い情報を入手しようと努力し、それを正しく使いこなしている企業は、多くの貴重な情報をベースに、より成功確率の高い戦略を策定し、それを確実に実行することができ、結果として競争優位をますます高めることができる可能性が高くなる。反対に、管理会計に無関心であったり、誤った使い方をしている企業は、戦略の立案段階でミスを犯したり、正しい戦略でもほとんど実行されなくなってしまうおそれがある。

たとえば、本書の第2部第1章「ABCによるコントロール」で取り上げるABC（活動基準原価計算）の大きな役割の1つは、正確なコスト計算である。もし正確なコスト計算ができていないと、どのようなことが起きるだろうか。

仮に、P社の従来の原価計算の方法をベースにした製品Aのコストが1個1万円、製品Bのコストが1個1万5000円であったとする。しかしABCの手法を導入してできるだけ正確なコスト計算を行ったところ、製品Aのコストは6000円、製品Bのコストは2万円になった。このような場合に、P社が従来の方法でしかコスト計算をしていなかったら、どうなるであろうか。まず、製品Aの価格は1万円のコストをベースに設定されることになるので、実際の正確なコストである6000円をベースにした場合に比較すると高めになるだろう。一方、製品Bの価格は1万5000円をベースに設定されることになるので、実際のコストである2万円をベースにした場合よりも低めになると思われる。

このようにコスト計算の正確性は、製品の価格設定に大きな影響を及ぼすのである。ここで、P社は従来のコストしかわからず、競合メーカーがABCに基づく正確なコストを把握しているとすると、さらに問題が起きる。たとえば、競合メーカーが製品Aについて9000円という価格を付けてきたらどうなるか。P社にしてみると、製品Aのコストはあくまでも1万円と計算されているため、競合メーカーの9000円という価格はダンピングに見える。そこで、とりあえず一定期間は競争するかもしれないが、競合メーカーが撤退しなければ製品Aからの撤退を考えるようになる。つまり、正確なコスト計算ができていないために製品ごとの正確な採算がわからず、結果として実際には儲かっている製品Aから撤退し、赤字になっている製品Bに注力してしまうといった誤った製品戦略を採用してしまうのである。

また、第3部第1章「組織の構築とコントロール」の中で取り上げる「プロフィットセンター」と「コストセンター」を考えてみよう。この2つは、組織の業績をどう集計して評価するかという視点からの組織構築の代表的な考え方である。具体的には、グループごとに売上高とコストを集計して利益を計算していく組織を「プロフィットセンター」、コストの予算だけを割り当ててその範囲内で与えられた業務を行う組織を「コストセンター」と呼んでいる。

それでは、差別化を目指して多品種少量生産を志向しているメーカーは、工場をどちらに位置づけるのがよいのであろうか。プロフィットセンターとして位置づけると、工場のメンバーは複雑な作業が必要な少量の注文であっても、販売部門と価格を交渉する権利があるので、利益が見込めれば積極的に取り組む可能性が高い。しかし、コストセンターにしてしまうと、とにかくコストダウンをすることでしか評価されなくなるので、手間がかかる少量の注文は避け、できるだけ標準的な製品の大量生産といった注文を好むようになる。このように、組織をどう位置づけるかによって、企業全体の戦略の方向性と工場の目指す方向性に大きなズレが生じてくるおそれがある。

このように、管理会計は戦略立案の数値面でのベースとして、また戦略を適切かつスピーディに実行していくための仕組みとして、経営に必要不可欠なものである。

さらに、財務会計において連結財務諸表が中心となる中で、各事業分野や地域別の業績を集計したセグメント情報に対する注目度が高くなっている。そのセグメント情報の分類集計について、会計ルールのグローバルスタンダードであるIFRS（International Financial Reporting Standards:国際財務報告基準）では、管理会計で利用している数値を公開していくというマネジメントアプローチが採用されており、日本でも2010年から導入されることが決まっている。このような方向性の中で、管理会計のデータの一部が外部にオープンになると、それを適切に集計し活用していくことの重要性がより高くなり、財務会計と管理会計、つまりディスクローズと経営管理のリンクの必要性が高まると考えられる。このような面でも管理会計の重要性はより高くなってきている。

管理会計は、英語でManagerial Accounting、あるいはManagement Accountingという。一方、財務会計はFinancial Accountingという。この名称からすると、財務会計は財務面の会計、つまりCEOやCOOというよりもCFO（Chief Financial Officer:最高財務責任者）のテーマであると考えられる。それに対して管理会計は、Management、つまりCEO、COOにとって重要な「経営のための会計」と考えられる。このように、管理会計とは、競争優位をいかに築き維持していくか、そのためには内部の会計データを経営にどう利用していくのかということであり、まさに経営そのものということができるのである。

今後、グローバル企業として生き残っていくためには、強みをますます強化するとともに、弱みは他社と協力することによって補填するといった業種や社内で保有するバリューチェーンの絞り込みを要求される企業が増加すると予想される。その見極めを正確に行い、強みをより強くしていくために、本書で取り上げる管理会計の手法をぜひ利用してもらいたい。

第1部 ◉ 意思決定のための管理会計

第1部のはじめに

世界経済のグローバル化と、BRICsをはじめとする中進国や発展途上国の企業の成長、またICT技術の進歩などにより、大きく、また激しい環境変化が企業を直撃している。20年ほど前までは、多くの企業は基本的に右肩上がりの、比較的安定した環境の中にあった。そこでは、過去の延長線上で将来をある程度予測できたので、過去の経験をベースに若干の環境変化を加味して経営の舵取りをしていれば大きな問題は生じなかった。しかし、著しい環境変化が続く今日では、将来の予測は難しくなり、過去の経験もそれだけでは役に立たなくなってきている。そうした状況の中で、環境変化に柔軟に対応していくことが重要になり、現場に近いレベルで早めに意思決定ができる分権的な組織を採用する企業が増加している。同時に、企業としての統一性を保つことの重要性も高まっている。このように、企業の価値観を明確にして、その方向性を環境変化とすり合わせながら進んでいくことの重要性が増しているのである。

企業の価値観や方向性を表すものがビジョンや経営理念であるが、ある意味でこれらは、企業の基本的な位置をしっかりと決める「碇（アンカー）」と考えることもできる。

そして、価値観を日々の具体的な行動に結びつけていくためには明確な目標が必要となるが、最近はROE（自己資本利益率：Return on Equity）、ROA（総資産利益率：Return on Assets）、EVA®（経済的付加価値：Economic Value Added）、ROIC（投下資本利益率：Return on Invested Capital）といった財務目標が重要視されている。国内をはじめ比較的多くの市場が成長から成熟へと変化する中で、企業の目標が売上高重視から投資効率重視へと大きくシフトしつつあるためである。

今後このような財務目標を確実に達成し、また理念やビジョンに沿った企業行動をしていくためには、日々の意思決定がそれらに即して行われる必要がある。具体的には、個々のプロジェクトについての日々の意思決定を適切に行うとともに、そのリターンを高めていく努力が必要である。つまり、IRR（内部収益率：Internal Rate of Return）やNPV（正味現在価値：Net Present Value）などの手法を使って、いろいろな場合を想定したシミュレーションをしながら、一定の投資効率を確保できるようなプロジェクトを選別していくことが必要なのである。

このように、どういう会社にしたいのかという哲学をしっかりと持つとともに、日々の意思決定をそれに沿った形で行えるような考え方やルールを社内で共有していくことが重要になる。

＊

第1部では、理念やビジョンに立脚し、ロジックに裏づけられた成功確率の高い意思決定を行うためには何をどうしたらよいか、以下の4つの章に分けて解説していく。

第1章のビジョンとプランでは、企業活動のベースとなる経営理念やビジョンと日々の活動が同じ方向性を持つようにするためにはどのようにしたらよいのかを考えていく。具体的には、経営理念やビジョン・経営戦略・具体的な活動といった流れと、それを具体化した経営計画や利益計画の意味、さらに予算との関係を説明していく。経営理念やビジョンに基づいて設定されるROE、ROA、EVAなどの具体的な財務目標についても、その意味を考えていく。次に具体的な戦略立案のツールとして、事業ポートフォリオ、環境分析、基本戦略、競争優位の源泉をまとめたバリューチェーンなどについて解説していく。

第2章の短期的意思決定では、その基本的な考え方である差額原価収益分析について解説していく。限界利益率や限界利益額といった定量的分析とともに、市場や競合の動向などの定性的な状況やリスクをどう分析していったらよいかについても考えていく。

第3章の価格戦略の意思決定では、価格設定の考え方と考慮すべきポイントについて、コストや市場環境、マーケティング戦略といった点から解説していく。

そして第4章の長期的意思決定では、NPV法、IRR法、ペイバック法といった手法の意味を具体的な例をまじえて解説し、M＆Ａや上場公開企業の理論株価の算定において利用される企業価値評価の方法や、バリュー・ベースト・マネジメントという企業価値を高めるための仕組みについても解説していく。

第1章
ビジョンとプラン

1 経営理念とビジョン

企業はまず、経営理念やビジョンを明確にすることが必要である。

経営理念（企業理念ともいう）とは、組織の存在意義や社会的な使命などをまとめた企業の「基本的な価値観」である。社内へ向けては行動規範として、社外へ向けては普遍的な事業目的として設定した「価値観」を文章にして掲げたものである。

経営理念があることによって、時代が変わっても、経営者が交代しても、企業は同じ価値観を持ち続けることができる。特に昨今は経営環境の激しい変化に素早く対応するために、スピーディに意思決定が行える分権的な組織を採用する企業が多くなっているが、このような組織形態では経営理念によって組織に求心力を持たせることがなおさら必要である。また経営理念は企業文化とも密接な関係を持っている。

一方、**ビジョン**とは、将来の夢やロマンを表現したものである。ビジョンにはいろいろな定義があるが、企業の理想とする将来像や長期的な構想をまとめたもの、というのが一般的である。

このような経営理念、ビジョンについては、1994年にスタンフォード大学のジェームズ C.コリンズ教授と、ジェリー I.ポラス教授によって発表された『ビジョナリー・カンパニー』において、その重要性があらためて強調されている。同書では、明確なビジョンを持ち、それをその組織に所属するメンバーが強烈に追求している企業が結果として良い業績を上げ、社会的にも広く尊敬され、繁栄しているとしており、その例として3M、GE（ゼネラル・エレクトリック）、HP（ヒューレット・パッカード）、ソニー、プロクター＆ギャンブルなど18社を挙げている。

そこでは、理念は、目先の利益の追求などではなく、環境の変化にも影響を受けることのない企業の存在理由といったものであり、どのような内容であれ、各企業がそれをどこまで貫いているのか、またそのための仕組みをつくっているのかが重要である、とされている。

たとえば、3Mでは基本理念の1つに「個人の自主性と成長を尊重する」が掲げられているが、これを実現するために**15%ルール**、つまり「技術者に勤務時間の15%までを自分で自由に選んだテーマや創意工夫のために使うことを奨励

図表1-1 経営計画の位置づけ

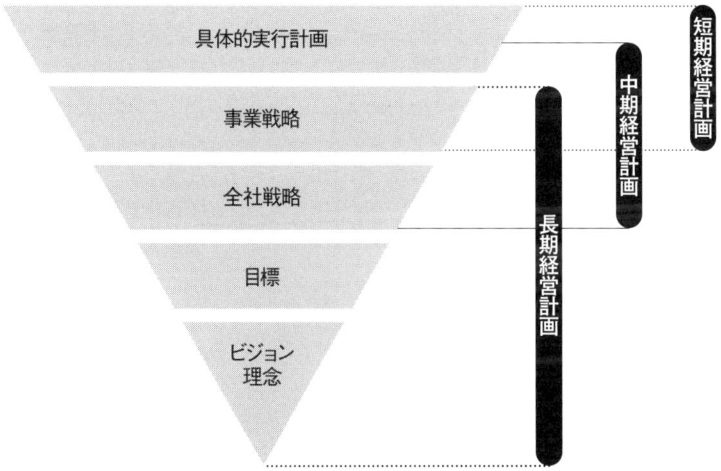

するルール」や、**ジェネシス基金**、つまり「プロトタイプ（試作品）を開発してテスト販売する研究者に最大5万ドルを配分する社内のベンチャー・キャピタル」といった制度を設定している。

このように理念を設定することと同時に、それを社内に浸透させる仕組みをつくることも重要である。

なお、ビジョンを実現するためには、現実を正しく把握してビジョンとのギャップを埋めていかなければならないが、そこで必要になるものが**経営戦略**である。

2 経営戦略とは何か

戦略とは、競争相手に対して継続して優位性を確立するための方策のことである。したがって、最も良い戦略とは「圧倒的に強いため、戦う必要がない状況が継続できる」ような戦略ということができる。しかし実際には、経営環境は絶えず変化しているため、圧倒的な優位性を継続して維持することは難しい。したがって、さまざまな戦略をその時々の状況に応じて立案することが必要となるのである。

戦略は大きく全社戦略と事業戦略に分けることができ、通常は全社戦略、事業戦略の順に立案していく。

全社戦略とは、企業全体として**事業ドメイン（事業領域）**をどう選び、その中で事業の魅力度、自社の強み／弱みという観点から複数の事業をどう組み合わせるのか、という企業全体としての戦略のことである。これは、ヒト、モノ、カネといった限りのある経営資源を効率よく社内の各事業に配分するにはどうしたらよいか、各事業の間で流通経路やブランドなど、さまざまなシナジー効果を生み出すにはどうしたらよいか、という2つの点をよく考えて立案することが重要である。

全社戦略は、以下のような3つのステップで立案していく。

まず1番目のステップでは、事業ドメイン、つまり戦う領域を明確化する。これは、どの事業領域にフォーカスして経営資源を投入するのかということであり、企業活動の基本的な方向づけと指針を示すものといえる。企業規模が小さい場合には進むべき方向性がだれの目にも明らかな場合が多いのでドメインを明確にする意味はあまりないが、企業規模が拡大してくると徐々にその重要性が増してくる。また、ドメインを明確にすることは、企業イメージの統合という面でCI（コーポレート・アイデンティティ）としての効果にもつながるのである。

2番目のステップでは、**事業ポートフォリオ**を決定する。これは、明確にしたドメインの中で、具体的に実行していく事業の組み合わせを考えることであり、この代表的なツールとしてBCG（ボストン・コンサルティング・グループ）が開発したプロダクト・ポートフォリオ、GEのビジネス・スクリーンなどがある。

3番目のステップでは、各事業の間で経営資源をどのように配分するかを決定する。

こうしたステップを経て全社戦略が決まると、その枠組みの中で事業ごとの**事業戦略**を策定していくことになる。事業戦略とは、それぞれの事業分野で環境に対応して勝ち抜いていくための基本的な枠組みのことであり、具体的には営業、研究開発などの機能別、また地域別などいろいろな区分ごとに立案していくことになる。

このように、経営理念やビジョンから、全社戦略、事業戦略、さらに具体的な実行計画までをできるだけ適切に立案していくためには、市場や顧客の分析と競合企業の分析、自社の強み／弱みの把握をしっかりと行うことが重要である。

3 経営計画と利益計画

経営計画とは、経営理念やビジョンの設定から、それを実現するための戦略の立案、具体的な戦略実行策についてまとめたものである。具体的には、経営戦略に応じて、設備投資計画、新製品開発計画などプロジェクトごとに作成されるものと、各年度の販売計画や生産計画というように期間で区切って作成されるものがある。

期間で区切ったものは、5〜10年という長期間の**長期経営計画**、2〜3年程度の**中期経営計画**、1年間の**短期経営計画**の3つに分けられる。このうち、長期経営計画は、経営理念やビジョンの設定からそれをベースにした全社戦略や事業戦略の立案、さらにそれらを反映した具体的な数値目標の設定が中心となる。一方、中期経営計画は、長期経営計画を前提として、経営資源の配分や事業戦略の中での具体的な実行計画の策定が中心となる。さらに、短期経営計画では、長期、中期の経営計画を前提として、1年間に具体的に行うべき内容や業績目標、予算の設定などが中心となる。

このように考えると、経営計画、特に長期と中期の経営計画は、経営理念やビジョン、戦略の立案と実行計画そのものということもできる。しかし、戦略についてはあくまで競争に勝つための計画であるため、外部に公表するようなものではなく、その戦略を反映した目標設定と実行計画が経営計画であるという考え方もある。

また、中長期の経営計画は、企業のさまざまな**ステークホルダー**（利害関係者）、つまり株主、従業員、取引先などに対して将来の方向性を明らかにし、企業のベクトルを合わせるという役割もある。したがって、企業の将来像についての経営者の意思を明らかにして、それを経営企画担当者が具体的な計画として作成していく形をとることが望ましい。

なお、最近のように経営環境の変化が激しい時代には、中長期経営計画を精緻に設定し、それに忠実に経営をしていこうと考えると、変化に柔軟に対応することが難しくなる。といって、中長期の経営計画を持たずに、その場その場でベストな戦術を積み上げていくのでは、業績的にはある程度良くなっても全体としては行き当たりばったりになりかねない。したがって、中長期経営計画については、目指す方向性を大事にしながら、具体的な行動については環境の変化に柔軟に対応していく、といったバランスのとれた考え方をすることが必要である。

一方、期間を区切った計画のうち、業績等を数値で明確に示したものを**利益計画**という。利益計画も、期間の長さによって、5〜10年といった長期間の**長期利益計画**と、2〜3年程度の**中期利益計画**、1年間の**短期利益計画**に分けるのが一般的である。

通常は、長期利益計画は長期の予測に基づいて作成されるものであるため、トップダウンで、しかもあまり詳細なところまでは明確に決めずに、大枠を示す場合が多い。そのため、各年度の具体的な実行計画ともいえる短期利益計画との間に、大きなギャップが発生する場合もある。そこで、毎年の積み上げが長期の利益計画の達成につながるようにするために、長期利益計画と短期利益計画をつなぐ中期利益計画が必要になる。

中期利益計画では、長期利益計画の内容をより詳細に数値として明確にするとともに、短期利益計画の数値との整合性を持たせることが重要である。

❶……………………利益計画の設定

利益計画とは前述のように、一定の期間における業績の計画を数値として明確に示したものである。基本的には、経営理念やビジョンをもとに設定された戦略をベースにして、具体的な売上高、費用、利益といった数値目標をまとめたものである。

利益計画を設定することで、今後の実行計画が数値としても明確になるため、計画を絶えず意識することになり、業績目標を達成できる可能性を高めることができる。

通常は、期間に応じて長期、中期、短期という3つの利益計画が設定されるが、一部の企業では、昨今の経営環境の変化の激しさに対応して計画実行のスピードアップという面から、あえて長期の経営計画や利益計画は設定しないケースも出てきている。

一般的には将来を見据えて事業を行っていくためにも設定することが望ましいと考えられるが、このようにその企業が置かれている状況に応じて、利益計画や経営計画の設定方針を考えていくことも必要であろう。

また、長期、中期、短期の利益計画については、整合性を持たせることが必要である。長期経営計画については多くの企業が、毎年、最終年度を1年ずつ付け加えていく方法で更新している。

利益計画の設定には、損益分岐点分析（第3部第2章）の手法を使うことができる。この場合も、各企業の置かれている状況に応じて、計画立案の順序を変えることが可能である。たとえば、急激に拡大している市場で戦っている企業がシェアの維持あるいは拡大を最優先に考えている場合には、まず目標売上高を決め、それを達成するために必要な費用を集計し、その中でできるだけ多くの利益が出せるように考える、という順番が望ましい。一方、成熟期に入り、利益をできるだけ多く獲得することが重要であるような場合には、まず目標利益を決め、それを達成するためにベストな売上高と費用の組み合わせを求めていく、という順番が望ましい。

利益計画は企業によって設定方法が異なるが、一般的にはトップダウン方式で設定している場合が多い。たとえば、役員会で目標利益を設定し、それを経理部門あるいは企画部門などの利益計画担当部門が具体的な売上高や費用に分解していく。この作業の中で新製品の開発や発売、新規の設備投資の効果なども考慮に入れ、必要であれば目標利益の見直しを行う。そのような検討の結果できあがった具体的な業績目標を利益計画とする、という方法である。

また、利益計画や経営計画は、起業の場合にも重要である。なぜなら、経営計画を立てることによって、ビジネスが具体的に実現可能な形にブラッシュアップされ、日々の行動も明確になり、さらに利益計画の設定によって利益を出すためにはどうしなければならないのかといった具体的な価格戦略やコストの予測、販売戦略が明確となってくるからである。さらに、経営計画や利益計画を立案する過程で各種のシミュレーションを行うことが一般的であるが、このシミュレーションによって、実行に移すことで発生してくるさまざまな事態の多くを事前に想定することになり、さまざまな状況に対応できる確率が高くなるからである。

❷……………………利益計画と企業予算

利益計画と企業予算は、どちらも計画どおりの利益を出すために企業の活動をコントロールしていくためのツールである。しかし、両者には以下のような違いがある。

前述したように、利益計画は設定した経営戦略に基づいて具体的な計画を数値で表したものであり、一般にトップダウンで設定され、現場の意向が反映されていない場合が多い。

一方、**企業予算**は、利益計画をもとに、各現場から情報を吸い上げることによって具体的な実行計画として設定される場合が多い。その意味では、より現実的であり、実行結果の評価基準としても使うことができる。

このように、利益計画と企業予算には若干の違いがあるが、一般的には、この2つを同じと考えて設定しているケースと、各年度の数値計画のうち大まかなものを利益計画、それを実行するために各部門レベルでより詳細に計画したものを企業予算であると考え、別々に設定しているケースがある。前者は、トップダウンの傾向が強まるので、経営環境に大きな変化のないような企業に適している。後者は、通常ボトムアップの要素が入ってくるので、現場の状況が反映され、環境の変化などに対応しやすい。

4 数値で表す経営目標

何を**経営目標**とするのが望ましいのであろうか。

経営目標は経営者が中心となって設定するものであるが、通常、企業は経営者が考える以上のものにはなりえないこと、またその目標によって企業の活動の方向も変わる可能性があることを考えると、何を経営目標とするかは重要である。さらに経営目標を具体的かつ明確にしていくためには、その中で数値としての目標、つまり財務目標を設定することが望ましい。利益計画を設定する場合には目標利益からスタートする場合が多いが、目標利益は何を基準に設定していくことが望ましいのだろうか。

企業はいろいろな財務目標を掲げて活動を行っているが、一般にアメリカの企業では会社は株主のものであるという意識が強く、株主の意見によって経営者が変わってしまうようなこともある。したがって、利益、特に自己資本との関係で見た利益率であるROEや、資金提供者の期待収益額と投下資本から得られた利益額とを比較するEVAなどを財務目標の中心とする傾向が強い。

一方、日本企業では、フランスやドイツなどのヨーロッパの企業と同じように、会社は株主、従業員、取引先、顧客といった企業を取り巻くさまざまな関係者の共有物であるという考え方が強く、必ずしも株主の利益だけが強調されるわけではない。そのため、場合によっては将来の好景気に備えて雇用を維持することを重視して、一時的な利益の低下にはこだわらず売上高の維持や増加を経営目標として余剰人員を抱え続けることもある。つまり、各社の状況に応じて、必ずしも利益だけ、あるいはROEやEVAだけが強調されているわけではない。

しかし、2000年頃から外国人株主の増加によって、日本企業でもROEやEVA

といった目標を設定する企業が増加してきている。1990年代から**世界標準（グローバル・スタンダード）**化がいろいろな分野で進んでいるが、経営スタイルや財務目標についても、同様に世界標準化が進んできている傾向がある。日本企業もある程度このような流れに沿ってきているが、今後も内容を十分理解して、良いものは積極的に取り入れていくことが必要と考えられる。

具体的な財務目標としては、売上高、利益額、売上高利益率、資本利益率、EVAなどが考えられる。売上高は、どちらかというと右肩上がりの成長期においてシェアの維持拡大が将来の利益につながると考えて設定される目標である。また、利益額は、一定の利益を確保して将来への投資の原資やステークホルダーへの還元の原資を生み出すことを重視したものである。

売上高利益率は、売上高とコストとの差を極大化して企業が付加価値を生み出す効率を高めようとする、効率をある程度重視した経営目標である。資本利益率は、事業に投下した資本が効率よく利益に結びついているかという点を重視した経営目標である。そしてEVAは、資金の投下利益額が資金提供者である株主や債権者の期待利益額をどの程度上回っているかという、資金提供者に対して企業が生み出している価値に着目したものであり、花王やキリンビールなどでも採用されている。

これらの目標のうちどれが最も望ましいのかは、企業の置かれている状況によって異なると考えられる。たとえば、現時点ではシェアアップが重要と考えれば、売上高、目標シェアを経営目標としたり、人のノウハウや能力が重要で資産がほとんどないような企業の場合は利益率を重視することも考えられるのである。しかし、事業は、財務的な視点で突き詰めて考えると、どれだけの資金を投入するとどれだけの儲けが得られるのかという観点で評価することが必要である。このように考えると、この中ではやはり資本利益率、つまりROE、ROAや、それを考慮しているEVAを財務目標としていくことが望ましいと考えられる。

ただ、具体的な目標としては、ROEやROAといった率や、EVAという金額ではイメージしにくい場合もあると思われるので、その場合には自己資本あるいは総資産を予想したうえでROEやROAあるいはEVAの目標値を達成できるような利益額として設定することも考えられる。

それではここで、ROE、ROA、EVAそれぞれについて、その内容を簡単に確認していこう。

❶ ROE（自己資本利益率）

ROE（Return on Equity:自己資本利益率）は、株主の立場から考えて、株主からの実際の出資分と本来は配当として受け取ることもできる過去からの利益の累積分の合計である**自己資本（Equity**：「純資産－少数株主持分－新株予約権」で計算する）を企業が使うことによって、どれだけの**利益（Return**）を生み出しているのかを分析するための指標であり、下記のような計算式で計算される。

ROE ＝ 当期純利益 ÷ 自己資本（純資産 － 少数株主持分 － 新株予約権）

2008年3月期の日本の上場企業の平均は約10%と、2007年頃のアメリカの上場企業平均の約17%と比較してやや低くなっている。たとえばマイクロソフト（2008年6月期：52.5%）やグーグル（2007年12月期：21.2%）は20%を超えており、またIBM（2007年12月期：36.6%）、GE（2007年12月期：19.6%）といった伝統的な大企業でも非常に高くなっている。このようにアメリカの一流企業は25%程度の水準を確保してきていることを考えると、日本企業の水準はまだ低いといわざるをえない。

なおROEは、下記のように3つの比率に分けて分析することもできる。この3つの比率に分解したもののことを、アメリカの化学会社であるデュポンが以前採用していた分析方法ということで、デュポンシステムと呼んでいる。

$$\text{ROE} = \frac{\text{当期純利益}}{\text{売上高}} \times \frac{\text{売上高}}{\text{総資産}} \times \frac{\text{総資産}}{\text{自己資本}}$$

＝ 売上高当期純利益率 × 総資産回転率 × 財務レバレッジ
（収益性）　（効率性）　（負債の有効活用）

このように見ると、**売上高当期純利益率**で表される「収益性」、**総資産回転率**で表される、資産がどの程度効率よく使われて売上高に結びついているかを示す「効率性」、そして「財務レバレッジ」の3つをそれぞれ高めていくことがROEの向上につながることになる。

このうち、**財務レバレッジ**は、負債をテコ（レバレッジ）として有効活用しているかを示すものであり、負債が増加すると上昇し、減少すると低下する。そのため、ROEを上昇させるためには、負債、中でも借入金や社債といった有利子負債をできるだけ増加させることがよいように見える。しかし、実際は借入金や社債の金利と事業からの儲けとの関係が重要になる。つまり、借入金や社債の金利を上回るような儲けが生み出せるビジネスチャンスがあれば、借入金や社債をテコ（レバレッジ）として使って利益を生み出すことが有利と考えられるが、逆に金利を上回る儲けが生み出せない場合には借入金や社債を使わないほうがよくなるのである。また、財務レバレッジは財務的な安定度を表す自己資本比率の逆数なので、あまり高くすると安定性が低くなることにも注意すべきである。

このようにROEを3つに分解して考えると、それぞれの比率が左から**損益計算書（P/L）**の状況、P/Lと**貸借対照表（B/S）**の関係、B/Sの状況を表しており、ROEはP/LとB/Sとを同じ比重で融合させた指標であると見ることもできる。したがって、企業の総合的な財務指標として望ましいものの1つであるといえる。

また、日米のROEの高い企業について、3つに分解した結果を分析してみると、他社に比較して売上高当期純利益率の高い企業が多い。これは、安全性の面からは財務レバレッジをある一定限度以上に上昇させることはリスクを高めることになってしまうため限界があること、また一定の売上高を上げるためには一定の総資産が必要な場合が多く、総資産回転率は同業の企業同士では大きな差がつきにくいことから、いちばん差がつきやすいのは差別化やコストダウンが反映される利益率の部分であることを表していると考えられる。

ROEを高めるためには、分子の当期純利益を高める方法以外にも、分母の自己資本を小さくする方法もある。具体的には、配当や自社株買いによって、自己資本の中の利益剰余金を減らすことである。これによって分母である自己資本は小さくなる。一方、分子である当期純利益は、株主への資金還元によって資金が減少し、その受取利息分程度は減少する可能性はあるが、そうした影響は大きくないと考えられる。その結果として、ROEは上昇する可能性が高い。

しかし、このようなROEの上昇は、必ずしも望ましいものとはいえないこともある。配当や自社株買いを実施できる企業は、利益剰余金や財務的な余力をある程度持っていると考えられるが、その使い道としては配当や自社株買いのほかにも借入金や社債の返済、設備投資や新規事業への投資などが考えられる。つまり、財務的な安定性が低い企業や魅力的な投資案件のある企業では、配当や自社株買いよりも借入金や社債の返済、あるいは投資を優先することが望ましいとも考えられるのである。

このように、ROEの向上策については、いくつかの視点から検討する必要がある。なお、各事業部の業績評価の基準としてROEを採用する企業もある。これは全社の財務目標をROEとしている場合には、全社目標と各事業部の目標のベクトルを合わせるという意味で望ましいと考えられる。ただしその際は、各事業部のROEの計算の前提となる当期純利益と自己資本の金額を、本社共通費や純資産の配賦方法を含めてどのように設定すれば公平かつ客観的に計算することができるかが1つの課題になる。

さらに、ROEだけを唯一の評価基準としてしまうと、立ち上がるまでに時間がかかる新規事業は一時的にROEを低下させることになるので、既存の資本効率が良い事業にのみ熱心になり、新規事業があまり行われなくなるおそれがある。こうなると、縮小均衡に陥りかねないので注意が必要である。

また、ROEの算定にあたっては、以下の2点にも注意する必要がある。

❶会計方針のチェック

減価償却の方法の違いなど企業によって費用や収益の計算方法に相違がある場合には、単純な数値の比較とともに、方法が異なることによる利益への影響も考えておくことが必要である。

❷過小資本企業

もともと自己資本が小さい企業の業績が急回復してきたような場合には、分母の自己資本が小さいためにROEが高くなる傾向があるので、自己資本の大きさと企業規模のバランスをチェックする必要がある。

❷……………………ROA（総資産利益率）

ROA（**Return on Asset：総資産利益率**）は、株主だけではなく債権者も含めた資金提供者の立場から考えて、彼らが提供した資金によって所有している財産、つまり**総資産**（**Asset**）を使って会社がどれだけの利益（Return）を上げているのかを表す指標である。これは投下した資金から見て事業が効率よく行われているか否か、つまり経営がうまく行われているか否かを評価する指標である。

具体的には下記のような計算式で計算される。

$$\text{ROA} = \frac{\text{経常利益}}{\text{総資産}}$$

なお、経常利益のかわりに、最終利益を意識して当期純利益を使ったり、資産の利用効率だけを意識して、資金調達の方法、つまり借入金や社債の大きさによる影響を除くという面から支払利息差引前の経常利益を使うこともある。事業の投資効率を評価するという意味では、この支払利息差引前の経常利益が望ましい。なお、ROAは下記のように2つの比率に分解して分析することもできる。

$$ROA = \frac{経常利益}{売上高} \times \frac{売上高}{総資産}$$

$$= 売上高経常利益率 \times 総資産回転率$$

これを見ると、経常利益を当期純利益に置き換えることによって、ROAはROEを分解したもののうち左側の2つと一致するので、ROAはROEの構成要素であるとも考えられる。また、2つの分解式から事業の特質を判断することもできる。つまり、売上高利益率が高く総資産回転率が低い企業は、差別化が進んだ付加価値の高い製品・サービスを扱っていると考えられる。一方で、売上高利益率が低く総資産回転率が高い企業は、薄利多売の傾向が強いと考えられるのである。

また、ROAに似た指標として、**ROIC**（**Return on Invested Capital**：**投下資本利益率**）がある。これは、資金提供者である株主あるいは債権者の立場から見て、提供している資金である有利子負債と純資産の合計が、どの程度の実際の儲けを生み出しているのかを表す指標である。具体的には以下の計算式で表される。

$$ROIC = \frac{営業利益（1 - t）}{有利子負債 + 純資産}$$

t：実効税率

これも資金提供者の立場から見た投資効率を評価する指標であり、ROAと相関関係が深い。

なお、ROAとROICについてもROEと同じように、会計方針のチェックには注意する必要がある。

❸ EVA（経済的付加価値）

EVAはEconomic Value Added の頭文字をとったものであり、株主や債権者といった企業に対する資金提供者の立場から考えて、企業が事業から獲得している儲けが資金提供者の期待している水準をどの程度上回っているかを表す業績評価指標である。これは、1982年に設立されたアメリカのコンサルティング会社であるスターン･スチュワートが提唱しているものであり、同社の登録商標とな

図表1-2 EVA（Economic Value Added：経済的付加価値）とは

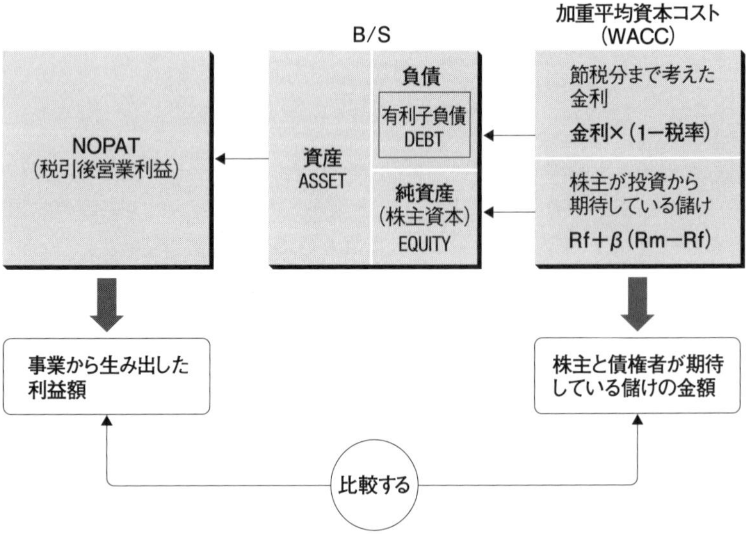

っている。

具体的には下記のような計算式で計算される。

EVA＝ NOPAT（税引後営業利益）
−（有利子負債 ＋ 株主資本）× WACC

WACC：加重平均資本コスト

この計算式のうち、**NOPAT**は、Net Operating Profit After Tax の頭文字をとったものである。これは、減価償却費を差し引いたあとを意味するNet、営業利益を意味するOperating Profit、税引後を意味するAfter Taxから成る単語であり、日本語では「税引後営業利益」と訳されている。具体的には、営業利益から、その営業利益に対して税金を支払うと仮定した場合のみなしの税金を差し引いたもののことである。このみなしの税金は、営業利益に実効税率（日本の場合は40%程度）を掛け合わせて計算していく。つまり、NOPATは、税引後で考えた事業からの儲けを意味しているのである。

次にマイナスされている部分は、（有利子負債＋株主資本）×WACCである。

これは、債権者や株主といった企業の資金提供者が、借入金、社債、株主資本という形で企業に提供している資金の総額に、その加重平均資本コスト、つまり資金提供者が平均的に期待している儲けの比率を掛け合わせたものである。結果として、債権者と株主が企業に資金を提供している見返りとして求めている税引後の儲けの金額になる。

したがって、EVAは、本業から獲得した税引後の利益が、資金提供者である債権者と株主の期待している水準をどの程度上回っているのかを計算したものになる。つまり、EVAは、企業の実際の儲けを資金提供者が期待している儲けの水準と毎年比較するための指標なのである。

このEVAを高めていくためには計算式から考えると、具体的には以下の4つの方法が考えられる。

❶NOPATを高める

具体的には、営業利益を早期に拡大させるために適切な事業戦略を立案し実行に移したり、税金の優遇策を活用することなどが挙げられる。

❷投下資本を少なくする

具体的には、運転資本を圧縮したり、資本コスト以上の儲けが出るかどうかを基準に投資のプロジェクトをしっかりと選別したり、さらに事業に関係しない資産を有効に活用することなどが挙げられる。

❸WACCをある程度まで引き下げる

具体的には、財務的に危険な状態にならない範囲で借入金や社債による資金調達の比率を高めることや、投資家に対する積極的な情報公開をはじめとするIR（インベスター・リレーション）活動をしっかり行うことなどが挙げられる。

❹WACCを基準に事業の選別を行う

これは、EVAの計算式を変形することによって明確になるポイントである。まず計算式を変形してみよう。

$$\text{EVA（経済的付加価値）} = \text{NOPAT} - \text{投下資本} \times \text{WACC}$$
$$= \text{投下資本} \times \left(\frac{\text{NOPAT}}{\text{投下資本}} - \text{WACC} \right)$$
$$= \text{投下資本} \times (\text{ROIC} - \text{WACC})$$

ROIC：投下資本利益率

ここで**ROIC**は、前述のように事業に投下している資金に対する儲けの比率を意味しており、事業の投資効率を評価するROA（Return on Asset：総資産利益率。通常は、経常利益あるいは金利差引前経常利益を資産の合計で割って計算する）にかなり似たものである。

この計算式からすると、事業の投資効率を意味するROICが資金提供者の期待している儲けの率であるWACCを下回っている場合には、かっこの中はマイナスになるので、そのような事業に対して投入する資本（資金）は少なくすることが望ましいことになる。一方でROICがWACCを上回っている場合には、かっこの中はプラスになるので、そのような事業に対して投入する資本（資金）は増加させることが望ましいことになるのである。言い換えると、WACCを基準にして、それを上回る儲けを上げられない事業については縮小や撤退を考え、逆にそれを上回る儲けを上げられるビジネスには積極的に投資を行っていくことによって、WACCを基準にした事業の選別を行っていくことが求められているのである。

5 全社戦略立案の具体的ツール

❶ 事業ポートフォリオ

企業が多角化などによって複数の事業を行う、すなわち**事業ポートフォリオ**を持つ理由は2つある。1つは、多角化などによって事業領域を拡大し、さらなる成長の機会を得るためであり、もう1つはそれぞれの事業環境が変化することによるリスクを分散するためである。

事業ポートフォリオを具体的に考えていく場合には、3つのポイントが重要になる。第1は、市場規模や将来性、収益性といった「事業の魅力度」はどうか、つまり「儲かりそうか」という点である。第2は、現在の自社の市場での地位や開発、物流、生産といった機能面での優劣といった「自社の競争上の優位性」はどうか、つまり「勝てそうか」という点である。第3は、販売網やノウハウの共有、人材の補完といった「事業間のシナジー」を生み出せるか、つまり「相乗効果はあるか」という点である。

事業ポートフォリオの理論はいろいろな形でまとめられてきているが、その中で代表的なものが「**BCGのプロダクト・ポートフォリオ**」「**GEのビジネス・スクリーン**」である。

どちらの理論も、「事業の魅力度」と「自社の競争上の優位性」の2つをベースにしている。具体的には、BCGの理論では事業の魅力度として「市場成長率」を、競争上の優位性として「相対的市場シェア」を取り上げ、GEの理論では「事業の魅力度」はそのままとして、競争上の優位性については「事業単位の地位」を取り上げている。

◉BCGのプロダクト・ポートフォリオ理論

このマトリックスでは、縦軸に事業の魅力度を表すものとして「市場成長率」を、横軸に競争上の優位性を表すものとして「相対的市場シェア（最大の競争相手に対する相対的なシェア）」をとる。つまり、縦軸は、市場の成長率が高い事業ほど市場の拡大に合わせてシェアアップのチャンスもあり、高い収益を上げられる可能性が高く、魅力的であることを表している。一方、横軸は、相対的市場シェアが高いほど、過去の経験の蓄積や規模の経済などによって低コストを実現できるなど、競争上の優位性が高いことを意味している。

このマトリックスによって、事業を**図表1-3**のように4つに分けることができる。

1つ目は、相対的市場シェアと市場成長率がともに高い「スター（Star）」である。この区分に該当する事業は、現時点でのシェアを維持しながら成長させるために積極的に資源を投入して、将来の「金のなる木（Cash Cow）」になるよう努力することが必要になる。

2つ目は、相対的市場シェアは高いが、市場成長率が低い「金のなる木」である。この区分に該当する事業は、投資をシェア維持に必要な最低限のレベルに抑え、全社の資金源としてキャッシュを極力回収するように努力することが必要になる。

3つ目は、相対的市場シェアは低いが、市場成長率が高い「問題児（Question Mark）」である。この区分に該当する事業は、将来性についての検討を行い、集中的に経営資源を投資してシェア拡大を図り、「スター」になるよう努力するものと思い切って撤退するものとに選別することが必要となる。

4つ目は、相対的市場シェアと市場成長率がともに低い「負け犬（Dog）」である。この区分に該当する事業は将来性がないと考えられるため、M&Aなどでできるだけ有利に売却するなど、早期に有利な方法で撤退することが必要になる。

このように、4つのマトリックスに応じて資源配分に差をつけるのである。

この方法はわかりやすいが、以下のような3つの欠点があるので、注意する必要がある。

- 市場成長率が高い事業は成長期にあることを前提としているが、成熟期に入ったものであっても、製品によっては小型化したり、新しい機能などを付け

図表1-3 BCGのプロダクト・ポートフォリオ

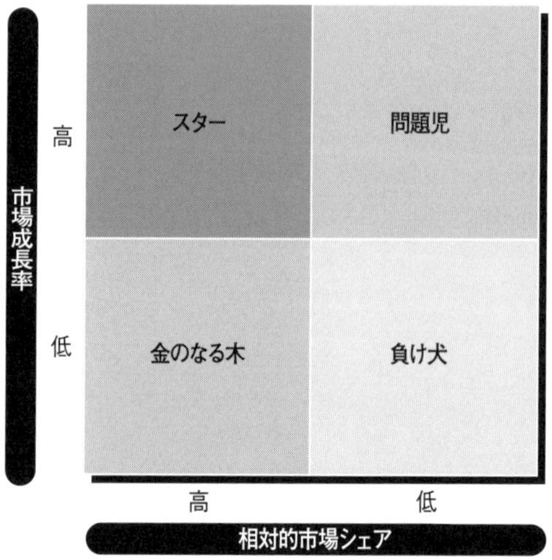

ることによって、いったん低下した成長率が再び上昇するような例もある

- 相対的市場シェアが高いほど、規模の経済などコスト面を中心とした競争上の優位性が高いと一般的にはいうことができるが、シェアが低くてもブランドをはじめとする差別化によって優位性を高めるような例もある
- 定量化によって単純化しているため、製品や事業が機械的に4つのマトリックスに割り振られてしまうおそれがあり、その結果、戦略も4つの区分ごとに自動的に決まってしまうおそれがある

◉GEのビジネス・スクリーン

このマトリックスは、BCGのプロダクト・ポートフォリオの欠点を補う目的で、GEとマッキンゼーによって開発されたものである。この方法を使って、GEは大規模なリストラを実施している。

このマトリックスでは「事業（業界）魅力度」はそのままとし、競争上の優位性について「事業地位（競争能力）」を取り上げ、この2つの軸によって各事業をグループ分けする。そして市場、競合、収益性などの面から総合的かつ定性的に、それぞれの事業の魅力度と競争能力について分析をしながら評価を行ってい

図表1-4 GEのビジネス・スクリーン

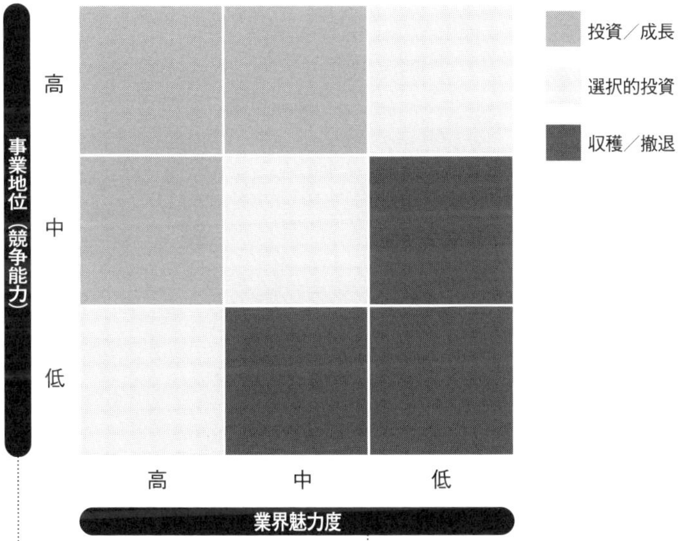

競争能力の評価

- 規模
- 成長
- セグメントによるシェア
- 顧客のロイヤルティ
- マージン
- 流通
- 技術上のスキル
- 特許
- マーケティング
- 柔軟性
- 組織

業界魅力度の評価

- 規模
- 成長
- 顧客の満足水準
- 競争
（量、タイプ、有効度、コミットメント）
- 価格水準
- 収益性
- 技術
- 政府規制
- 経済動向への敏感度

く。たとえば、市場規模はあまり大きくはないが、まだ競合企業が少ないような場合には、総合的に評価すると魅力度は中くらいと判断されたり、市場シェアは1位であっても、設備の更新が遅れた結果、高コストとなっているような場合は、総合的に評価すると競争能力は中くらいと判断されることになる。

このマトリックスでは、「事業魅力度」と「事業地位（競争能力）」をそれぞれ高、中、低の3つに区分して、事業を9つのタイプに分ける。その中で、事業の魅力度が高く、事業単位の地位も高い事業については優先的に投資を行い、逆に事業の魅力度が低く、事業単位の地位も低い事業については、投資を極力減らして資金回収を考えることになる。

このマトリックスでは事業が9つに区分されるため、より精密な分類ができ、性急に撤退あるいは資金回収に走ってしまうなど、単純化による戦略ミスを減らすことができるというメリットがあるが、以下のような点には注意が必要である。

- 2つの軸の評価が総合的で定性的なものとなるため、正しいかどうか検証することが難しい
- 評価の仕方によっては中間的な評価が多くなってしまい、資金回収のマスに何も入らなくなってしまうおそれがある

❷……………………事業の拡大、多角化のポイント

全社戦略を考えるとき、既存事業だけで考えていては、将来的に事業が成熟化し、衰退へ向かっていってしまうおそれがある。そこで、企業は設定したドメインの中で事業拡大を考えることとなるが、その際は多角化の方向性（成長ベクトル）を考えることが必要である。H.I.アンゾフは、この多角化の方向性を製品と市場という2つの軸を使ってまとめている。

このマトリックスによると、企業は既存の製品によって既存の市場を攻めて成長すること、つまり市場浸透が難しくなってくると、さらなる成長を求めていくつかの方向を目指すことになる。

そのうちの1つは、同じ市場に新しく開発した製品を投入して製品のラインナップを増やし、同じ顧客により多くの製品を購入してもらおうという**製品拡大戦略**である。もう1つは、既存の製品を使って新しい市場を開拓し、顧客の幅を広げていこうという**市場拡大戦略**である。

この2つに加えて、新しい市場つまり新しい顧客に新製品を展開していく、いわゆる**多角化戦略**もある。また、新しい市場や新しい製品であったとしても、流通経路や生産方法などに共通点がどの程度あるのかによって、いくつかの新製品

のグループや、新市場にまとめて考えることもできる。

このうち、多角化の場合には、本業との関係の強さが重要である。つまり、事業を多角化する際は、既存の市場や製品とのいろいろな面での共通点を確保し、相乗効果（シナジー）を得ていくことが成功への近道と考えられるのである。シナジー効果が期待できるものとしては、販売、流通、技術、製造、人材などが挙げられる。たとえば、セコムの顧客基盤を生かした住宅関連の損害保険分野への進出などが1つの例である。

このように多角化は、既存事業の成熟化による衰退という状況を避け、事業間のシナジー効果を生み出し、企業を成長させていくために重要な戦略の1つであるが、以下のような3つのジレンマがあるので注意が必要である。

- 非常に魅力度が高く、将来の成長が見込まれる分野は、多くの企業が多角化の一環として参入することが多いため、競争が激化する可能性が高い
- 現在の経営資源を有効活用するという観点で多角化を図ると、既存事業での競合企業がすべて参入してしまい、既存事業の競争状況がそのまま多角化した事業でも発生してしまうことがある
- 新規事業の**成功要因**（**KFS**：**Key Factor for Success**）が本業とは違

図表1-5 製品－市場による成長方向

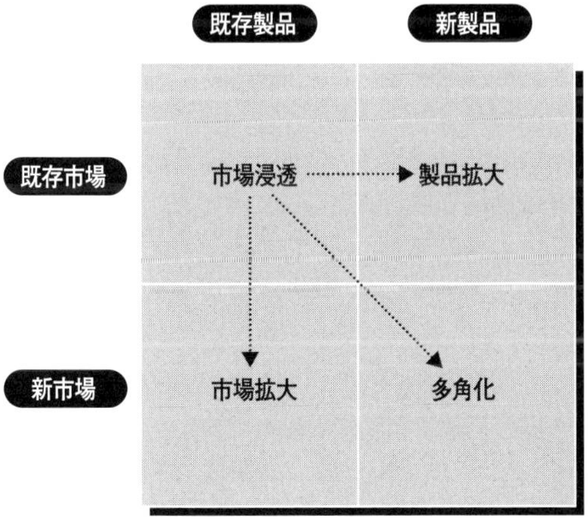

う仕組みや企業文化を前提としている場合には、既存事業の文化や仕組みがネックになってしまうおそれがある

6 事業戦略立案の具体的ツール

❶ 5つの力（Five Forces）

事業戦略を立案する際には、まず業界の構造を分析することが必要である。

たとえば、ある業界では競争が激しく、どの会社もずば抜けた利益を得られない構造になっているが、別の業界では比較的競争が緩やかで、どの会社もそろって高い利益を確保しているなど、業界によって大きな違いがある。これは、それぞれの業界構造の違いが原因である場合が多い。このように企業の業績は、その競争力だけでなく、業界の構造にも影響を受けるのである。

したがって事業戦略を立てる場合には、その事業を取り巻く外部の環境、つまりその事業が属する業界の構造を分析して、業界の競争要因を理解することが重要になる。

このような業界構造を分析する枠組みとして代表的なものが、ハーバード大学ビジネススクールのM.E.ポーター教授の「**5つの力分析**」（Five Forces Analysis）である。

5つの力とは、各業界の競争状況に影響を与えるような5つの要因のことであり、具体的には「新規参入の脅威」「代替製品・サービスの脅威」「買い手の交渉力」「売り手の交渉力」「競争業者間の敵対関係」の5つである。この5つの競争要因が、業界全体の価格やコスト、必要投資額や投資収益率などに影響を与えることによって、結果として業界に属する企業の収益性に影響を与えている。したがって、この5つの競争要因を分析することによって、業界の利益構造や成功要因、また将来の競争状況の変化などを予測することもできるのである。

5つの力の内容はそれぞれ下記のとおりである。

❶新規参入の脅威（Threat of New Entrants）

新規参入の可能性（脅威）がどの程度あるのか、つまり参入障壁がどの程度高いかということである。新規参入の可能性がほとんどない場合には競争状態はそ

図表1-6 5つの競争要因

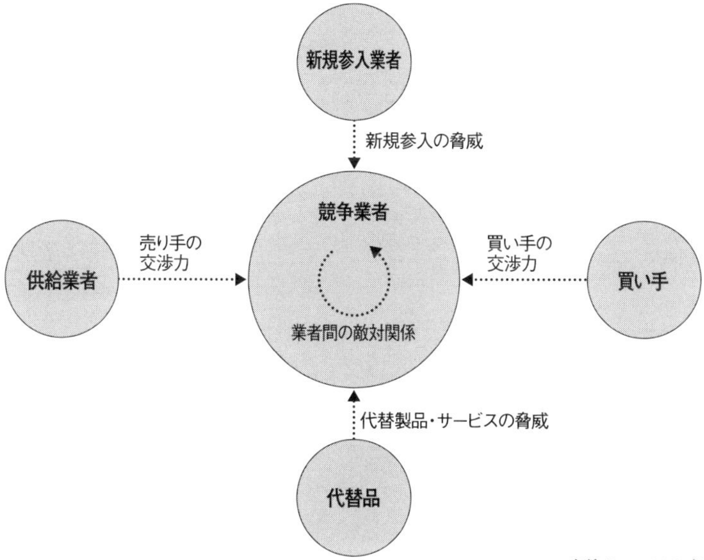

出所：Porter,M.E. (1985)

れほど激しくはならず、その可能性が高ければ競争状態は激しくなる。新規参入の可能性、つまり参入障壁の例としては、まず規模の経済が挙げられる。規模の経済が競争優位を構築するための最大の要素である場合には、新規参入する企業は既存の業者から強烈な反撃を受けることを覚悟して初めから大量生産に踏み切るか、初めは少量生産でコスト面での不利に甘んじるかのどちらかの選択を迫られる可能性が高く、参入障壁が高くなる。たとえば鉄鋼業界などの設備産業は、規模の経済が働くことが多いため、新規参入が難しい業界の1つということができる。さらに、新規参入の脅威は、それが大きいと価格を高めに設定しにくくなるなど、価格に影響を与えることもある。

❷代替製品・サービスの脅威（Threat of Substitute Products）

既存の製品・サービスと比較して価格性能が格段に良い製品・サービスが出てくると、大きな脅威となる。この可能性の高さが代替品の脅威である。この脅威が大きいと、製品・サービスに対して高めの価格を設定しにくくなるといった影響を与える。

❸買い手の交渉力（Bargaining Power of Customers）

製品・サービスなどの買い手、つまり顧客が自社に対してどの程度交渉力を持っているのかということである。買い手の交渉力が強い場合としては、買い手が集中していて売り手の総売上数量のうちかなりの量を購入する場合や、その製品が差別化されておらず他の多くの競合企業でもつくっている場合が挙げられる。このような買い手の交渉力は、販売価格に対して影響を与える。

❹売り手の交渉力（Bargaining Power of Suppliers）

製品・サービスなどの売り手、つまり供給業者が自社に対してどの程度交渉力を持っているのかということである。売り手の業界が少数の企業によって占められている場合や、売り手にとって自社が重要な顧客でない場合、また売り手の製品が自社にとって重要な部品である場合などに、売り手の交渉力は高まることになる。売り手の交渉力は、自社が購入する原材料や資材をはじめとするコストに対して影響を与える。

❺競争業者間の敵対関係（Competitive Rivalry within an industry）

業界の中ですでに事業を行っている企業の間の敵対関係の強さのことである。この敵対関係が強ければ競争が激しくなり、弱ければ競争はそれほど激しくならない。

一般的に、同業者が多い、同規模の会社が多い、業界の成長が遅い、固定費の割合が大きくかなりの売上高を確保しないと利益が得られない、といった条件を満たしている業界ほど、敵対関係は激しくなる。また、他業界の強力な企業による競争相手の買収などによって、敵対関係の強さが急に変化することもある。さらに、規制や社会的な影響の大きさ、あるいは設備の廃棄はもったいないという心理的なハードルなど撤退障壁の高い業界では、競争が激しくなるといつまでも泥沼の競争が続くおそれもある。この既存業者間の敵対関係の強さは、価格とともに、工場、製品開発、広告、セールスマンなどの競争手段のコストにも影響を与える。

❷……………………BCGのアドバンテージ・マトリックス

事業戦略を立案する際の外部環境分析の枠組みの1つとして、BCG（ボストン・コンサルティング・グループ）が開発した**アドバンテージ・マトリックス**がある。

このマトリックスでは、業界の持続的な競争優位の潜在的な資源、つまり競争要因（採用できる競争戦略の数）が多いか少ないかという尺度と、持続的な競争優位の規模、つまりその競争要因が優位性構築につながる可能性が大きいか小さいかという尺度で、事業を4つのタイプに分けて考える。競争要因が少ないとい

図表1-7 競争環境のマトリックス

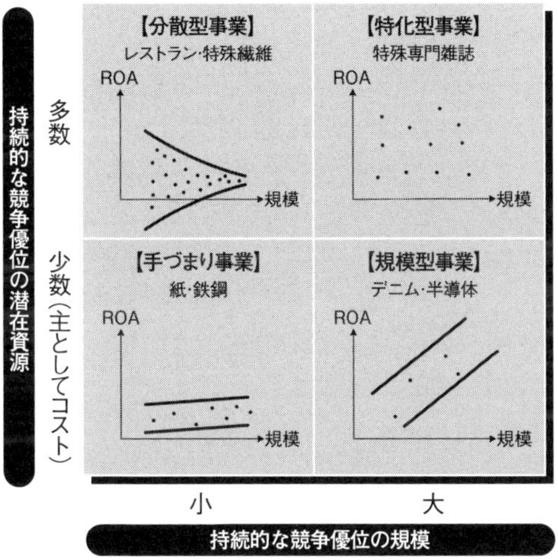

出所：Aaker,D.A.（1984）

うことは、戦略の選択肢が少ないということであり、勝負が単純に決まってしまう可能性が高くなる。また、競争優位構築の可能性が大きいということは、その競争要因によって、他社に対して競争の優位性を築ける可能性が高いことを意味している。この2つの軸によって、事業を「規模」と投資効率を表す「ROA」の相関関係が異なる4つのパターンに区分し、それぞれの事業に合わせて戦略立案の方向性を変えていくのである。

4つのパターンの内容は下記のとおりである。

❶特化型事業

競争要因がいくつか存在し、それぞれの要因によって競争優位を確立しやすいため、特定の分野に特化すると、それなりの地位を確保しやすい事業である。この場合には、事業全体の規模と投資効率には相関関係はあまりなく、それぞれの特定分野でのシェアが収益性の決定要因となる。カリフォルニア大学バークレー校のD.A.アーカー教授は、専門雑誌業界、医薬品業界などを例として挙げている。

❷規模型事業

競争要因は限られているが、その限られた要因によって競争優位を確立しやすいため、規模の経済が重要となるような事業である。この場合には、事業の規模と投資効率には明らかにプラスの相関関係があり、差別化を志向してもコスト高になる場合が多いので、シェア拡大が重要な戦略になる。汎用性の強い家庭電化製品などが例として挙げられる。

❸分散型事業

競争要因はいくつか存在するが、それぞれの要因によって競争優位を確立することが難しいので、小規模では利益が上がっても、規模拡大をした場合には十分な優位性が確立できないためにかえって収益性が低下してしまうような事業である。この場合には事業規模と投資効率にややマイナスの相関関係があることが多く、M.E.ポーターの言葉を借りると「多数乱戦業界」となる。

例としては喫茶店などの飲食店が挙げられるが、「ドトールコーヒー」のように原料の仕入れや店舗の運営などをシステム化することによって規模型事業に転換し、高収益を保ちながら成長している場合もある。

❹手づまり事業

競争要因が限られており、優位性の構築も難しいため、適切な戦略を見つけにくい事業である。過去には規模による格差があったが、コストダウンが進み、大差なくなってしまったような「成熟／衰退期の事業」には、これに該当するものがある。この場合には事業規模に関係なく全体として低い投資効率しか上げられないことが多く、特化型に転換していくか、撤退するか、いずれかの戦略を真剣に考える必要がある。

管理会計の面からは、特化型事業や手づまり事業において、何に特化すればよいのか、あるいは今後どうしたらよいのかといった選別に、ABC（第2部第1章）や長期的意思決定のNPV法、IRR法（第1部第4章）などの手法を利用することができる。

❸……………………事業の競争優位を築く3つの基本戦略

事業戦略は、業界の構造や外部環境の分析をもとに組み立てていくことになる。具体的には、それぞれの事業について競合他社とどのように戦っていくのか、つまりどのようにして競合他社に対して優位性を築いていくのかについて戦略を考えることが重要になる。

M.E.ポーターは、この競争優位を築くための基本戦略として、コスト・リーダーシップ戦略、差別化戦略、集中戦略の3つを挙げている。

図表1-8 3つの基本戦略

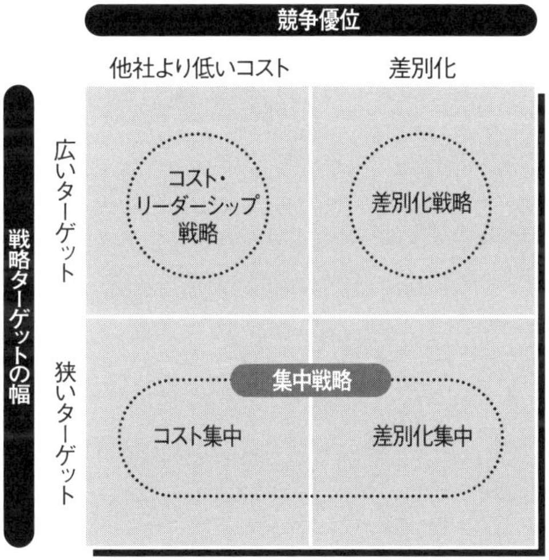

出所：Porter,M.E.（1985）

◉コスト・リーダーシップ戦略

コスト・リーダーシップ戦略は、まず業界全体の幅広い市場をターゲットにして、他社のどこよりも低いコストを達成し、競争に勝つ戦略である。この場合には、以下のような好循環をつくることが重要になる。

- 早めに大規模な投資を行い、大量生産体制を整える
- 当初は赤字覚悟で低めの価格（市場浸透価格戦略：ペネトレーション・プライシング）によってシェアを獲得し、規模の経済を実現する
- 高いシェアを獲得することによって、原材料の大量購入による値引きなどに結びつけ、コストをより低下させる
- 低コストにより利益を獲得し、継続的に低コストを維持するための投資を行う

また、このような規模の経済以外にも、後で説明する**価値連鎖（バリューチェーン）**のフレームワークをもとにして、コストに影響を与える構造的要因（コスト推進要因）から、コスト・リーダーシップを生み出す源泉を検討することもできる。

コスト推進要因としては次の10項目が挙げられる。

❶規模の経済性

生産量や販売量を大きくすると、いろいろな価値活動のやり方が変わったり、効率が上がったりすることである。この面からは、コスト的に有利な適正規模を確保することが重要となる。

❷習熟度

時間の経過とともに各活動に習熟し、価値活動のコストが低下することである。習熟をうまく管理し、独自の習熟をコストに反映したり、競争相手の習熟に学ぶことなどが重要となる。

❸キャパシティ利用のパターン

多額の固定的なコストがかかる場合に、価値活動のコストが販売能力や生産能力といったキャパシティの利用割合によって大きく変わってしまうことである。この面からは、生産量を常に平均化することによって、生産量の変動による損失を減らすことなどが考えられる。

❹連結関係

ある価値活動のコストが、それと関係のある他の価値活動の実行状況によって、その組み合わせという面から影響を受けることである。これについては、価値連鎖内部でコスト的に有利になるような連結関係を探したり、垂直連結を求めて供給業者およびチャネルと共同行動をとることが考えられる。具体的には、工場と原材料の供給業者の倉庫を近い場所につくることによって、流通コストを抑えることなどが考えられる。

❺相互関係

会社内の他の事業単位との相互関係によって、コストに影響が出ることである。具体的には社内で部門を超えた製品の共同運送を行うなど、類似した活動で得られたノウハウを生かすことなどが含まれる。

❻統合

会社内部でどれだけ多くの価値活動を行っているのか、つまりアウトソーシングをどの程度行っているかということである。その程度によって、コストに差が出ることになる。業務の内容を分析し、内部で行うか、アウトソーシングするか、十分な見極めを行うことが必要である。

❼タイミング

価値活動のコストは、タイミングの良さ、速さなどとも関係がある。先発会社あるいは後発会社の利点を探したり、原材料などを景気変動の面で有利な時期に購入することなどが考えられる。

❽自由裁量できる政策

価値活動のコストが他のコスト要因とまったく無関係に、コスト・リーダーシップ戦略や差別化戦略といった会社のポリシー選択によって左右されることである。具体的には、差別化に寄与しないコスト高の方針、たとえば不必要に複雑な製品の設計を修正することによって余分な経費を避けることなどが考えられる。

❾ロケーション

価値活動をどこで行うのかということであり、立地条件を最適化することなどが考えられる。

❿制度的要因

政府の規制、免税期間などの優遇制度、労働組合への加盟状況、関税制度といった制度的要因のことである。これらについては制度要因を与件とせず、いくらでも変えることができると考え、チャレンジしていくことが必要になる。

◉差別化戦略

差別化戦略は、製品の品質や流通チャネル、またメインテナンス・サポート体制などの面で他社との違いを生み出し、競争に勝つ戦略である。具体的には、ケロッグなどのようにブランド・ロイヤリティを高め、顧客サービスを徹底したり、自動車業界のようにディーラー網を強化したり、製品のデザインと機能を追求することなどが考えられる。

ただ、この戦略の場合には、製品などの特異性を追求していくことになるため、シェア拡大に必ずしも結びつかないこと、コストが高くなってしまうおそれがあることに注意する必要がある。コストが高くなると、他社に追随されて差別化がほとんどできなくなり、結果として競争に負けてしまうこともある。早めの技術開発などによって、差別化を継続的に行っていく必要がある。

◉集中戦略

集中戦略は、特定の市場にターゲットを絞って、ヒト、モノ、カネといった経営資源を集中的に投入することによって、競争に勝つ戦略である。具体的には、特定の市場で低いコストによって優位性を築く**コスト集中戦略**と、特定の市場で差別化によって優位性を築く**差別化集中戦略**に分けることができる。ただ、集中戦略の場合には、市場全体向けの製品との違いが曖昧になると効果が小さくなってくるので、環境の変化を絶えず把握してターゲットとするセグメントを見直していくことが重要である。

事業戦略を立案する際には、前述の3つの戦略の中でどれを採用するのかを明確にする必要がある。2つ以上の戦略を同時に達成しようとすると、企業文化や管理方法、組織形態などの面で矛盾が出てくるおそれがある。また戦略が明確になっていなければ優位性がなかなか構築できず、明確な差別化戦略や集中戦略によって競争優位を築いた他の企業に負けてしまう可能性が高くなるので注意が必要である。

また、この基本戦略に関連して、BCGが分析した結果をまとめたものに**V字カーブ**がある。これは、売上高利益率などの収益性は、集中戦略や差別化戦略を採用している小規模企業と、規模の経済性を追求してコスト・リーダーシップ戦略を採用している大規模企業では高いが、戦略が明確でなく、以前は集中戦略や差別化戦略を採用してきたが成長のため無理をして規模拡大に走っているような中規模企業では低くなる傾向が強いというものである。

ただ、石油精製事業などのように差別化や特定製品への集中が難しく、差別化戦略や集中戦略を採用することが難しい場合もある。したがって、業界の特性も考慮したうえで、基本戦略を立案することが必要である。

さらに、コスト・リーダーシップ戦略を採用した場合には詳細なコスト分析や管理が必要であるが、差別化戦略を採用した場合は詳細なコスト分析や管理は必ずしも適さないというように、採用する戦略によってコストの分析や管理レベルにも違いが出てくることにも注意すべきである。

管理会計の面からは、採用する基本戦略によって、コントロールのポイントを変えていく必要がある。

まず、コスト・リーダーシップ戦略を採用する場合には、第2部で述べるABC、原価企画、標準原価計算などのコストダウンの手法を十分に利用して、コスト競争力を高めることが重要となる。また、予算管理をより厳しくしていくことも大切である。逆に、コスト・コントロールの能力が高い企業には、コスト・リーダーシップ戦略が向いているとも考えられる。

差別化戦略を採用する場合にも、このようなコスト管理は重要であるが、製品自体の差別化を効果的に行うために、研究開発コストのコントロールレベルを上げることも重要になる（第4部第2章）。逆に、研究開発コストのコントロールに優れている企業は、差別化戦略が向いていると考えられる。

さらに集中戦略についても、コスト集中、差別化集中によって上記のような課題が出てくるが、それ以外にも何に集中したらよいかの比較分析にABC（第2部第1章）や長期的意思決定の手法であるNPV法やIRR法など（第1部第4章）を利用することもできる。

図表1-9｜バリューチェーンにおける代表的な差別化源泉

	購買物流	製造	出荷物流	販売·マーケティング	サービス
全般管理	●トップ・マネジメントの販売支援 ●会社のイメージを高める建物・施設 ●優れたマネジメント情報システム				
人事・労務管理	●優れた社員訓練	●安定した労務政策 ●労働の質を高める生涯計画 ●最高の科学者·技術者を引きつける計画		●最高のセールスマンをやめさせない奨励策 ●質の高い販売・サービス用品の募集	●サービス技術者の広範な訓練
技術開発	●原材料の扱いと仕分けのための優れた技術 ●独占的な品質保証機器	●特異な製品特徴 ●モデル導入の速度 ●特異な生産工程または機械 ●自動検品法	●特異な輸送車スケジュール ●ソフトウエア ●特殊用途の車またはコンテナ	●応用技術支援 ●優れた媒体調査 ●特注モデルに関して素早い見積もり	●一歩抜きん出たサービス技術
調達活動	●資材納入のための最も信頼性の高い輸送	●最高品質の原材料 ●最高品質のコンポーネント	●最良立地の倉庫 ●破損を最小に抑える輸送会社	●最も望ましい媒体利用 ●製品ポジショニングとイメージ	●高品質の取替部品
	●破損または品質低下を最小に抑える資材の扱い方 ●製造にタイムリーに納品される資材	●仕様書に完全に一致する ●魅力的な製品外観 ●仕事の変更にただちに応じる ●低い不良品率 ●製造時間の短さ	●タイムリーな急配 ●正確で素早い受注処理 ●破損を最小に抑える取り扱い	●うまい広告 ●セールス活動のもれのなさと質の高さ ●チャネルとの個人的な親密さ ●技術説明書その他の販売援助が優れている ●広範な販売促進 ●買い手に供与するクレジット	●早い据え付け ●高いサービスの質 ●取替部品の完全装備 ●サービス範囲の広さ ●買い手訓練の徹底

マージン

出所：Porter,M.E.（1985）

❹……………………バリューチェーン（価値連鎖）

バリューチェーン（Value Chain）とは、企業が提供する製品やサービスについて、その価値が企業のいろいろな活動の中のどの部分で付け加えられているのかを分析するフレームワークである。

M.E.ポーターが考え出したもので、このフレームワークによって、自社の優位性の源泉を探って3つの基本戦略を考えたり、原材料などを外部から調達して製品やサービスを顧客に提供するまでの内部あるいは外部と関係するいろいろな活動の中で、優位性をどのように構築していったらよいかといった事業戦略の構築に有用な情報が得られる。

バリューチェーンは、1つの製品が顧客の手元に届くまでにいろいろな活動によって加えられた価値を、いくつかの活動に分解して分析していくものである。たとえば、ある製品を製造する場合には、部品や材料の購買から始まり、製造、出荷物流、販売・マーケティング、メインテナンスなどのサービスというように価値が加えられていく。この活動を、全般的な管理、人事、技術開発といった間

図表1-10 バリューチェーンの基本形

出所：Porter,M.E.（1985）

接的な部門がサポートしていると考えるのである。

このような活動は、会社の本業のサイクルそのものに関連する**主活動**と、それをサポートする**支援活動**に区分することができる。

◉主活動

主活動は「購買物流」「製造」「出荷物流」「販売・マーケティング」「サービス」の5つに分けられる。それぞれの内容は以下のとおりである。

❶購買物流

製品の原材料を外部から受け取って、貯蔵し、配分する活動である。具体的には、原材料の計量、保管、在庫統制、輸送計画、供給業者への返品などの活動が含まれる。

❷製造

原材料を最終製品に加工していく活動である。具体的には、機械の操作、包装、アセンブリー、機器のメインテナンス、テスト（検査）、印刷、設備の整備などの活動が含まれる。

❸出荷物流

完成した製品を集めて、保管し、買い手に届けるまでの活動である。具体的には、最終製品の保管、荷造り、輸送、受注処理、出荷計画などの活動が含まれる。

❹販売・マーケティング

買い手（顧客）に製品を購入する場所や手段を提供し、買い手（顧客）が買いたくなるように仕向ける活動である。具体的には、広告、プロモーション、セールス部隊、流通チャネルの選択あるいは説得、価格政策などの活動が含まれる。

❺サービス

製品の価値を高めたり、あるいは維持する活動である。具体的には、据え付け工事、修理、技術者訓練、部品供給、販売した製品の整備などの活動が含まれる。

このような活動の重要性は、業種によって異なる。たとえば流通業者では購買物流と出荷物流の活動が重要になり、レストランや小売店のように店舗においてサービスを提供する会社では出荷物流活動はほとんど関係がないが、一方で通常はサービス活動が最も重要になる。

◉支援活動

支援活動は「調達活動」「技術開発」「人事・労務管理」「全般管理」の4つに

分けられる。そのうち全般管理を除く3つはそれぞれの主活動を直接サポートしているが、全般管理は個々の主活動には直接関連を持たずに、バリューチェーン全体を支援することになる。この4つの活動のそれぞれの内容は、以下のとおりである。

❶調達活動

会社が社外から原材料や経営コンサルティングサービスといった、いろいろなモノやサービスを購入する活動のことである。新しい供給業者の選択、取引の手順の立案などの活動も含まれる。

❷技術開発

いろいろな価値活動の中の技術的な側面に関連する活動のことである。具体的には、設計、市場テスト、技術の選択といった活動が含まれる。多くの業界において、技術開発は競争優位という点で重要な役割を果たしている。

❸人事・労務管理

社員の募集、採用、訓練、教育、給与の支払いなどに関連する活動のことである。この管理のよしあしによって、社員の熟練度ややる気が左右されたり、採用や訓練のコストも変わってくることになる。特に人が財産となる業種においては、競争優位の鍵となることもある。

❹全般管理

本社経営、企画、財務、経理、法規対策、対政府関連業務、品質管理などの全般的な管理に関する多数の活動の集合体のことである。これは、普通はバリューチェーン全体を支援するものであり、個々の活動には直接的には関連していない。

この5つの主活動と4つの支援活動は、競争優位を構成しているバラバラな建築ブロックと考えることもできる。したがって競争優位を構築するためには、このような個々の活動をどのように関連づけていったらよいのかを考える必要がある。

つまり、バリューチェーンという観点から、競争優位をつくるとともに、その源泉を探すこともできるのである。

◉連結関係

また、バリューチェーンの考え方を使って競争優位を構築する1つの方法として、これらのいくつかの活動の「連結関係」を利用する方法がある。連結関係とは、いろいろな活動の組み合わせと、それによるつながりのことである。連結関係を利用した競争優位には、「最適化」と「調整」がある。

最適化とは、いろいろな活動を最適な状態で組み合わせることによって、競争優位のある状態にもっていくことである。具体的には、製品の設計段階で生産のことも考えてパーツの数を減らしたり、製品検査を厳密に行うことによってメインテナンスのコストを低下させるような例が挙げられる。

調整とは、いろいろな活動の相互の連結関係をうまく調整することによって、競争優位を築くことである。具体的には、時間厳守で配送を行うために、生産活動、出荷活動、サービスといった活動の時間コントロールをしっかり行うような例が挙げられる。

また、供給業者に納入回数を増やしてもらうことによって会社の在庫量を減らすなど、社外との連結関係の構築も考えられる。しかしこれは、在庫管理の手間や保管コストを供給業者に負担させることになるので、その分、安定発注などを行わないと供給業者の負担が大きくなり、結果としてコストアップにつながる可能性もある。したがって、外部とのバリューチェーンによって発生したメリットは、共有するような仕組みが必要である。

◉競争分野の幅

バリューチェーンの考え方を使って競争優位を構築する方法としては、「競争分野の幅」も重要である。競争分野の幅には「セグメントの範囲」「統合の範囲」「地理的範囲」「業界の範囲」という4つの次元があり、これらがバリューチェーンのあり方と経済性に関係を持っている。

❶セグメントの範囲

生産する製品の種類とターゲットとする買い手（顧客）の種類のことである。これは、集中戦略によって優位性を構築するような場合に密接に関連する。

❷統合の範囲

活動を外部の会社に委託せずに自社の中でどの程度行っているのかという、活動の統合状況のことである。これは、原材料から最終製品の製造、販売までの一連の活動について、垂直統合あるいは逆に非垂直統合の戦略によって優位性を構築するような場合に関連する。

❸地理的範囲

会社が統一した戦略を適用しようと考えている地域の範囲のことである。これは、ある特定の地域に集中するのか、逆にグローバル化するのかのいずれかの戦略をとることによって優位性を構築するような場合に関連する。

❹業界の範囲

会社が統一した戦略を適用しようと考えている関連業界の範囲のことである。業界の範囲は、規模の経済性を考えて事業の間での共有化戦略を採用することによって優位性を構築するような場合に関連する。

上記4つの競争分野の幅を広げると、社内でより多くの活動ができたり、異なるセグメント、地域、業界を対象にしているそれぞれのバリューチェーンの間の相互関係を利用してメリットを得ることもできる。それとは逆に、競争分野を狭くすると、特定のセグメント、特定の地域や業界に合うようなバリューチェーンを設定することができるので、コストを下げたり、競争分野に対して効果のある特別な方法を採用することができる。

このように、4つの競争分野の幅を考え、会社にとって最も有利なバリューチェーンを構築することで、競争優位をつくり上げることができるのである。

コスト分析を行うためには、業界のバリューチェーンを明確にし、売上高、コスト、資産をそれぞれのバリューチェーンに割り当てていくことが必要である。そのうえで、ROA、ROI（114ページ参照）、利益率などを計算してみる。それによってそれぞれのバリューチェーンがどの程度の価値を生み出しているのか、また効率的に構築されているのかが明確になる。さらに、それらの比率の変化から、バリューチェーンの変化の様子も知ることができるのである。

管理会計の面からは、バリューチェーンのそれぞれの活動の効率アップに各ツールを利用することもできる。たとえば製造のコストダウンのためには、ABC、原価企画、標準原価計算といった手法（第2部）や、予算管理の手法（第3部第3章）を活用することができる。また、販売・マーケティングについても、ABC、予算管理が利用できる。人事・労務管理では、組織の設計や業績評価とパフォーマンス評価などが課題となる。

また、連結関係を生かすといった面では、部品メーカーと共同で行う原価企画や、物流コスト削減のための共同物流なども考えられる。

❺……………………………リーダーの戦略とチャレンジャーの戦略

自社が競争市場においてリーダーである場合は、競合他社からの追撃に対して防衛戦略をしっかり考えておくことが必要になる。具体的には、顧客の囲い込みやコスト・リーダーシップ戦略などによって競合他社の参入障壁をできるだけ高めること、また設備投資計画やシェア維持の方針を打ち出したり、他社の参入に対して徹底的に反撃するなど競合他社に対する報復の脅威を高めることの2つが考えられる。

一方、リーダーを追撃するチャレンジャーの場合には、正面から戦うのではなくリーダーの弱みをどこからどのように切り崩していくかが重要になる。具体的にはバリューチェーンを利用して徹底した低コストか差別化を実現し、競争のルールを変えたり、リーダーが最も利益を生み出している市場へ低価格で参入し、強みを失わせることなどが考えられる。

❻……………………事業のライフサイクルと戦略

製品は一般的に導入期、成長期、成熟期、衰退期という4つの段階からなるライフサイクルをたどっていく。それぞれの段階で定石ともいうべき戦略があるので、それを把握したうえで経営計画や利益計画を立案していくことも必要である。

通常の新製品は、時間の経過とともに4つの段階を経ながら売上高について**図表1-11**のようにS字カーブを描く。それぞれの段階で製品についての顧客の理解

図表1-11 事業ライフサイクルと戦略

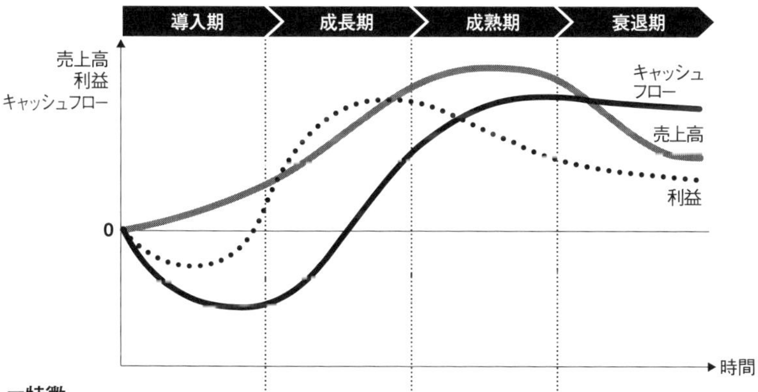

▼特徴

	導入期	成長期	成熟期	衰退期
売上高	低い	急成長	低成長	低下
利益	マイナス	ピークへ	低下	低下へ
キャッシュフロー	マイナス	プラスへ	プラス	プラス

度、市場における競争の激しさ、マーケティング組織の発展段階などが相違しているため、それに対する戦略も異なってくる。

❶導入期

市場の発展段階であり、顧客に製品の優位性や利用方法を知ってもらい、一定の市場を早めに押さえることが重要になる。早めに量産体制を整え、またしっかりとした競争優位を確立することが必要になる。価格については、当初は高い価格を付け、高級イメージを植え付けるとともに創業者利潤を獲得していくような**すくい上げ価格戦略**（Skimming Pricing）と、最初から低価格を付け、数量とシェアを獲得するような**市場浸透価格戦略**（Penetration Pricing）のいずれかを状況に応じて選択することになる。

❷成長期

新製品が市場に浸透すると、顧客が製品の使用方法や購入方法についてある程度理解してくる。この段階では、差別化や自社製品の優位性について顧客を教育することが重要になる。また、一般的には価格が低下してくるので、差別化が不十分な場合には合理化によるコストダウンが最重要課題になる。

❸成熟期

この段階では、シェアは安定し、限られたパイの取り合いとなるため、リーダー企業は低価格により、シェアアップを目指す場合も多い。したがって、コストダウンが重要になる。また、代替品となるような他社の新製品開発にも注意すべきである。さらに、下位企業では生き残りが重要であるため、集中戦略を採用することが必要となる。

❹衰退期

この段階になると、売上高、利益ともに減少する。新規投資の必要はないため、リーダー企業はキャッシュを生み出すことができるが、下位企業は撤退するか、まったく新しい形での新製品開発を行うか、いずれかの戦略をとることとなる。

このようなライフサイクルの中では、売上高は導入期から増加していくが、利益は投資の関係もあり成長期に近くなった段階から増加し、成長期に最高水準になる場合が多い。一方、キャッシュフローは設備投資の関係から、成熟期から衰退期にかけて最高水準となる。したがって、このような傾向を参考にして利益計画を策定していくことが必要である。

また、ライフサイクルを利用する場合には、次の点についても注意する必要がある。

1つ目は、すべての製品がこの4段階を経過するわけではないことである。ブームに乗った製品などがこの例である。この場合には、成長期から成熟期を飛ばして、いっきに衰退期に突入する場合もある。

2つ目は、成熟期が長期間続き、いつになっても衰退期に入った気配がないようなものがあることである。これは企業が時代の流れに合わせて戦略を見直している結果である場合が多い。これをプロダクト・エクステンションというが、そのような手法として、スタイル、特性の追加、性能の向上、品質改善などによる製品の修正、ターゲットとする市場の修正、マーケティング・ミックスの修正などがある。

管理会計の面からは、それぞれの時期における重要ポイントのコントロールに次のような手法を使うことができる。

まず導入期には、投資の採算を十分に検討するための手法としてNPV法やIRR法（第1部第4章）を利用することができる。成長期にかけては、コストダウンとプロモーション・コストの効果アップの手法を利用することも重要となってくる。成熟期ではコストダウンの手法がより重要になり、衰退期では少しでも利益が上がるか否かといった点から直接原価計算の手法（第3部第2章）、つまり限界利益を使った分析が重要になる。

第2章

短期的意思決定

1 意思決定のステップと管理会計の役割

企業は日々さまざまな意思決定を行わなければならない。その中には、現在の設備を使って2つの製品のどちらを製造したほうがいいかといった短期的な課題もあれば、新しい工場を2つの建設候補地のどちらに建設したらよいのかといった長期的に考えなければならない課題もある。そうした課題について適切な意思決定を行っていくためには、以下のようなステップで検討していくことが望ましい。

❶意思決定の課題を明確にする
❷課題を解決するための代替案をリストアップする
❸リストアップされた代替案について、定量的また定性的な面から評価を行う
❹❸の評価結果をよく検討して、最終的な意思決定を行う

このステップの中で管理会計が特に重要な役割を果たすのが❸である。ここでは、このステップ❸の中で代替案の評価をどのように行えばいいのか、定量的な面を中心に考えていく。

なお、意思決定のために利用する数値データについては、以下の3つの点に注意して集計し、利用していくことが必要である。

- 過去の実績を参考にしながら、将来の予測を加味してデータを作成すること
- 可能なかぎり正確で、利用する目的に合ったデータを使うこと
- 前提条件が1つに決められなければ、現実的な組み合わせをもとにシミュレーションを行うこと

2 短期的意思決定の意味と評価の基準

意思決定は、その対象となる代替案の前提やその結果が出てくる期間によって、大きく2つに分けることができる。1つは、現在の設備やビジネスの仕組みを前提にした代替案の中から意思決定を行い、その結果が今後1年程度の短期間に出てくるような**短期的意思決定**である。もう1つは、新規の設備投資や新しい事業の立ち上げのように事業の基盤を変化させ、その結果が今後数年間あるいは数十

年間の長期間にわたって徐々に出てくるような**長期的意思決定**である。

短期的意思決定は、その結果が今後1年程度で出てくるものなので、基本的に毎年の予算編成の中で検討すべき課題である。通常、1年間の予算は、売上高や費用の予測をもとに利益の予測という形で作成していく。したがって、短期的意思決定は予算と同じように利益を基準に、つまりどちらの代替案のほうが利益が多くなるか、という視点で行うことになる。なお、短期的意思決定は、1年間という短い期間の中で評価していくものなので、その基準となる利益がどの時点で生み出されるかといった時間的な価値は考える必要はない。

ところで、意思決定の評価の基準としては、利益以外にキャッシュフローも考えられる。前述のように、短期的意思決定では利益を基準に評価を行うが、長期的意思決定ではキャッシュフローを基準に評価を行っていく。

このように基準が違う理由はどこにあるのであろうか。

これは利益が持つ本来の意味とも関係がある。もともと企業は、キャッシュをいろいろな関係者から集め、そのキャッシュをいろいろな用途に使っていくというように、キャッシュをベースに事業活動を行っている。したがって、事業からの儲けも、原則としてキャッシュをもとに集計していくことが望ましい。また、キャッシュは実際に使うことのできるものであり、裏づけのある儲けの基準としても望ましいと考えられる。

一方で、利益は、企業の業績を1年といった一定期間に区切って報告するために考え出された儲けの物差しである。つまり、1年間で、実質的にはこの程度のキャッシュを残せるような事業を行ったはずであるといった、一定の仮定のもとで集計した業績を表すものである。たとえば利益を計算するときには、5年間使えるような設備の投資金額を5年間にわたって一定の基準で割り振っていく減価償却によって、キャッシュは全額今年支払ったにしても、費用としてはその一部しか集計しない、といった調整を行っている。また、キャッシュの受け取りや支払いがなくても、顧客に商品を引き渡したという事実や広告代理店に広告のサービスを提供してもらった事実があれば、売上高や費用を集計して利益を計算している。このように、利益とキャッシュの動きには、その集計のタイミングにズレがあり、利益は必ずしもキャッシュという裏づけのある儲けではない。しかし、キャッシュで集計してしまうと、企業はキャッシュの入金や支払いのタイミングをある程度コントロールできるので、一定期間の業績が必ずしも正しく集計されない可能性が出てくる。

したがって、1年間という一定期間の業績を報告するためには、企業の実際の活動をもとにキャッシュの動きに調整を加えた利益を儲けの基準としたほうが、企業の実態を反映するという意味では望ましいことになる。つまり、意思決定の結果が今後1年程度で出てくるような短期的意思決定では、利益を基準に意思決定を行うことが望ましいことになるのである。

一方、第1部第4章で検討する長期的意思決定では、明確な裏づけのある儲けであるキャッシュフローを基準に検討していくことが望ましい。長期的な意思決定においては、企業の事業がキャッシュを基準に動いているという原点に立ちかえって、裏づけのあるキャッシュを基準に儲けを集計していくことが望ましいからである。さらに、長期的意思決定では、キャッシュフローが長期間にわたって発生することになるので、金利などを考え、キャッシュフローが発生するタイミングの違いを考慮するという時間的な価値を考えていくことが必要になる。

3 差額原価収益分析

短期的意思決定の代表的なツールが、**差額原価収益分析**（Incremental Cost Revenue Analysis）である。これは、企業が採用する戦略に合わせていろいろな短期的な意思決定を行う際に、いくつかの代替案を比較し、評価するために使われる方法である。

具体的には、ある代替案を選択した場合に獲得することができる収益（売上高）と、他の代替案を選択した場合に得られる収益（売上高）との差額（**差額収益**）と、同じくそれぞれの代替案を選択した場合に発生するコストの差額（**差額原価**）を見積もっていく。そして差額収益から差額原価を差し引いて得られる利益の差額（**差額利益**）を計算し、差額利益がより多い代替案を選択するのである。この方法は短期的な意思決定の場面でよく使われているが、日常生活の中のいろいろな意思決定の場面でも意識せずにこの考え方を使っていることが多い。

ここで、差額原価収益分析を行う場合にしばしば使われる重要な概念や用語について整理しておく。

●**関連原価（Relevant Cost）**

どの代替案を選択するのかという意思決定によって変化するコストのことである。意思決定に「関連」して変化するため、「関連原価」という。

●**無関連原価（Irrelevant Cost）**

どの代替案を選択するのかという意思決定によって変化しないコストのこ

とである。意思決定に「関連なく」発生するコストであるため、「無関連原価」という。この無関連原価の代表例が次の埋没原価である。

●埋没原価（Sunk Cost）

どの代替案を採用しても発生する原価のことであり、意思決定には関係なく、考慮の対象から「埋没」しているコストのことである。過去行った投資や、すでにあるビジネスの仕組みに関連するコストがその代表的なものである。

●機会原価（Opportunity Cost）

いくつかの代替案の中で1つの代替案しか選択することができないような場合には、ある特定の代替案を選んだ結果として、他の代替案を選択することができなくなる。この、選択することができなくなった代替案の中で最も有利なものを採用すれば得られたであろう利益のことを、ある特定の代替案を選択した結果として、それ以外の代替案を選択する「機会」を失うことによるコストという意味で、「機会原価」という。

●差額収益（Differential Revenue）

いくつかの代替案がある場合に、それぞれの代替案の収益（売上高）を比較して算出した差額のことである。

●差額原価（Differential Cost）

いくつかの代替案がある場合に、それぞれの代替案を採用した場合のコストの総額を比較して算出した差額のことである。コストの総額を比較する方法のほか、それぞれの代替案の関連原価のみを集計して差額を算出することもある。

●差額利益（Differential Profit）

差額収益から差額原価を引いたもので、次の計算式で計算する。

$$差額利益 = 差額収益 - 差額原価$$

これらの概念について、簡単な例を使って確認してみよう。

あるメーカーでは顧客Xから製品xを、顧客Yから製品yの生産を依頼されている。しかし、工場の規模が小さいためどちらかの注文しか受けることができない。顧客Xから製品xの製造を受注すると、売上高は1,000百万円となるが、原材料費で350百万円のコストがかかる。一方、製品yの製造を受注すると、売上高は700百万円となるが、原材料費で200百万円のコストがかかる。製品x、yのいずれを製造する場合でもラインの人件費、水道光熱費などのコストは220百万円と同じであり、生産をしなくても発生する工場の維持費は160百万円だとすると、製品x、yを生産した場合の利益は次のようになる。

［単位：百万円］

	製品 x	製品 y
売上高	1,000	700
コスト	730	580
利益	270	120

この結果からすると、製品xを製造する場合のほうが利益が多くなるため、顧客Xからの注文を受けることが有利になる。

それでは、このケースで7つの概念について考えてみる。

まず、関連原価は、製品x、yのいずれを製造するかによって変化する原材料費で、製品xの場合には350百万円、製品yの場合には200百万円となる。

次に、無関連原価は、製品x、yのいずれを製造することになっても変化しない原価、つまりこの場合には製品x、yのどちらを製造しても同じ金額だけ発生するラインの人件費、水道光熱費の220百万円と、製造する／しないにかかわらず発生するコストである工場の維持費160百万円が該当する。

埋没原価は製品x、yのいずれを製造する／しないにかかわらず発生する原価であり、この場合には製品x、yの生産をしなくても発生する工場の維持費160百万円が該当する。

機会原価は、製品yを製造する場合で考えてみると、工場の規模に限界があるため製品xを製造することができなくなり、それによって失われてしまう製品xを製造した場合に得られるはずの利益270百万円のことである。

差額収益は、製品yをもとに考えると、製品yの売上高700百万円と製品xの売上高1,000百万円との差額である300百万円となる。

差額原価は、製品yをもとに考えると、製品yのコスト580百万円と製品xのコスト730百万円との差額である150百万円となる。

最後に、差額利益は、差額収益300百万円と差額原価150百万円との差額である150百万円となる。

なお、実際に差額原価収益分析を行う場合には、変動費を差額原価として集計することが多い。これは売上高や生産量の変化に伴って変化する変動費は短期的にも変化するので、通常は差額原価になると考えられるが、売上高や生産量が変化しても変化しない固定費は、通常は短期的には変化することはないので差額原

［単位：百万円］

	製品A	製品B
売上高	100	150
変動費	50	90
限界利益	50 (50%)	60 (40%)
固定費	30	20
営業利益	20 (20%)	40 (27%)

価にはならないと考えられるからである。したがって、短期的な意思決定では、通常それぞれの代替案によって異なる売上高と変動費をもとに、その差額として計算される限界利益がどちらの代替案のほうが大きくなるのかによって判断していくことが多い。

たとえば、次のように製品A、製品Bの2つがあり、どちらを積極的に拡販していくのが望ましいかを検討する場合、どう考えていったらよいであろうか。

拡販によってより大きな成果を得るためには、基本的には利益率の高い製品を優先的に拡販するほうが望ましい。まず、営業利益率を見てみると、製品Bのほうが高いという結果が出ている。ただ、営業利益率は固定費まで差し引いた利益率である。したがって、製品A、Bともに売上高が増加すると、固定費は変化しないため固定費の負担率が下がり、営業利益率は上昇していくが、逆に売上高が減少すると、固定費の負担率が上昇するため営業利益率は低下していく。そのため、たまたま上記のように製品Aの売上高が100百万円で製品Bの売上高が150百万円の場合には、Bの営業利益率のほうが高くなっているが、製品Aの売上高が上昇し、製品Bの売上高が低下すると営業利益率は逆転する可能性もある。したがって、営業利益率を基準に判断することは難しい。

次に限界利益率を見てみると、製品Aのほうが高いという結果が出ている。限界利益率は、売上高から変動費のみを差し引いた利益率である。変動費は売上高の変化に合わせて変化する費用なので、結果として売上高から変動費を差し引いた限界利益は売上高に連動することになる。したがって、売上高が変化しても2つの製品の限界利益率は原則として変わらないことになる。結果として限界利益率が高い製品Aを拡販したほうが、同じ金額だけ売上高が増加した場合に限界利益がより大きくなり、さらに売上高が変化しても変化しない固定費を差し引いた営業利益も大きくなるので、結果としてより多くの儲けにつながることになる。

このように、短期的な意思決定においては、売上高を基準に考える場合には、限界利益率の高い製品を優先的に拡販していくことが一般的には望ましいことになる。また、製品1個当たりで考える場合には、1個当たりの限界利益額が大きいものを積極的に拡販していくことが望ましいことになる。

なお、差額原価収益分析では、製造間接費や共通費の配賦によるコストの変化分は、原則として差額原価として考える必要はない。これは、製造間接費や共通費の総額に変化がなければその配賦はあくまでも平均的な割り振り計算にすぎないので、実際にキャッシュフローの動きを伴うコストの変化があるわけではないからである。ただ、どの代替案を選択するのかによって製造間接費や共通費が明確に変化する場合には、その変化分については、差額原価として考えていくことが必要である。

4 短期的意思決定と定性的な分析

短期的意思決定を行う場合には、差額原価収益分析といった定量的な分析とともに、定性的な分析も行っていくことが重要である。なぜなら、数値はいろいろな前提に従って計算されたものであり、その前提を検討するためには、定性的な状況の確認が必要だからである。

それでは、短期的意思決定の対象となる代表的なケースについて、定量的な分析と定性的な分析をどのように行っていったらよいのか確認してみよう。

◉拡販すべき製品の選択を行うケース

2つの製品のうち、積極的に拡販すべき製品を選択するような場合である。このような場合でも、差額原価収益分析によって定量的な評価を行うことができる。具体的には、1個当たりの限界利益率の高さや1個当たりの限界利益額を基準に、より効率よく差額利益を高めることができる製品を選択していく。つまり、定量的には、売上高を基準に考える場合には限界利益率の高い製品を、製品1個当たりで考える場合には1個当たりの限界利益額が大きいものを積極的に販売していくことが望ましいことになる。

しかしこのような結果は、あくまでも各製品の価格あるいは売上高と変動費の関係をもとに導かれる結論である。つまり、この限界利益率あるいは1個当たりの限界利益額が高いものを優先するという結論は、すべての製品が同じ努力で同じ金額あるいは数量だけ販売することが可能であることを前提にしたものであり、同じ努力をしても同じ金額あるいは数量だけ販売できない場合には、販売しやすいものを優先するという結論もあるのである。したがって、顧客からのニーズの高さといった市場環境や、競合企業が提供している製品やサービスに対する競争優位性といった販売しやすさに影響を与える定性的な状況も考慮し、最終的な意思決定を行うことも重要になる。

◉OEM供給の依頼を引き受けるかどうかを検討するケース

消費財メーカーが他の消費財メーカーから製品のOEM供給の依頼を受けるかを検討するような場合である。このような場合にも、差額原価収益分析によって定量的な評価を行うことができる。具体的には、OEM供給をすることで利益が増えるかどうかが評価のポイントになる。つまり、OEM供給そのものと、それに伴う生産量の増加によるコストダウンなどのメリットによって、利益が増えるかどうかで判断していくのである。

しかし、これに加えて定性的な状況も検討する必要がある。まず、消費財メーカーが自社ブランドで同じような製品を並行して販売する場合には、「自社製品の販売数量に対する影響はどうなるのか」「その影響が出ないように、機能などの面で自社ブランド品とOEM品との差別化は可能なのか」といった売上高に対する影響を考える必要がある。さらに「OEMを拒否した場合、他社がOEMを引き受けることにより、他社が生産量の拡大によってコスト競争力を高め、結果として自社の競争力が低下することにならないか」といった点なども考える必要がある。

◉外部からの購入と自社における製造とを比較するケース

これは、外部から購入するのか、既存の設備を使って自社で製造するのかの選択を行うような場合である。このような場合も、差額原価収益分析によって定量的な評価を行うことができる。具体的には、いずれの選択肢を採用しても販売単価や販売数量が変わらないのであれば、2つの選択肢のうちどちらがよりコストが小さくなるのかを基準に評価していくことになる。

それに加えて定性的な状況も検討する必要がある。たとえば、自社で製造することで製造技術が向上したり、コストダウンの可能性が高まるなど、自社の競争優位性を高めることにつながるかどうかを考える必要がある。また外部から購入する場合、「供給予定企業は、予定した日時に予定した数量を確実に供給できる能力を持っているのか」「外部から購入しても、一定以上の品質は確保できるか」といった点も考える必要がある。

5　変動費・固定費・限界利益をもとにした業績改善へのポイント

◉変動費と固定費の比重に応じた利益拡大への具体策

コストのうち、変動費の比重が大きい場合と、その反対に固定費の比重が大きい場合とでは、それぞれ利益を拡大していくための具体策の優先順位が異なってくると考えられる。

❶変動費の比重が大きく、固定費の比重が小さい場合

この場合は、変動費の比重が大きく限界利益率が高くないため、販売数量が増加しても、利益はあまり増加しないことになる。したがって、まず徹底した変動費の削減と値引きを避けることなどによる価格の維持によって、限界利益率を可能な範囲で上昇させたうえで、販売数量の拡大を図ることが望ましい。固定費の

図表1-12　固定費と変動費の比重と利益拡大策

優先順位

①限界利益率の向上
②販売数量の増加
③固定費の削減

優先順位

①販売数量の増加
②固定費の削減
③限界利益率の向上

削減も意味はあるが、もともと比重が小さく効果が限られるため、優先順位はあまり高くはない。したがって、この場合の利益を拡大するための具体策の優先順位は、①限界利益率の向上、②販売数量の増加、③固定費の削減となる。

❷変動費の比重が小さく、固定費の比重が大きい場合

この場合は、変動費の比重が小さく限界利益率が高くなるため、販売数量の増加が利益の増加につながりやすい。したがって、まず販売数量を増加させることを重視し、次にコストの中で比重の高い固定費の削減に向けて努力することが必要である。価格の維持や変動費の削減によって限界利益率を高めることも有効であるが、すでに高い水準にあるので効果はある程度限られるため、優先順位はあまり高くないことになる。したがって、この場合の利益を拡大するための具体策の優先順位は、①販売数量の増加、②固定費の削減、③限界利益率の向上となる。

◉経営環境と望ましいコスト構造

販売数量が順調に拡大していくことが期待できる場合と、販売数量の予測が難しく大幅な減少も想定されるような場合とでは、以下のように有利なコスト構造に違いがある。

❶販売数量の順調な増加が期待できる場合

この場合は、変動費の比重が小さく固定費の比重が大きいコスト構造が有利になる。なぜなら変動費の比重が小さく限界利益率が高い場合には、販売数量の増加が大幅な利益の増加につながりやすいため、数量の順調な増加によって利益の増加が期待できるからである。具体的には、業務を外部に委託したりせず、設備や人員を抱えて企業内部で業務のかなりの部分を行うような体制にして、変動費の比重を下げ、固定費の比重を高めるようなコスト構造にしていくことが望ましいことになる。

❷販売数量の予測が難しく、大幅な減少も想定される場合

この場合は、変動費の比重が大きく固定費の比重が小さいコスト構造が有利になる。なぜなら、変動費の比重が大きく限界利益率が低い場合には、販売数量が増加してもそれに合わせて比重の大きい変動費が増加してしまうため、利益はそれほど増加しないが、逆に販売数量が減少した場合には比重の高い変動費が減少するので利益はそれほど減少しないからである。つまり、販売数量が変化しても、利益はそれほど変化せず安定しているからである。具体的には、社内であまり設備や人員などを抱えず、できるだけ外注したり、いろいろなコストを変動費的な契約にすることによって、変動費の比重を高めるようなコスト構造にしていくことが望ましいことになる。

◉固定費の比重が大きい事業の場合の注意事項

固定費の比重が大きい事業では、販売数量が増加してもコストはあまり増加しないため、売上高の増加に伴って利益もかなり拡大していく。したがって経営環境が良好で販売数量が伸びたときには業績が非常に良くなるが、逆に経営環境が悪化して販売数量が減少すると、業績がかなり悪化する可能性があるので注意が必要である。

たとえば販売数量が減少すると、前述のように売上高が減少するのに比較して固定費が中心となっているコストはあまり減少しないため、利益はかなり減少してしまう。

さらに、経営環境が厳しくなると、業界の一部の企業が販売数量を確保するために価格の引き下げを始める可能性が出てくる。しかし、固定費の比重が大きく変動費の比重が小さい事業の場合は、価格をかなり引き下げても、変動費をカバーし限界利益をプラスにすることができる。したがって一部の企業が、販売数量を増加させることによって限界利益を確保し、固定費を回収することを狙って、大胆な価格引き下げを実施する可能性が出てくる。それに追随していくつかの企業が値下げを実施すると、結果として各社とも販売数量があまり伸びずに、値下げによって利益を減らすだけの結果になる可能性もある。

一方、固定費の比重が高い事業は、設備や人員を抱えるような事業である可能性が高い。そのような事業では、事業を開始するためにはそれなりの準備が必要なため、経営環境が厳しくなった場合、せっかくつくり上げてきた事業基盤を捨てるのはもったいないといった心理的な面をはじめとする撤退障壁が高くなりがちである。結果として、かなり厳しい状況にある企業まで将来のかすかな望みにかけて、なかなか撤退の決断をせずに供給過剰が解消しない可能性がある。

このように固定費の比重が大きい事業の場合には、経営環境が悪化した場合にはかなり厳しい状況に陥る可能性があるので、注意が必要である。こうした状況から脱却するための1つの方法は、事業統合によって競合企業の数を2〜3社程度に減少させ、供給量をコントロールし、顧客に対する交渉力を高めることである。

◉コスト構造とリスク

リスクには、「不確実性、変動する、わからない」といった意味がある。リスクを利益と関連づけて考えると、利益がブレやすいことがリスクの高い状況、利益がブレにくいことがリスクの低い状況ということになる。それでは、このリス

図表1-13 固定費と変動費の比重とリスク

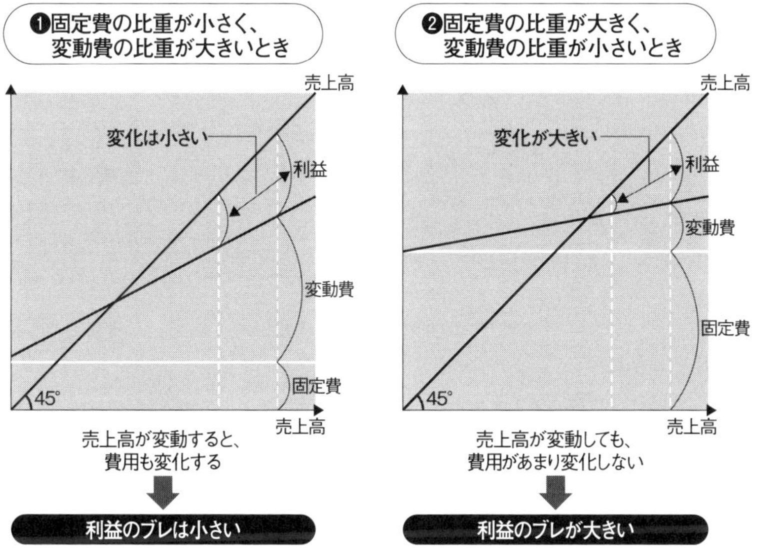

クとコスト構造にはどのような関係があるのであろうか。

基本的には、変動費の比重が大きいコスト構造はリスクが低く、固定費の比重が大きいコスト構造はリスクが高い、と考えられる。まず変動費の比重が大きい場合には、販売数量が変化したときに、売上高の変化に合わせてコストもある程度変化するため、利益はあまり大きく変化しない。つまり、販売数量の変化のわりに利益があまり変化しないという意味で、リスクが低いことになる。

一方、固定費の比重が大きい場合には、販売数量が変化しても売上高の変化のわりにコストが変化しないため、利益のブレが大きくなることになる。つまり、販売数量の変化に伴って利益が大きく変化してしまうという意味で、リスクが高いことになる。

ただ、固定費の比重が大きくコスト構造からするとリスクが高い場合でも、販売数量自体が安定している場合には全体としてはリスクは低くなるので、販売数量の安定度も確認する必要がある。

◉限界利益がプラスの製品

限界利益がプラスの製品は、固定費まで含めて考えると赤字であっても、製造販売を継続していいものだろうか。

固定費まで含めると赤字であっても限界利益がプラスの場合は、固定費を一部回収することができているので、短期的には製造販売を継続しても構わない。ただ、やめた場合に固定費が一部減らせたり、固定費の一部を別の事業に転用したり、不要になった設備などが売却できる場合には、それを含めてどうなるのかを検討していく必要がある。したがって、固定費の削減やそれに関連するサービスや資産の転用や売却によって一定のメリットがあるのであれば、限界利益がプラスであってもやめるという選択肢もあるのである。

具体的には、固定費の削減やそれに関連するサービスや資産の転用や売却は、その準備や成果の獲得に数年かかる場合が多いので、NPVやIRR（第1部第4章）といったキャッシュフローを使った長期的意思決定の手法を使って評価を行うことが必要である。

◉リスクの評価

企業経営にリスクはつきものである。また、ある程度リスクのある事業でないと、大きなリターンを得られないことが多い。したがってリスクを認識して、で

図表1-14 シナリオをベースにしたリターンの期待値

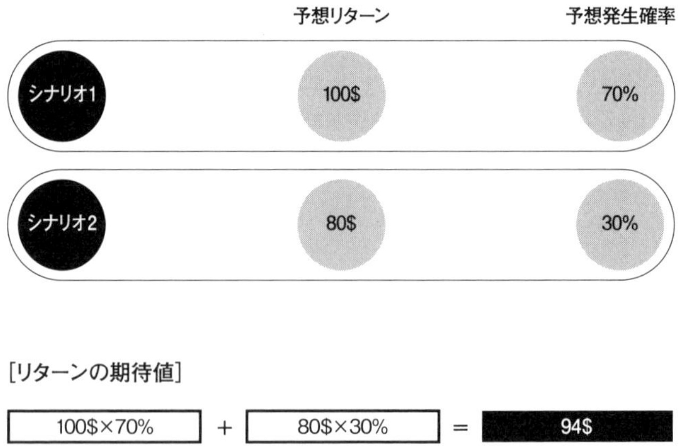

きるだけそれをコントロールすることが必要である。短期的意思決定では、リスクをどのように数値データに反映させ、それを意思決定に生かしたらよいのであろうか。

具体的には、以下の方法が考えられる。

いくつか予想されるシナリオを考えて、それぞれの場合にどれだけの利益が得られるかを予測し、その利益にそれぞれのシナリオの発生確率を掛け合わせてプロジェクトのリターンの期待値を計算する方法である。

たとえばシナリオ1の予想リターンが100ドル、シナリオ2の予想リターンが80ドルとする。ここでシナリオ1の予想発生確率が70%、シナリオ2は30%であるとすると**図表1-14**のようにリターンの期待値は94ドルとなる。

一方でリスクを可能な範囲で抑えていくことも重要になる。この面からは、たとえば結果が大きな利益か大きな損かしかないようなブレの大きいプロジェクトは慎重に検討し、良くても悪くても結果に大きな違いのないようなプロジェクトを優先的に採用するような方針にすること、またポートフォリオという考え方から、1つの大きなプロジェクトに投資するよりも、いくつかの中規模あるいは小規模のプロジェクトに分散して投資することによって儲けのリスクを抑えることなどが考えられる。

第3章
価格戦略の意思決定

1 価格設定の重要性

価格には、製品やサービスの価値を表すという面と、利益を生み出すベースという2つの面がある。

価値の面については、価格は製品やサービスが金額的にどの程度の価値を顧客に提供するものであるか、またどのような人に買ってもらいたいのか、といった顧客に対するメッセージを意味していると考えることができる。一方、利益の面については、価格は販売数量にも影響を及ぼし、さらに販売数量と掛け合わされて売上高となる。したがって、価格は売上高の重要な構成要素であることを通じて、利益やキャッシュフローに大きな影響を及ぼしている。

さらに、価格には競合企業へのメッセージという側面もある。自社の価格の付け方によって、競合企業の新規参入の意思決定や価格にも影響を与える可能性があるからである。

このように価格にはいろいろな側面があり、それらをすべてベストな条件で満たすことは非常に難しい。最適な価格を設定することは、科学的、論理的にだけ考えても難しい面があり、一種のアートであるといわれることもある。

価格設定の方針を意味する価格政策は、基本的には経営管理者によって決定される。長期の価格政策は、会社の成長や市場シェア、目標利益率などと整合性を持ちながら、目標利益を達成することを重視して行っていくことになる。一方、短期的な価格設定は、長期の価格政策の中で競争状況、原価や設備の利用状況などを考えながら行っていくことになる。

このように価格の設定には、企業の目的、経営戦略、原価、需要、競争、法律上の影響、社会的責任などいろいろな要素が関連する。

それでは、価格の上限と下限はどのようになるのであろうか。一般的には価格の上限は顧客から見た価値であり、下限はコストになると考えられる。

❶……………………価格の上限は、顧客価値

価格の上限は**カスタマー・バリュー**、つまり顧客が認識した価値である。顧客は製品やサービスの価値を評価して、原則としてそれに見合う価格までしか払わない。したがって、顧客が認識した価値以上の価格を付けてしまうと、売れない

ことになってしまう。

また、顧客の認識している価値は、製品やサービスを販売する企業がそのコストや内容から計算した価値である**テクニカル・バリュー**とは違っている場合もある。したがって、企業として認識しているテクニカル・バリューとカスタマー・バリューを一致させていく努力が必要である。具体的には、企業が広告宣伝や試供品の提供を行うことによって、顧客に製品やサービスの内容と価値を教育していくことが考えられる。

一方で、製品やサービスの価値は、顧客セグメントや市場セグメントによって異なっていることも多い。このような場合には、セグメントごとに違う価格を付けることも考えられる。たとえば日本におけるオペラのチケットの価格は欧米に比べて非常に高いが、これは海外へ行かなければ鑑賞できないことや人気の高さなどが反映された結果でもある。

しかし、セグメントを完全に区分することは難しく手間もかかるため、セグメントに合わせて価格を変えていくことは、実際には難しい場合が多い。したがって、全体として最大の利益が得られるような価格を探し、すべての市場で同一の価格を設定している場合が多い。

図表1-15 価格設定の幅

ただし、以下のような場合には、価格を変えることができる。

- ある市場で売られている商品を、他の市場の買い手が購入できない場合
- 他の市場で安く購入できることを顧客が知らない場合

たとえばゴルフのプレー代が平日と週末とで違っているように、一般的にサービス業では日時が異なれば違う市場と考えることができるので、価格を変化させやすいといえる。

❷……………………価格の下限は、コスト

価格の下限は、コストである。

企業は利益を上げていかなければならないので、価格はコストを若干でも上回っていることが最低条件となる。もちろん短期的にはコストを下回る価格を付けることはできるが、長期的に企業が存続していくためには価格はコストを下回ることはできない。

コストといってもいろいろなものがある。たとえば売上高（販売数量）に応じて変化する**変動費**、どの製品のコストであるのかが明確な**直接費**とどの製品のコストであるのかがわかりにくい**間接費**の両方を含めた**全部原価**、現在の状況をベースにした**現在原価**、将来の状況の変化を織り込んだ**将来原価**などである。適切な価格設定を行うためには、この中から自社が置かれている状況に応じて最も適したコストを価格の下限の基準として考えていく必要がある。

たとえば短期的な価格を設定する場合、変動費を上回る価格を付けることができれば、製品を販売することによってとりあえず利益は増加することになるので、変動費を価格の下限と考えることもできる。

しかし、以下の3つの場合には、コストを下回る価格を設定することがある。

1つ目は、セールの目玉商品のような、集客して他の利益の出る商品の販売に結びつけることを目的として、低価格で販売される商品の価格である。これは**ロスリーダー価格政策**と呼ばれる。

2つ目は、新商品を急速に普及させ、生産量を増やすことによって単位当たりのコストを低減させることを目的として最初は低価格で発売し、その後に価格を上げることによって利益を得るという「**市場浸透価格戦略（ペネトレーション・プライシング）**」を採用している場合である。

3つ目は、コピー機や携帯電話など、商品の販売後に消耗品の販売やサービスの提供などによって追加売上高が期待できるような場合である。

2 価格の設定方法

価格の設定方法には原価をベースにした方法、顧客の価値をベースにした方法、競争状況をベースにした方法など、いくつかのものがある。

❶原価をベースにした方法

原価をベースにした方法は、少なくともコストを上回る価格を付け、利益を確実に出していくという面からは望ましい方法である。この方法は社内のデータをベースに価格を設定していくので比較的簡単であり、原則として赤字になることがないため、価格の決定を現場に任せることが可能になる。しかし、市場の競争状況や顧客が認識している価値を考慮していないので、高すぎて売れなかったり、その逆に顧客が払ってもよいと考える価格よりも低い価格を付けてしまうおそれがあるので注意が必要である。

原価をベースにした方法は、すべてのコストである全部原価をベースにした方法と、コストの一部である部分原価をベースにした方法に分けることができる。

◉全部原価をベースにした方法

これは、すべてのコストを含めた全部原価をベースにした方法である。この方法では正確なコスト計算をするために、どの製品のコストであるかがわかりにくい間接費をできるだけ適切な割り振り基準を使って集計する活動基準原価計算（ABC）を採用することも考えられる。

具体的には、以下の5つの方法がある。

❶コストプラスによる価格設定

これは、製品やサービスの単位当たりのすべてのコストに一定の利益を加算して価格を設定する方法である。

価格 ＝ コスト ＋ 利益 ＝ 製造原価 ＋ 販売費および一般管理費 ＋ 利益

この方法は、事前にコストがわからない場合などに、確実に利益を確保するために採用される方法である。しかしこの方法では、売り手はどれだけコストをかけても一定の利益を確保できることになるため、コストダウンのインセンティブがなくなってしまう。したがって、買い手としては、支払額の上限を決めるなど、コストを抑制する仕組みが必要である。一般的には、見積もりの難しい建物の建築や特注品の生産、ブランドや特別な性能によって差別化されている製品のように、売り手の交渉力が強い場合に採用されることが多い。

❷マークアップによる価格設定

コストに加える利益を一定の金額ではなく、コストの一定率とする方法である。この方法は小売業界でよく採用されている。**マークアップ率**は一般に高級品では高く、単価の低い日用品などでは低くなっている場合が多い。しかし、この方法では、❶のコストプラスによる価格設定と同じように、売り手の都合で価格を決めることになるため、市場の動向や競争状況などを無視してしまったり、マークアップ率に一定の理論がないなどの問題もある。

すべてのコストに対して一定のマークアップをする方法と、企業が付け加えた付加価値と考えられる加工費の一定率をマークアップする方法とがある。

●総原価マークアップ法

これは、すべての原価にその一定率の利益を加えて価格を決定する方法である。

価格 = 総原価 +（総原価 × マークアップ率）

この方法は、簡単に計算ができ、すべての原価に利益を加える方法なので、売れさえすれば必ずすべての原価を回収することができるというメリットがある。

また、大量生産している製品の場合には、販売数量が増加すればするほど1個当たりの固定費の負担が減るためコストが下がり、結果として価格を下げられるという「規模の経済」の考え方に合った価格設定ができる。

しかし、販売が停滞して生産量を下げると、1個当たりのコストが上昇して価格も上がってしまうため、本来は下げるべきなのに逆になってしまうという問題もある。

●加工費マークアップ法

総原価のうち、直接材料費を除いた加工費の一定率を利益として総原価に加えて価格を設定する方法である。これは、直接材料費は外部から購入したものであり、その企業としては特に付加価値を加えたわけではないので、その部分を除いた企業の付加価値の部分と考えられる加工費だけをマークアップの対象とする方法である。

価格 = 総原価 +（加工費 × マークアップ率）

また別の方法として、直接材料費についても加工費よりも低いマークアップ率を適用して利益を加算する方法もある。

しかし、この方法では、工場を持たないファブレス・メーカーなどでは加工費の比率が低くなるため、利益がほとんどなくなってしまう。しかし、加工費以外にもメインテナンス・サービスや研究開発などで価値が生み出されていることを考えると、総原価マークアップ法のほうが一般的には望ましいと考えられる。

❸財務目標による価格設定

想定した事業規模で一定の利益を確保することができるように、価格設定を行う方法である。たとえば、目標とする投資利益率や売上高利益率を確保できるように価格設定を行うものである。

●目標投資利益率法

これは、以下のように、製品やサービスに関連した投資金額に対して、一定の投資利益率を確保できるように価格を設定する方法である。

$$価格 = 変動費 + \frac{固定費}{標準操業度} + \frac{投資額 \times 目標投資利益率}{標準操業度}$$

ここで、標準操業度とは、長期的に予想される標準的な生産量のことである。投資額はその製品の生産に関連して必要とされる投資金額のことである。なお、変動費および固定費としては、製造原価と販売費および一般管理費の合計を振り分けている場合が多い。

この方法では、価格が市場の競争状況などに関係なく、企業の論理で一方的に設定されることになるため、独占的な力のある企業では採用することができるが、競争が激しい市場で戦っている場合には採用が難しい。さらに、投資金額に含まれる資産の範囲をどこまでにするのかといった点について、明確なルールがないという問題もある。

●日標売上高利益率法

これは、以下のように、目標とする売上高利益率を確保できるように価格を設定する方法である。

$$価格 = \frac{総原価}{1 - 売上高利益率}$$

この方法は、目標とする売上高利益率を変更することによって、市場の競争状況をすぐ反映することができるので、その面では望ましい方法である。しかし、昨今のように、ROEやROAなどの資産効率を表す指標を重視していくという方向からは、売上高利益率だけを重視するこの方法よりも、前述の目標投資利益率法のほうが望ましいと考えられる。

◉部分原価をベースにした方法

これまで説明してきたコストをベースとした価格設定方法は、変動費あるいは固定費などすべてのコストをベースにした方法であった。この方法は市場の状況が明確にわからない場合に、価格の基準値をコストをベースにして把握するという面からは、利用価値が高い。

しかし、実際は、追加生産などが行われた場合には、追加で発生する原価は変動費と追加固定費だけである。したがって、その変化する部分の原価だけをベースにして価格設定を行う直接原価法や増分分析法などを利用することも考えられる。

❶直接原価法

原価を固定費と変動費に区分して、変動費を直接原価として、その金額をベースに価格設定を行う方法である。この場合、変動費には変動製造原価と変動販売費および一般管理費が含まれる。

価格 ＝ 変動製造原価 ＋ 変動販売費および一般管理費 ＋ 利益（限界利益）

この方法では、コストの中の変動費に注目し、それを販売価格の下限と考え、売上高から変動費を差し引いた限界利益が最大となるように価格を設定していく。この限界利益が最大になるときに、全体としての利益も最大となる。また、この方法では、変動費と固定費の比重が違うと、価格設定の下限が変わってくることとなる。たとえば、ファブレス・メーカーの製品のように、外注費といった変動費の比重が大きい場合には、価格はあまり下げられないことになる。逆に巨大な設備を保有している企業のように、固定費の比重が大きい場合には、価格を下げる余地があることになる。

また、コストに占める固定費の比重が大きい場合には、固定費を埋め合わせることが利益を出すポイントとなるので、固定費と関係の深い設備などの稼働率を高めることが重要となる。反対に変動費の比重が大きい場合には、限界利益率を高め、限界利益を最大にすることが利益を出すポイントとなる。

この方法は、固定費に変化がないような短期的な価格設定には有効だが、長期的な価格設定を考える場合には、赤字になることを避けるために変動費だけではなく固定費まで含めたすべてのコストを考慮することが望ましい。

❷増分分析法

製品やサービスの販売によって増加する収益である増分収益と、増加する原価である増分原価を計算して、これをベースに短期の価格設定を行う方法である。

$$\underbrace{\text{価格} \times \text{増分販売数量}}_{\text{増分収益}} - \text{増分原価} > 0$$

増分収益が増分原価を上回っている場合には、販売量を増加させるほうが利益を増加させることになるので、このような価格設定で問題ないことになる。なお、前述の直接原価法では変動費をベースにしているが、増分原価は変動費以外に一部の固定費も含むこともある。

❷顧客の価値をベースにした方法

顧客の認識している価値をもとにして価格を設定していく方法である。

具体的には、マーケティング・リサーチなどによって売れる価格帯を探索し、それに合わせて価格を設定する。もし、原価がその価格帯よりも高い場合には、コストをその水準以下に下げることが必要となる。また、差別化が行われていて競争がない場合には、まず売れる価格帯を発見して、それに合わせて価格を設定し、その価格がその製品やサービスにとって適正な水準であることを顧客に認識させることも必要になる。

また、この方法の延長上で、市場セグメントごとに、顧客からの需要の多さに応じて価格を変えていくこともできる。具体的には、顧客層や時間帯あるいは場所などによって価格を変えていくことである。カラオケボックスが昼間に安い特別料金を設定して、需要が少ない昼に少しでも顧客を獲得しようとしているのはこの例である。

❸市場の競争状況をベースにした方法

市場での競争にまかせて価格を決めていく方法である。

具体的には、製品やサービスの差別化が難しく、ある程度の競争がある場合に適した方法である。しかし、この方法は、売り手同士が絶えず競争することとなるため、利益が必要以上に少なくなったり、必要以上に企業が体力を消耗するなどの問題もある。一部の地域で発生しているガソリンスタンドにおける価格競争などが1つの例である。

このような過度な競争を避けるためには、サービスやメインテナンスなどいろいろな角度から差別化をしていくことが必要である。

具体的な手法として入札と実勢価格がある。

◉入札による方法

売り手が価格を提示し、最も低い価格を付けた売り手に発注する方法である。これは売り手と顧客との交渉で価格が決まらなかったり、市場が特にないため価格が明確でないような場合に採用するメリットがある。しかし、あくまでも提示した価格で決めることとなるので、十分な能力のない企業が価格だけで選ばれるおそれもあるので注意が必要である。

◉実勢価格による方法

実際の取引価格をベースにして決める方法である。

たとえば、家電量販店の店頭でテレビやパソコンの価格が、他の店舗を参考にして設定され、さらに顧客からの情報によって変更されていることなどが代表的な例である。

4 その他の価格設定方法

これ以外にも、いくつか特別な価格設定方法が考えられる。

たとえば、**インセンティブ付きコスト回収法**といって、原価分は必ず支払うこととして、利益は目標原価と実際原価とを比較して決める方法もある。具体的には実際原価が目標原価を下回った場合には利益を加算し、逆の場合には差し引くことになる。

さらに、**制限付きコスト回収法**といって、支払金額に上限を設定して、一定の制限の中で原価を全額回収する方法もある。

3 価格に影響を与えるもの

それでは価格の上限である顧客の認識する価値と下限であるコスト以外に、価格の設定に影響を与えるポイントにはどのようなものがあるだろうか。

図表1-16 価格に影響を与えるもの

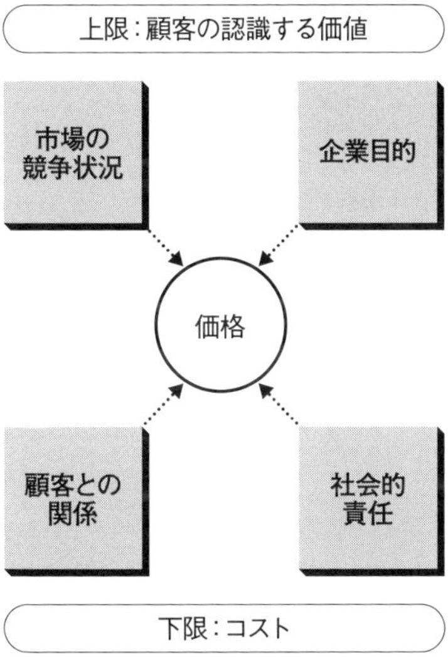

基本的には、市場の競争状況、顧客との関係、企業目的、社会的責任などが考えられる。

◉市場の競争状況

価格は、市場の競争状況によっても大きな影響を受ける。市場が完全な競争状況にある場合には、価格は市場の需要と供給の関係で決まってくるので、価格をコントロールすることはできなくなる。このような場合には、価格はある程度所与のものと考えて、原価を削減するとともに、利益との関係から適切な販売数量を決めていくことが重要になる。たとえばガソリンなどのように差別化が難しく、競争が激しい商品や製品の場合には、価格の違いが販売数量に大きな影響を与えるので、競合企業の価格を絶えず意識し、価格の設定を慎重に行うことが重要になる。

また、業界が寡占状況になると**プライス・リーダー**が現れてくる。プライス・リーダーとは業界全体の価格に大きな影響を及ぼすことができる業界のリーダー企業のことである。このような企業は、一般に市場で最も大きなシェアを押さえ、製品開発をリードしている。このプライス・リーダーがいる業界では、プライス・リーダーが全部原価ベースでの価格設定を行い、他の企業が追随する場合が多い。また、プライス・リーダーは、他の小さなシェアしか押さえていない企業が価格を下げても、そのインパクトが大きくないかぎり、価格を下げないことも多い。これは、プライス・リーダーにとっては、少しのシェアダウンよりも、価格を維持したほうが利益が大きいからである。しかし、競争相手を締め出そうという場合には、限界利益に近いところまで価格を下げることも考えられる。

一方、市場が完全に独占されている場合には、独占企業は自由に価格を設定できるので、全部原価をベースとしたコストを上回る価格を付けることが一般的である。ただし、あまり高い価格を設定すると、他の企業に新規参入のインセンティブを与えてしまうので、短期的には高い価格を付けても、長期的には適正利潤の水準に落ち着く場合が多い。代表的な例としては、電気、ガスなどの公益サービスがある。

なお、市場の競争状況は製品やサービスの種類によってさまざまであるが、競争状況から影響を受けないようにするためには、機能やデザイン、ブランド・イメージ、サービスなどの面での差別化が必要となる。また、競争状況は絶えず変化しているものなので、現在の状況だけでなく、将来の競争状況も考えて価格設定をすることも重要である。

◉顧客との関係

価格は顧客との関係にも大きな影響を受ける。具体的には、顧客との間での需要と供給の関係や顧客に対する交渉力といった点である。これらは顧客が認識する価値とも関係がある。

まず需要と供給の関係については、たとえば、差別化が難しく、競争の激しい製品の場合には、顧客は価格に敏感になる。その結果として、需要の価格弾力性が高くなるため、価格を変化させると販売数量に大きな変化が起こる可能性が高い。

一方、差別化や特許などによって独占的に供給できるような製品の場合には、顧客は他に選択肢がないので、価格が多少高くても購入することとなる。さらに、供給量をコントロールすることによって、価格を維持することもできる。しかし、これはカルテルになるおそれもあり、また顧客の反感を買い、将来競合製品や代替製品が出てきたときに、売上高の減少につながってしまうおそれもある。したがって、独占的な製品を提供している場合でも、顧客との長期的な関係を考えて価格設定を行っていくことが重要であろう。

なお、製品やサービスの定価が市場に浸透している場合には、その価格以下でなければ売れないことが多い。このような場合には、価格の引き下げしか手段がないことになってしまうので、注意が必要である。また、需要が一定であれば、通常は供給量を調節することによって、価格を変化させることもできる。

次に顧客との交渉力については、前述のように独占的な製品を供給している場合には、顧客は他の選択肢がないため、顧客に対する交渉力が非常に強くなり、価格はある程度自由に付けられるようになる。逆に、他に類似した製品を供給する企業がたくさんあるような場合には、顧客に対する交渉力は弱くなる。

また、売り手がその顧客にどの程度依存しているか、という点も交渉力に影響を与える。大手メーカーの下請け業者などのように、ある特定の顧客に対する売上高の比重が大きい場合には、交渉力が弱くなる。

さらに、顧客が購入先を変える場合に発生するコストである**スイッチング・コスト**が大きいかどうかも顧客に対する交渉力に影響を与える。たとえば、ある機械の購入先を変更する場合、新しい機械を設置するために工場を改築しなければならなかったり、現在使っている機械の高価な部品を廃棄しなければならなかったり、またラインの労働者の教育に多額の費用がかかるような場合には、変更するインセンティブが少なくなり、価格が相当低くなければ購入先を変更することはまずない。このような顧客に対する交渉力は、顧客がある程度限られているような生産財の場合には特に重要である。

◉企業目的

価格は企業の目的にも大きな影響を受ける。たとえば、企業の目的を、目標利益率の確保、利益額の最大化、利益以外の目標（成長、シェア拡大、現状維持）の中のどれにするのかによって、最適な価格が違ってくるのである。

◉社会的責任

価格は企業の社会的責任にも大きな影響を受ける。たとえば、電話、電気、石油、鉄道など、生活に密接に関係しており、その価格の変化が社会に与えるインパクトが大きい場合には、社会的責任が強調され、あまり高い価格は付けられないことになる。

このほか上記以外にも、経済全体の状況、企業の置かれている財政状態、法規制、商品・製品の希少性などにも価格は大きな影響を受けることがある。

4 価格戦略の立案

価格戦略を立案する場合には、その目的を明確にして、それに適した具体的なアプローチと実行計画を設定していくことが重要である。

❶ 新製品の価格設定

新製品の価格設定は、その後の製品の普及や価格政策にも大きな影響を与えるので重要である。通常、新製品の価格を設定する場合には、価格を変化させることによって販売数量がどの程度変化するかという点と、他社がすぐに追随することができるかという点、さらに新製品の価格が旧製品に与える影響の3つを考える必要がある。

一般的に新製品の需要の価格弾力性は低いので、最初は高い価格を付けて、他社の追随や需要の変化などの状況に応じて徐々に下げていく場合が多い。しかし、他社がすぐに追随してくると予想される場合には、最初から低い価格で参入してその後、付加価値をつけたりしながら徐々に価格を上げていく方法も選択肢の1つである。

また、潜在的な需要があれば、できるだけ販売促進費をかけて新製品を早めに認知してもらい、普及させることも重要である。なお、新製品の価格設定については、その後のイメージの問題もあるので、慎重に行うことが必要である。

新製品の価格戦略の代表的なものには、**市場浸透価格戦略**と**すくい上げ価格戦略**がある。

◉市場浸透価格戦略（Penetration Pricing）

できるだけ早く市場での地位を確立するために、初めから低価格で販売していく戦略である。

この戦略は、価格を下げることによって生み出される大きな潜在市場があること、価格の引き下げに対して顧客が敏感に反応すること、販売量が上昇すると習熟効果や量産効果によって単位コストが下がり、将来的にはコストダウンによって利益が出てくること、といった前提に基づいている。

また、期待される効果としては、価格を低くすることで競合企業が新規参入を図るインセンティブを少なくして、自社の市場シェアをできるだけ高め、将来的に大きな利益の獲得に結びつけたり、製品や商品を多くの消費者に認知してもらえるといったことが考えられる。

しかし、大量生産しても予想どおりにコストが下がらなかったり、大規模な設備投資による資金繰りの悪化などのリスクもあるので注意が必要である。

この戦略は市場への新規参入を図ったり、既存市場でシェアを高めるときに採用される場合もある。またこの戦略では、将来の需要を正しく予測することと、競合他社の追随を避けることが重要になる。

◉すくい上げ価格戦略（Skimming Pricing）

新製品の発売当初に高い価格を付け、投資金額をできるだけ早めに回収しようという戦略である。巨額の設備投資が必要な半導体業界などでは、この方法を採用している。

この戦略は、特許や技術などの面で差別化されている部分が大きく、すぐに激しい競争が起こる可能性が少なく、また価格が変化しても販売量があまり変化しないような場合を前提としている。

この戦略を採用することによって、ブランド・イメージの確立や、高い利益を生み出す良質な顧客の獲得、また投資金額の早めの回収といったメリットが期待できる。ただ、利益率が高くなるため、競合企業が魅力を持ち、新規参入の可能性が高くなったり、初めから高い価格を設定することに対して顧客がどのように反応するかが読めない、といったリスクがある。

❷……………………需要の弾力性による価格設定（Elasticity Pricing）

これは、需要の価格弾力性をベースにして、消費者の反応を見ながら価格を設定する戦略である。

たとえば、価格競争が激しい場合や、競合企業が低価格の市場浸透価格戦略を採用してその影響が出始めている場合、また市場の需要状況が変化してきているときのように価格が販売数量に大きな変化を与える可能性が高い場合に採用する戦略である。

❸……………………追随価格（Follow Pricing）

プライス・リーダーがいるような寡占化の進んだ業界で、業界中位以下の企業がプライス・リーダーに追随して価格を決める戦略のことである。

これは、製品やサービスが差別化されておらず、プライス・リーダーのインパクトが大きい場合に有効な戦略である。

❹ 差別化価格（Segment Pricing）

同じ製品やサービスでも、異なった市場セグメントに対しては異なった価格を付けるという戦略である。これは市場のセグメントが明確に区分できることが前提であり、ごく限られた地域あるいは顧客といったニッチ・マーケットを狙うような場合に有効である。特にサービス業では、フライトの時間帯や予約時期によって価格が変わる航空チケットをはじめとして、採用できる場合が多い。

5 製品ライフサイクルと価格設定

価格は、製品の**ライフサイクル**に応じて変化させることも必要である。ここでは、製品のライフサイクルを、導入期、成長期、成熟期、衰退期の4つのステージに区分して考えていく。

◉導入期の価格設定

これは新製品の価格設定であり、市場浸透価格戦略かすくい上げ価格戦略のいずれかの戦略が考えられる。原価情報も参考にすべきであるが、開発投資金額を早めに回収しようとして全部原価をベースにすると、価格が高めとなってしまうので注意すべきである。また、新製品の価格は、その後のその製品のイメージにも大きな影響を与えるので、慎重を期すべきである。

◉成長期の価格設定

成長期になると、市場に魅力を感じた競合企業が参入してくるため、価格設定の自由度が少なくなってくる。また、需要の増加に合わせて生産販売量を増加させるため、量産効果によってコストが下がるとともに、競争によって買い手の交渉力が高まるため、価格は横ばいないしは若干下降ぎみとなる。

このステージでは目標利益の獲得を最優先で考え、CVP（費用・売上高・利益）分析や損益分岐点分析（第3部第2章）などをもとに、それが達成できるような売上高が計上できるように価格を設定していくことがポイントとなる。
また、成長を維持するため、価格に敏感な顧客層にも価格を下げたり追加のサービスを付けるなどして、積極的に販売していくことが必要になる。

◉成熟期の価格設定

成熟期になると、顧客は価格にかなり敏感になってくる。また、市場成長率が鈍化する一方で製品の差別化が難しくなり、競争が激化して、価格が競争のポイントとなってくる。
したがって、このステージではできるだけコストダウンを図り、価格の下限をできるだけ低くしておくことが重要となる。

◉衰退期の価格設定

衰退期になると、設備の減価償却や開発費の償却は終了している場合が多く、固定費が実質的にほとんどなくなってくるので、変動費を上回る価格を付けることができれば利益が出ることが多い。そのため、変動費だけで製品の原価を集計していく直接原価法を活用することも有効である。
また、需要が減少してくるので、生産量が過剰にならないように注意することも必要である

6 その他の価格設定

❶標準品と特注品の価格設定

製品が標準品か特注品かによっても、価格設定に違いが出てくる。
標準品の場合、競合企業がいくつか存在することが多いので、競争状況が価格に影響を与えることが多い。したがって、価格はある程度所与のものと考えて、逆に利益を出すために必要なコストの水準を計算し、それに向けてコストダウンをしていくことが必要である。また、市場への供給数量によって価格が大きく変化することもあるので注意が必要である。
一方、特注品の場合には、競合企業がほとんどない場合が多いので、原価をベースに価格を設定していくことがある程度可能になる場合が多い。

❷……………………短期価格設定と長期価格設定

価格設定は、短期的にスポットで行うのか、長期的に行うのかによっても違いが出てくる。

まず、スポットあるいは1年程度の短期での価格設定では、とりあえず利益が増加するかどうかがポイントとなる。原則としては総原価法が望ましいが、状況によっては変動費だけをカバーしていれば利益は増加することになるので直接原価法を使ったり、費用の増加分だけをカバーするような価格を設定する増分分析法なども利用することができる。

一方、5〜10年程度の長期での価格設定では、設備投資まで含めた投資金額をすべて回収することが重要となるため、総原価法が望ましい。

❸……………………変動費・固定費の比率と価格設定

価格設定は、変動費および固定費の構成比率によっても違いが出てくる。

固定費がほとんどである場合には、価格を相当低くしても限界利益を出すことができるが、最終的な利益を出すために限界利益で埋め合わせなければならない固定費が大きいので、価格を下げて1個当たりの限界利益が下がることと、価格を下げることによって販売量が増加することのどちらのインパクトが大きいのか（価格弾力性が大きいのか、小さいのか）を考えながら価格を決めていくことが必要になる。したがって、価格を下げることによって、それを埋め合わせる以上に販売数量が増加し、価格と数量の掛け算によって決まる売上総額、さらには限界利益が増加すると予想される場合には、価格の設定範囲は非常に広くなるということができる。

一方、変動費がほとんどの場合には、変動費を上回る価格を付けなければ、販売数量がいくら増加しても限界利益、最終的な利益ともに得ることはできないので、変動費が設定できる価格の下限ということになる。つまり、固定費の比重が大きい商品のほうが、価格設定の金額の下限が低いということができる。このように、同じ商品であっても費用の発生形態が異なる場合には、価格設定の範囲が異なってくることに注意が必要である。

したがって、原材料の供給業者のコスト構造が、変動費と固定費のどちらの比率が高いのか、外部に公表されているデータなどを利用して分析することによって、価格交渉に生かすことも考えられる。固定費の比率が高いと推定できる場合には、かなり低い価格でも供給業者は限界利益を確保することができ、固定費を一部回収することができるので、需要者は強気で価格交渉に臨むことができるのである。

7 効果的な価格設定

効果的な価格設定を行うためには、どのようなことに気をつけたらよいのだろうか。まず、価格設定の目的を明確にすることが必要である。目的としてはシェアアップを図る、競合企業の勢いを止めたり市場参入を抑制する、新規顧客を獲得するなどいろいろなものがあるが、いずれの目的を重視するのかによって価格設定が違ってくるので、これを明確にすることが必要である。

また、顧客が価格を受け入れるように、製品の品質などを試用品あるいは広告によって知らせていくことも必要である。特に価格を引き上げる場合には、買い手に対し、値上げは公正なものであることを納得させることが非常に重要になる。

また、価格は製品やサービスそのものの価値だけではなく、メインテナンス体制などにも影響を受ける。したがって、バリューチェーンで全体としての価値を考えて価格を決めていくことも必要であろう。

さらに、価格をある程度自由に設定できるようにするためには、差別化を重視して、シェアをあまり追求しすぎないことも必要である。BMWの幹部が「BMWは高級車市場で一定の地位を確保しているが、当社はシェアを目標としていない」とコメントしたことがあるが、これも1つの方針と考えられる。シェア重視は、規模の経済などによってコスト削減につながる部分はあるが、逆にブランド・イメージを傷つけたり無理に売上高を伸ばすために販売促進費をつぎ込み、利益率を低下させることにつながるおそれもあるのである。

第4章
長期的意思決定

1 長期的意思決定とは何か

企業が存続し成長していくためには、さまざまな意思決定が必要である。その中には、工場を新設するか否か、機械設備をリースするのか／購入するのかというように、その意思決定が5〜10年といった長期間にわたって会社の活動や業績に影響を及ぼすものがある。こうした長期の意思決定について決断を下す場合、何を基準に考えたらよいのであろうか。

具体的には、顧客のニーズの変化をはじめとした市場の動向、競合企業の動きなどを予想し、それに基づいて意思決定を行うことになる。しかし、このような定性的な分析だけではなく、それを数字を使った定量的な分析によって裏づけていくことも必要である。定性的な分析だけでは数字の裏づけがないために明確性や具体性に欠け、予想や勘といったレベルにとどまってしまう可能性があるからである。

一方では、定量的な分析だけでも、前提となる定性的な状況やその変化を十分に考慮できず、数字の独り歩きとなるおそれがある。したがって定量・定性の両面から分析することが必要になるのである。

ここではまず、長期的意思決定を行う場合の定量的な分析に必要な基本的なツールについて確認を行い、それがなぜ必要なのか、またどのように利用したらよいのか、具体例を挙げながら考えていく。

長期的意思決定では、ビジネスにおける最終的な定量的な評価のポイントは「どれだけのキャッシュを投入して、最終的にどれだけのキャッシュを獲得できたのか」という点にある、と考えて、基本的に「キャッシュフロー」をベースに評価を行っていく。具体的な評価方法には、NPV法、IRR法、回収期間法などがある。

2 キャッシュフローをもとに評価する理由

長期的意思決定では、前述のように、利益ではなくキャッシュフローをもとに評価を行う。その理由を確認しておこう。

利益は、基本的には会計の中で使われている代表的な儲けの物差しである。しかし利益は、1年間といった一定期間の儲けを、できるだけ企業の実態を表すように集計するために、会計のルールに基づいていろいろな調整をしている。設備投資の金額を、設備が使える期間にわたって割り振っていく減価償却が、その一例である。つまり、利益は、明確な裏づけのある儲けとはいえないことになる。

さらに長期的意思決定では、1年を超える長期にわたる投資プロジェクトの評価を行っていく。その評価を適切に行うためには、金銭の時間的価値（95ページ参照）、つまり儲けが生み出されるタイミングの違いによる価値の違いを考慮する必要がある。その場合、明確に裏づけのある儲けであるキャッシュフローをもとに評価しないと、意味がなくなってしまう。したがって、長期的意思決定では、投資プロジェクトの評価をキャッシュフローを基準に行うのである。

具体的には、3で説明するフリーキャッシュフローを基準に評価を行っていく。

3 キャッシュフローとは何か

キャッシュフローとは、企業の活動に伴うキャッシュの流れのことである。このキャッシュフローの中で、長期的意思決定において使われるのが**フリーキャッシュフロー**である。そのもともとの意味は、自由に使えるキャッシュフローである。具体的には、企業が事業活動から生み出すことができたキャッシュフローのことであり、企業に資金を提供している債権者（借入金や社債の提供者）や株主（純資産〈株主資本〉の提供者）にそれぞれ分配することができるキャッシュフローのことでもある。つまり、フリーキャッシュフローとは、本来の事業活動ではない財務活動に関連する支払利息などのキャッシュフローは含めず、企業の資金調達の状況には関係なく純粋な意味で事業から生み出されたキャッシュフローのことである。

投資プロジェクトの評価をはじめ長期的意思決定を行う場合には、プロジェクトそのものが一定以上の儲けを生み出すかどうかが評価のポイントになるので、このフリーキャッシュフローをベースに評価していくのである。

❶ フリーキャッシュフローの計算

フリーキャッシュフローは、企業の事業活動から生み出された利益である「営業利益」を出発点として、次のような修正を加えて計算していく。

❶営業利益から税金を差し引き、税引後営業利益を計算する

まず営業利益から税金を差し引いて、事業からの実質的な利益である**税引後営業利益**（**NOPAT**：Net Operating Profit After Tax）を計算していく。この場合の税金は、営業利益に実質的な税金の負担率である実効税率（日本の場合は約40%）を掛け合わせて計算する。

これは営業利益に対して課税されたと仮定した場合のみなしの税金であり、実際に企業が負担する税金とは違っている。実際に負担する税金は、営業利益に金利の支払いや固定資産売却益などの営業外損益や特別損益を加味して計算した税金等調整前当期純利益に、税金の調整を加味し、それに対して実効税率を掛け合わせたものになるはずである。それでは、なぜみなしの税金を使うのであろうか。それは営業外損益や特別損益などによって利益が変化し、それに伴って税金が変化しても、それらはあくまでも事業とは直接関係しないことによる税金の変化であり、事業そのものの稼ぐ力を評価するという意味では、その部分は除外したほうがよいと考えられるからである。つまり、事業そのものの儲けを純粋に計算するためである。

なお、営業利益の代わりに、経常利益（英文財務諸表では税引前当期利益、Earning Before Tax）に支払利息を加えた**金利税金差引前利益**（EBIT：Earning Before Interest and Tax）を使うこともある。これは営業外収益や支払利息を除いた営業外費用も広い意味では事業に関連しているので、事業活動から生み出された儲けに含めるべきである、という考えに基づくものである。

❷実際にキャッシュの支払いがない費用を加える

キャッシュの支払いがない費用を、❶で計算した「本業からの税引後営業利益」に加えていく。これは、これらの費用は各年の費用として営業利益の計算の中で差し引かれていても、実際にはその年にはキャッシュが支払われていないため、キャッシュフローを計算するためには営業利益に加える必要があるためである。

このような費用には、減価償却費、無形固定資産の償却費、いろいろな引当金の繰入額などがある。

❸費用ではないが、キャッシュの支払いが行われるものを差し引く

費用ではないがキャッシュの支払いが行われるものを❷で計算した金額から差し引いていく。これは、営業利益の計算の中で費用として差し引かれていなくても、キャッシュの支払いがあるものについては、キャッシュフローを計算するために営業利益から差し引く必要があるためである。

具体的には、設備投資の支払金額などが該当する。

❹運転資本（Working Capital）の変化による修正を行う

運転資本とは、売掛金、たな卸資産、買掛金といった事業を運営（運転）していくために必要な拘束されている資金（資本）のことであり、その金額が変化することによる影響を調整するものである。

これは、会計のルールでは発生主義という考え方をもとにして収益や費用を計算しているため、キャッシュフローとはその集計のタイミングに違いが出てくることに対する調整である。ここで**発生主義**は、売上代金の回収時点に関係なく製品の出荷時に売上高を計上したり、広告宣伝費を支払いのタイミングに関係なくコマーシャルを流してもらったときに費用とするなど、それぞれの取引が実際に行われた時点で収益や費用として認識する考え方である。つまり、収益とキャッシュの入金、費用とキャッシュの支払いの間にはタイムラグが発生することがあるので、利益を出発点としてキャッシュフローを計算するためには、そのタイムラグ分を調整する必要が出てくるのである。

具体的には、売掛金、受取手形やたな卸資産といった営業のサイクルの中で出

図表1-17 フリーキャッシュフローの計算

営業利益 100
本業からの儲けをスタートにする
法人税など（40%） 40
営業利益に課税されると仮定した税金
税引後営業利益 60
減価償却費ほか（＋） 20
費用でもキャッシュは出ていかないため
設備投資額など（－） 30
費用ではないが、キャッシュは出ているため
運転資本増加額（－） 15
売上費用とキャッシュの動きのズレの修正
フリーキャッシュフロー 35
事業から最終的に生み出されたキャッシュフロー

てくる資産については、その増加分だけ利益の拡大や維持に貢献していても、キャッシュフローはまだ増えないあるいは支払ってしまっていると考えられるため、キャッシュフローのマイナスとして控除していく。逆に買掛金、支払手形といった負債については、その増加分だけキャッシュの支払いを待ってもらっていると考えられるため、キャッシュフローのプラスとして加えていくのである。

❷……………………運転資本

キャッシュフローを計算する際の上記❹の修正に関連する運転資本について、ここで確認しておく。

企業の事業活動は、メーカーの場合、原材料を仕入れ、加工して製品をつくり、販売して現金を回収するというサイクルで行われている。原材料の仕入れから売上げまでには一定の期間がかかるが、これをキャッシュの面から見ると、通常は原材料の仕入代金などの支払いが先行し、販売代金などの受け取りは後になっている。このようなキャッシュの支払いと受け取りの間にタイムラグがあったとしても、資金ショートを起こさずに企業を存続させ「運転」を続けていくためには、そのタイムラグを埋め合わせるために一定のキャッシュが必要になる。これを**運転資本**というが、これは企業が事業を継続していくのに不可欠な“潤滑油”ということができる。

具体的には、事業活動に伴って、原材料や製品の購入代金の未払い分が仕入債務（支払手形・買掛金）として、原材料や製品の未販売分がたな卸資産（在庫）として、製品を販売した場合にはその代金の未回収分が売上債権（受取手形・売掛金）として、会計ルールから見た取引の動きとキャッシュの動きとのタイムラグがそれぞれ貸借対照表の上に表れてくる。

このうち売上債権とたな卸資産は、活動を継続する中でそれだけの資金が拘束されて必要になっていることを意味している。一方、仕入債務は支払いを待ってもらっているということであり、それだけの資金的な余裕が発生していることを意味している。したがって、売上債権とたな卸資産を加え、それから仕入債務を差し引くことによって、必要な運転資本の金額を求めることができる。

運転資本 ＝ 売上債権 ＋ たな卸資産 － 仕入債務………(1)

この運転資本の変化の金額が、各事業年度のキャッシュフローに影響を与えることになる。たとえば、前期に500万円の運転資本が発生していたとする。もし毎期の運転資本が一定であったならば、今期も前期と同じ500万円が遅れて現金

図表1-18 運転資本

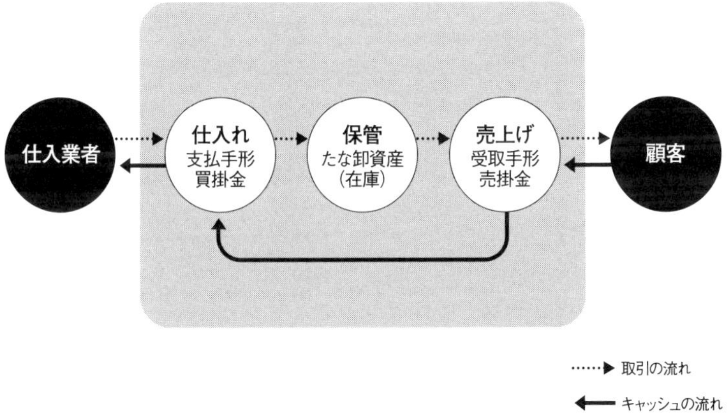

化されることになる。そして、その今期500万円の遅れは前期の運転資本のうち今期にキャッシュとなる500万円と相殺され、実際に追加で必要となるキャッシュはゼロになる。

運転資本が増加している場合には、その増加分だけキャッシュフローが減少し、その逆に運転資本が減少している場合には、その減少分だけキャッシュフローが生み出されることになる。

$$\text{運転資本として追加で必要なキャッシュフロー} = \text{増加運転資本} = \text{今期末運転資本} - \text{前期末運転資本}$$

◉増加運転資本と回転期間

前述の（1）の式は、

$$\text{運転資本} = \text{売上高} \times \left(\frac{\text{売上債権}}{\text{売上高}} + \frac{\text{たな卸資産}}{\text{売上高}} - \frac{\text{仕入債務}}{\text{売上高}} \right)$$

と書き換えることができる。これは、運転資本が増加する原因を、売上高の増加と各項目の回転期間の差の2つの面から分析できることを示している。

運転資本 ＝ 売上高 × 回転期間差

この式に従って運転資本を管理することにより、経営管理上の有益な情報を得ることができる。たとえば、運転資本の増加原因が売上高の増加であるならば、企業が成長によって資金需要が旺盛となっていることを意味しており、あまり大きな問題はない。この場合は、資金調達能力をチェックしながら、運転資本の増加が激しくなりすぎて資金ショートを起こさないように、成長スピードを調整することが重要になる。

一方、運転資本の増加原因が回転期間差の増大である場合には、その内容をチェックしてみる必要が出てくる。たとえば、無理な販売により売上高をかさ上げした結果、売上債権が増大している場合や、顧客のニーズに合わない商品を仕入れてしまい不良在庫が増加していたり、仕入先との交渉力が低下したために現金支払いの比率を増やさざるをえなくなっているなど、さまざまな経営管理上の問題点が回転期間差に表れている可能性があるからである。

さらに、将来の増加運転資本を予測する場合には、売上高予測と回転期間差の予測を別々に行うことにより、その精度が高まると考えられる。このようにして、その予測を資金調達計画や投資計画に生かしていくことができる。

また、キャッシュフローを効率よく生み出していくためには、以下のような方法によって運転資本をできるだけ減らす努力も必要である。

❶売上債権をできるだけ少なくする

売上代金の回収をできるだけ早くする。たとえば商品券やプリペイドカードなどを導入して、前受金を受け取れるようにする。また、現金販売の比重を上げたり、請求漏れや不良債権が発生しないように債権管理を徹底していくことも考えられる。

❷たな卸資産をできるだけ少なくする

たな卸資産の管理を上手に行って、できるだけたな卸資産を減らすようにする。たとえば、トヨタ自動車のような**かんばん方式**を採用して使うタイミングに合わせて仕入れるような仕組みを採用したり、POSを導入して売れ筋商品に絞り込んでいくことなどが考えられる。さらに、部品の共通化や、多品種少量生産の場合には共通部分まで製造しておいて顧客の注文に合わせて機能や色を換えて製品を完成させる仕組みも、完成した製品の金額を減らすという面からはメリットがある。

❸仕入債務のタイミングをメリットと比較してよく考える

商品や原材料の購入代金を支払うタイミングを、それがもたらすメリットも考えて検討する。たとえば特にメリットがないのであれば、支払条件をあまり早くはしないことが望ましい。しかし、早く支払うことによって仕入代金の値引きが可能になったり、欲しい在庫を優先的に納品してもらえるといったメリットがある場合には、早く支払うことも考えられる。

なお、売上債権とたな卸資産をできるだけ圧縮し、仕入債務は現状維持とすることによって運転資本をマイナスにすることができると、ビジネス上大きなメリットが発生する。売上高を伸ばして成長すればするほど資金に余裕が出てくるので、資金調達をはじめとする成長へのハードルの1つが低くなるのである。

4 金銭の時間的価値

長期の意思決定を行う場合には、キャッシュフローが長期間にわたって発生することになる。それではそのキャッシュフローについて、現在のものと将来のものを同じ価値として考えてよいのであろうか。結論からいうと、長期的意思決定では同じ1億円であっても、今年稼ぐ1億円と将来稼ぐ1億円とではその価値に差があると考えていく。これを**金銭の時間的価値**というが、そのように考える理由は2つある。

1つは、今年稼ぐ1億円は銀行に預けておくと1年後は金利分だけ価値が増加するという点である。この点からすると、同じ1億円でも今年稼ぐ1億円は1年後には1億円＋金利となるので、1年後の1億円よりも価値が高いことになる。

次に、今年稼ぐ1億円の予測は確実性が高いが、1年後に稼ぐ1億円の予測は本当に1億円が獲得できるか否かについて不確実性、すなわちリスクがあるという点である。つまり、1年後の1億円は1億円以上になる可能性があるかわりに、逆に1億円を下回るおそれもあり、この点からすると現在の1億円の予測のほうが確実性が高くリスクが低いという面で、価値が高いと考えられるのである。

この考え方が、「今日の1円は明日の1円よりも価値がある」「確実な円は不確実な円よりも価値が高い」という2つのファイナンスの基本原則である。このように長期的なプロジェクトについて正しい意思決定を行うためには、時間的価値をフリーキャッシュフローに加味して考えることが必要である。

なお、ここで**リスク**の意味について確認しておく。前述のように、リスクの本来の意味は「**不確実性**」「変動する」「わからない」といったものである。したがって、リスクが高いということは「不確実性が高い」「変動幅が大きい」「どうなるかわからない」という意味であり、リスクが低いということは「不確実性が低い（確実性が高い）」「変動幅が小さい」「ある程度先の見込みが立つ」といった意味になる。

それでは、具体例を使って現在価値の計算方法を確認しておこう。たとえば、A_0の現金を銀行に預けることによって、1年後に受け取れる元本と利息の合計をA_1、預金の利率（年率）をrとすると、次の関係が成り立つ。

$$A_1 = A_0 \times (1 + r)$$

このとき、A_1を「現在の投資額A_0の1年後における**将来価値**（FV＝Future Value）」という。

つまり、1年後にA_1だけ受け取れることは、現在の時点でA_0を持っていて銀行に預けるのと同じ価値ということになる。言い換えれば、1年後に受け取れるA_1は、現時点ではA_0の価値しかないということになる。

このとき、A_0を「1年後のA_1の**現在価値**（PV＝Present Value）」、またrを「割引率（**ディスカウント・レート**：Discount Rate）」と呼ぶ。

これは1年後のキャッシュの現在価値の計算法であるが、1年以上先に発生するキャッシュフローについては、どのように現在価値を計算したらよいのであろうか。この場合には、複利計算という考え方が必要になる。**複利計算**とは、たとえば2年間にわたり年率10%で年1回金利の支払いのある債券を100万円分購入した場合に、1年後に受け取った債券の利息10万円についても、同じく年率10%で再投資するという考え方である。したがって、2年後に受け取れる元本と利息の合計は、100＋10（元本に対する1年目の利息）＋10×（1＋0.1）＝1年後に受け取った利息を再投資したものの元本と利息で、121万円となる。

一般に、毎年r（年率）の利払いのあるn年物の債券にCF_0を投資する場合（これを1年複利による投資という）のn年後の将来価値CF_nは、

$$CF_n = CF_0 \times (1 + r)^n$$

で表されることになる。したがって、n年後のキャッシュフローCF_nの現在価値PV（CF_n）は、n年もののキャッシュフローの割引率をrとすると、

$$PV(CF_n) = \frac{CF_n}{(1 + r)^n}$$

となる。

それでは、この考え方を具体例を使って考えてみよう。

ある投資家が、500,000千円をベンチャー企業の投資ファンドに投資しようと考えている。彼は投資ファンドの過去の実績から1年後には20%のリターンが得られ、資金は600,000千円になると予想している。この投資家にとって1年後に600,000千円を入手する方法はほかにもある。その中で最も安全でリスクのない方法の1つが、1年後に償還される国債を購入することである。仮に、この国債の利回りを10%とすると、国債を購入し1年後に600,000千円を受け取るためには現時点で545,454千円（600,000千円÷1.10）のキャッシュが必要になる。つまり、この場合この国債をベースに考えると、1年後の600,000千円の現在価値（PV）は545,454千円となるのである。

このような場合、この投資ファンドへの投資を考えている投資家は、投資額としていくらまでだったら提示するであろうか。理論上は提示価格の上限は545,454千円と考えられる。なぜなら、投資家にとっては、リスクのある投資ファンドにこの金額以上支払うよりも、リスクがない国債を購入したほうが得になるからである。

このように、現在価値（PV）を計算する場合には、将来発生するキャッシュフローを同じようなリスクのある投資機会から得られる利回りで割り引くことになる。この割引率は、時間とリスクをベースに、資金提供者が最低でもこの程度は儲けたいと考えている儲けのレベルとして計算されることになる。また割引率は、あるプロジェクトに投資することによって国債へ投資する機会を失い、その金利を得られなくなるという意味で、機会費用の1種と考えることもできる。

❶……………………リスクとディスカウント・レート

前述の例では、投資ファンドへの投資が1年後に確実に600,000千円で回収できると仮定した。しかし実際には、ファンドの持分の売却予想額といった将来の価値を正確に予測することは難しい。したがって、もしこの投資ファンドの1年後の回収金額にリスクがあるのであれば、投資家はこのプロジェクトには545,454千円よりも少ない金額しか投資しないと考えられる。これが前述の「確実な円は不確実な円よりも価値が高い」という考え方である。そこで、このようなリスクのあるプロジェクトの現在価値を求めるためには、そのプロジェクトのキャッシュフローを、同じリスクを有する投資機会の利回りで割り引いていくことが必要になる。

この割引率は、企業が現在の資金調達方法のもとで新たな投資を行う際に、最低限満たさなければならない収益率、つまり**ハードルレート**の基準ということができる。具体的には企業の資金の調達レート、つまりバランスシートの右側にある有利子負債と株主資本についてどのくらいのコストで資金を調達しているのかを表す**資本コスト**（Cost of Capital）を利用する。実際には、有利子負債と株主資本それぞれの調達コストの加重平均である**加重平均資本コスト**（**WACC**：Weighted Average Cost of Capital）として、以下のような計算式によって計算していく。

$$WACC = I \times (1 - t) \times \frac{D}{D + E} + \{r_f + \beta(r_m - r_f)\} \times \frac{E}{D + E}$$

WACC：加重平均資本コスト

D：有利子負債金額（理論上は時価が望ましいが、実務上は**帳簿価額**を使うことが多い）

E：株主資本（時価総額）

t：法人税率

I：利子率

r_f：リスクフリー・レート

$r_m - r_f$：市場のリスク・プレミアム

β：ベータ値

それではここで、WACCの構成要素について解説していく。

有利子負債（Debt）のコストとは、借入金や社債によって資金提供をしている債権者に対して支払うコストである。具体的には、借入金や社債の金利のことである。ただ金利は、税金計算の際に費用となるため節税効果がある。したがって、企業にとってはこの分だけ負担が減ることになるので、それを考慮して（1－t）（t：実効税率）を掛け合わせたものをコストと考えている。

株主資本（Equity）のコストは、株主に対して負担するコストのことである。具体的には、株主が期待している収益率になると考えられる。なぜなら、企業が株式を発行して資金調達する場合には、株主の期待に見合った収益（その源泉は、配当と株価の値上がり＝キャピタル・ゲイン）を提供しなければ、購入し、保有してもらえないからである。

このような株主資本のコストの計算には、「証券市場のデータは企業についての公開情報をすべて反映している」という効率的な資本市場を前提とするリスクとリターン（投資収益率）の関係について考えた**資本資産価格モデル（CAPM**：Capital Asset Pricing Model）を利用することが一般的である。このCAPMを利用して株主資本コストを算定するには、リスクフリー・レート、市場のリスク・プレミアム、個別企業のベータ値の3つの要素が必要になる。

この中で**リスクフリー・レート**は、リスクつまり不確実性がなく、だれでも確実に獲得することができる儲けのことであり、最も代表的な長期国債の利回りを使うのが一般的である。国債は、国が崩壊しないかぎり確実に金利という儲けを生み出すためにリスクがなく、また企業の投資は通常長期にわたるため、短期利子率よりも長期利子率を使うべきと考えられるからである。

市場のリスク・プレミアムとは、株式投資からの期待収益率とリスクフリー・レートとの差のことである。通常、株式は価格が絶えず変動しており、その面ではリスクのある資産である。したがって、その投資の期待収益率がリスクがなく確実に儲けを生み出す資産（たとえば国債）からの儲けであるリスクフリー・レートを上回っていなければ、つまりリスク・プレミアムがなければ、株主は投資する意味がなくなってしまう。このリスクをとることに見合うだけの追加の儲けを、過去の長期間にわたる実績をもとに計算したものがリスク・プレミアムである。

なお、リスク・プレミアムは金融情報を提供する企業である**イボットソン**などが計算しており、そのデータを使うことが多い。データは同社のホームページから有料で入手することができる。

ベータ値（β）は、自社の株価の動きと、市場全体の株価の動きとの相関関係を意味する数値である。具体的には、市場の動きを1とすると自社の株価がどの程度激しく変化するのかを表したもので、市場の平均よりも株価の変動が激しい株式の場合にはβは1を超え、逆に市場の動きよりも激しくない場合には1未満になる。このβに表れる株価の変動の激しさが、企業の事業業績のブレやすさや財務的な安定性といったリスクを反映していると考え、これによって資本コストにリスクを加味しているのである。

なお、ベータ値は金融情報を提供する**ブルームバーグ**などが計算しており、そのデータを使うことが多い。具体的な各社のデータは、同社のホームページから無料（過去のデータは有料）で入手することができる。

それでは具体的な例に基づいて、加重平均資本コスト（WACC）を算出してみよう。

D：有利子負債の金額（時価が望ましいが実務上は**帳簿価額**を使うことが多い）60億円
E：株主資本（時価） 40億円
t：法人税率（実効税率） 40%
I：利子率（有利子負債の利子率） 4%
r_f：リスクフリー・レート（長期国債の利子率） 3%
$r_m - r_f$：市場のリスク・プレミアム 8%
β：ベータ値 1.1

$$\mathrm{WACC} = 4\% \times (1 - 40\%) \times \frac{60}{60+40} + (3\% + 1.1 \times 8\%) \times \frac{40}{60+40} = 6.16\%$$

これは、この企業の平均的な資金の調達コストが6.16%であると同時に、この企業が資金提供をしている株主、債権者の期待に応えていくためには、調達した資金を年率で6.16%を上回る利益率が期待できるようなプロジェクトに投資しなければならないことを意味している。言い換えると、このWACCを下回るような利益率しか上げられないようなプロジェクトに投資をしてしまうと、資金提供している株主や債権者から見た企業価値が低下し、株価にも悪影響を与えることになってしまうのである。

したがって、WACCを、後述するNPVを計算する場合の割引率あるいはIRRを計算する場合の投資利回りの基準となるハードルレートとして使用していくのである。

ただ、社内でリスクの違ういくつかの事業を行っている場合には、それぞれリスクに見合う割引率、ハードルレートを使う必要がある。具体的には、各事業を独立した公開企業として行った場合を想定し、同じような事業を専業で行っている上場公開企業のベータ値などをもとに、WACCを推定していく。一般にリスクの高い事業分野のプロジェクトの割引率やハードルレートは高くなり、逆にリスクの低い事業分野のプロジェクトの割引率やハードルレートは低くなる。

なお、WACCの水準は企業によって異なっているが、一般にアメリカ企業では10〜15%程度となっている場合が多く、日本企業では低金利を背景にWACCは5〜10%程度となる場合が多い。

❷……………………NPV（正味現在価値）法

NPV（Net Present Value：**正味現在価値**）とは、現在価値の考え方を使って、ある投資プロジェクトから結果としてどれだけのキャッシュフローが生み出されるのかを計算したものである。言い換えると、ある投資プロジェクトを実行すると現在価値でいくら儲かるのか、金額を基準に評価していくものである。このNPV法のことを、**DCF**（Discounted Cash Flow: ディスカウンテッド・キャッシュフロー）法と呼ぶこともある。

具体的には、投資プロジェクトから将来生み出されると予測されるフリーキャッシュフローの現在価値から初期投資額を差し引いて計算していく。このNPV法による結果がプラスであれば、その投資プロジェクトを実行するとそのNPVの金額だけ儲かることを意味している。97ページの投資プロジェクトの例で考えてみると、投資ファンドの現在価値は545,454千円であった。仮にこの投資家の初期投資額が500,000千円であったとすると、この場合のNPV法の計算結果は45,454千円となりプラスとなる。したがって、この投資プロジェクトは実行したほうがよいことになる。

なお、今後ｎ年にわたり毎年フリーキャッシュフローを生み出すような投資プロジェクトのNPVの計算方法を表すと以下のようになる。

$$PV\,(CF_1 \sim CF_n) = -\,CF_0 + CF_1 \times \frac{1}{(1+r)^1} + CF_2 \times \frac{1}{(1+r)^2} + \cdots\cdots + CF_n \times \frac{1}{(1+r)^n}$$

PV：現在価値

CF_0：初期投資額

CF：フリーキャッシュフロー

r：割引率

現実には、将来をいくつかの期間に分けて考えると、期間ごとに金利やリスクが変化することによって異なる割引率（機会費用）を採用する必要が出てくることになる。したがって上記の計算式においても、本来は期間ごとに違った割引率を用いることが望ましい。しかし、将来を予測することが難しいため、実際には割引率はフリーキャッシュフローの時期にかかわらず一定であると仮定して計算する場合が多い。

なお、NPV法の長所の1つは、現在の通貨価値で表されることである。そのため、複数の投資プロジェクトのNPVを合計して簡単に比較することができる。この性質は、将来の長期間にわたって複雑なフリーキャッシュフローが発生するような資産（たとえば有価証券や投資プロジェクトなど）やその組み合わせの評価を行うときに非常に便利である。

一方で、NPV法ではリスクと金利をベースに設定する割引率を何%にするかによって結果が変わってしまうこと、将来のフリーキャッシュフローの予測が難しく、予測によって差が出てくる可能性があることに注意する必要がある。

したがって、フリーキャッシュフローが予測と異なってしまうリスクを検討するために、将来の予想フリーキャッシュフローについて、楽観シナリオ、通常シナリオ、悲観シナリオといった3つ程度のシナリオを作成し、NPV法の結果を比較することがよく行われている。

それでは、**図表1-19**にある2つの投資プロジェクト、プロジェクトXとプロジェクトYをもとにNPVを計算してみよう。なお、XとYは現時点で1,000千円だけの投資を行い、その後毎年図にあるようなフリーキャッシュフローベースの儲けを5年間にわたって生み出すような事業投資のプロジェクトであるとする。

それでは、割引率がそれぞれ5%、10%、15%となった場合の2つの投資プロジェクトのNPVをそれぞれ計算してみよう。

プロジェクトXは、割引率5%の場合には、以下のようになる。初年度の投資額である −1,000千円は現時点で行うものなので、その金額がそのまま現在価値となる。次に1年目の儲けである350千円は1年後の儲けであるため、5%で割り引く。つまり1÷（1+0.05）=0.952を掛け合わせることによって、現在価値では約333千円になる。なお、この0.952のことを、割引率が5%の場合に1年後のフリーキャッシュフローを現在価値に置き直すために掛け合わせる数字という意味で、**現価係数**（**Present Value Factor**）と呼んでいる。同様にして2年目の儲けの現在価値は、350千円に$1 \div (1+0.05)^2 = 0.907$を掛けて、317千円となる。5年目までの儲けを現在価値に置き直してすべてを合計すると、515千円となる。この515千円が、割引率を5%とした場合のプロジェクトXのNPV法による結果になる。これは、プロジェクトXを実行すると現在価値で515千円儲かること意味しているので、Xは実行可能となる。

同じように、プロジェクトYの割引率5%の場合のNPV法による結果は、594千円となり、現在価値でこの金額だけ儲かることを意味しているので、実行可能となる。同じように割引率を10%、15%と上昇させていった場合にも、図表のようにプロジェクトX、YともにNPVの結果はプラスとなるため、実行可能となる。

この結果から2つの傾向があることがわかる。

1つは、XもYも、割引率を上昇させていくと、NPVの結果が徐々に小さくなってくることである。これはXもYも、最初に投資を行い、その後儲けが徐々に出

図表1-19 投資プロジェクトの評価事例

[単位:千円]

	投資額	1年目リターン	2年目リターン	3年目リターン	4年目リターン	5年目リターン
プロジェクトX	1000	350	350	350	350	350
プロジェクトY	1000	100	300	400	500	600

各割引率での現在価値

割引率	現時点	1年後	2年後	3年後	4年後	5年後
5%	1	0.952	0.907	0.864	0.823	0.784
10%	1	0.909	0.826	0.751	0.683	0.621
15%	1	0.870	0.756	0.658	0.572	0.497

DCF法の結果

[単位:千円]

割引率			投資額	1年目リターン	2年目リターン	3年目リターン	4年目リターン	5年目リターン	累計
5%	プロジェクトX	キャッシュフロー	-1000	350	350	350	350	350	
		現価係数	1	0.952	0.907	0.864	0.823	0.784	
		現在価値	-1000	333	317	302	288	274	515
	プロジェクトY	キャッシュフロー	-1000	100	300	400	500	600	
		現価係数	1	0.952	0.907	0.864	0.823	0.784	
		現在価値	-1000	95	272	346	411	470	594
10%	プロジェクトX	キャッシュフロー	-1000	350	350	350	350	350	
		現価係数	1	0.909	0.826	0.751	0.683	0.621	
		現在価値	-1000	318	289	263	239	217	327
	プロジェクトY	キャッシュフロー	-1000	100	300	400	500	600	
		現価係数	1	0.909	0.826	0.751	0.683	0.621	
		現在価値	-1000	91	248	301	342	373	353
15%	プロジェクトX	キャッシュフロー	-1000	350	350	350	350	350	
		現価係数	1	0.870	0.756	0.658	0.572	0.497	
		現在価値	-1000	304	265	230	200	174	173
	プロジェクトY	キャッシュフロー	-1000	100	300	400	500	600	
		現価係数	1	0.870	0.756	0.658	0.572	0.497	
		現在価値	-1000	87	227	263	286	298	161

てくるというパターンになっているため、マイナスの数字である最初に行う投資については割引率に関係なくそのままの金額で評価されるが、プラスの数字である1年目以降の儲けは割引率を上昇させるにつれて徐々にその現在価値が小さくなっていくからである。

もう1つは、割引率が5%と10%の場合にはYのNPVの結果がXを上回っているが、15%になると逆転してXのNPVの結果がYを上回っていることである。これは、YはXに比較して最初は儲けが少なくその後徐々に大きくなっていくプロジェクトなので、割引率が高くなればなるほど将来の儲けが大きい部分をかなり割り引くことになってしまい、結果としてその現在価値が小さくなってしまうためである。このように、割引率が変化することによってNPVの結果やプロジェクトの優劣が変化する可能性があることには注意が必要である。

◉ケーススタディ――NPV法による製造ライン新設の意思決定

製造ラインを新設するかどうかの意思決定について、NPV法を使って考えてみよう。

あるメーカーが、XXX0年の初めに1,500,000千円をかけて、既存製品の新しい製造ラインを建設することを計画している。ラインの建設はXXX0年初めからスタートして、1年で完成し、XXX1年初めからは製造を開始できる予定である。ラインの建設費はXXX0年末に一括前払いで支払うこととする。このライン新設によって、増加することが見込まれる売上高と製造コスト、製造した製品の販売のために追加で発生する販売費用と管理費用などを予想して作成したXXX5年までの今後5年間の予測損益計算書は**図表1-20**のとおりである。なお、XXX6年以降はXXX5年とまったく同じ状況で10年間ラインが稼動し、事業が継続されていくものと想定している。また、運転資本については、過去の類似した事業における数字や、今後の取引条件・在庫管理などの方針をもとに、以下のように想定している。

売上債権：各事業年度末にその年の売上高の12.5%分が残るものとする

たな卸資産：各事業年度末にその年の売上原価の8.3%分が残るものとする

仕入債務：各事業年度末にその年の原材料費の12.5%分が残るものとする

それでは、この予測損益計算書の営業利益を出発点として、まず今後5年間のフリーキャッシュフローの予測を作成していく。

最初に製造ライン新設から得られる利益を求めるために、営業利益をベースに税率を40%と仮定して計算した税金を差し引き、税引後営業利益（NOPAT）を計算する。XXX1年は営業利益である169,000千円から、それに40%を掛け合わ

図表1-20 NPV法による製造ライン新設の意思決定のケース

[単位:千円]

	XXX0	XXX1	XXX2	XXX3	XXX4	XXX5	XXX6以降
売上高	0	1,000,000	2,000,000	2,100,000	2,200,000	2,250,000	2,250,000
製造原価	0	501,000	970,000	975,000	990,000	995,000	995,000
原材料費	0	268,000	530,000	535,000	540,000	545,000	545,000
労務費	0	58,000	110,000	110,000	115,000	115,000	115,000
減価償却費	0	60,000	100,000	95,000	95,000	90,000	90,000
その他経費	0	115,000	230,000	235,000	240,000	245,000	245,000
売上総利益	0	499,000	1,030,000	1,125,000	1,210,000	1,255,000	1,255,000
販売管理費	0	330,000	620,000	635,000	650,000	665,000	665,000
販売部門増加経費	0	160,000	310,000	315,000	320,000	325,000	325,000
管理部門増加経費	0	120,000	220,000	225,000	230,000	235,000	235,000
その他増加経費	0	50,000	90,000	95,000	100,000	105,000	105,000
営業利益	0	169,000	410,000	490,000	560,000	590,000	590,000

フリーキャッシュフローの計算とNPVの評価額

[単位:千円]

	XXX0	XXX1	XXX2	XXX3	XXX4	XXX5	XXX6以降	合計
営業利益	0	169,000	410,000	490,000	560,000	590,000	590,000	
法人税等(40%)	0	67,600	164,000	196,000	224,000	236,000	236,000	
NOPAT	0	101,400	246,000	294,000	336,000	354,000	354,000	
減価償却費(+)	0	60,000	100,000	95,000	95,000	90,000	90,000	
設備投資額(−)	1,500,000	0	0	0	0	0	90,000	
運転資本増加額(−)	0	133,083	131,177	12,290	13,120	6,040	0	
フリーキャッシュフロー	-1,500,000	28,317	214,823	376,710	417,880	437,960	354,000	
割引率	1.000	0.885	0.783	0.693	0.613	0.543		
フリーキャッシュフロー現在価値	-1,500,000	25,059	168,238	261,079	256,294	237,707		-551,623
残存価値							1,042,582	1,042,582
NPVによる評価額								490,959

割引率	13%
新製造ラインの利用可能期間	15年

運転資本の推移

[単位:千円]

	XXX0	XXX1	XXX2	XXX3	XXX4	XXX5	XXX6以降
売上債権(+)	0	125,000	250,000	262,500	275,000	281,250	281,250
たな卸資産(+)	0	41,583	80,510	80,925	82,170	82,585	82,585
仕入債務(−)	0	33,500	66,250	66,875	67,500	68,125	68,125
正味運転資本	0	133,083	264,260	276,550	289,670	295,710	295,710
増加運転資本		133,083	131,177	12,290	13,120	6,040	0

IRR	18.13%

せて計算したみなしの税金である67,600千円を差し引いて計算される101,400千円がNOPATになる。

次に利益をキャッシュフローに置き直すための修正を行っていく。

まず、製造原価の中に含まれている減価償却費について、営業利益の計算の中では費用として差し引かれていても実際にはキャッシュは出ていかないので、加えていく。なお、今回のケースでは、販売費および一般管理費には減価償却費は含まれていないものと仮定している。したがってXXX1年は、製造原価に含まれている減価償却費である60,000千円が加えられている。

次に設備投資額については、投資の段階ではすぐには費用にはならないため営業利益からは差し引かれていないが、キャッシュは出ているため差し引いていく。具体的には、XXX0年は新しい製造ラインの設備投資額として、1,500,000千円が差し引かれている。ただXXX1年は設備投資額をゼロと想定しているので、何も差し引かれてはいない。

さらに、運転資本の増加額を差し引いていく。これは、製造ラインで生産を開始すると、その製品の販売数量の拡大に伴って売上債権とたな卸資産が増加し、またそれに伴う仕入れの増大によって仕入債務が増加することになるため、その運転資本の増加・減少によるキャッシュフローの変化部分を修正するための調整である。今回のケースでは前述のような前提に従い、以下のように計算している。

まず売上債権については、売上高の12.5%分、つまり1.5カ月分が事業年度末に残るという前提を置いている。したがって、売上高×0.125（＝1.5カ月÷12カ月）を売上債権の期末残高として計算していく。具体的にはXXX1年の売上債権は、1,000,000千円（売上高）×0.125＝125,000千円となる。

たな卸資産については、売上原価の8.3%分、つまり1カ月分が事業年度末に残るという前提を置いている。したがって、製造原価×0.083（＝1カ月÷12カ月）をたな卸資産の期末残高として計算していく。具体的にはXXX1年のたな卸資産は、501,000千円（製造原価）×0.083＝41,583千円となる。

最後に仕入債務については、原材料費の支払い分だけを仕入債務として想定し、原材料の12.5%分が期末に残るという前提になっている。したがって、原材料費×0.125（＝1.5ヵ月÷12ヵ月）を仕入債務の期末残高として計算していく。具体的にはXXX1年は268,000千円（原材料費）×0.125＝33,500千円となる。なお、今回は原材料費だけを仕入債務としているが、それ以外の、その他経費、販売費、管理費などについても支払いまでに一定の期間がかかる場合には、広い意味で仕入債務に含めて運転資本の計算に加えたほうが望ましいと考えられる。

このようにして、今後5年間の売上債権、たな卸資産、仕入債務の予想金額を計算し、売上債権とたな卸資産については毎年の増加分を、仕入債務については毎年の減少分を、それぞれフリーキャッシュフローのマイナスとして集計していくのである。

なお**図表1-20**では、「売上債権＋たな卸資産－仕入債務」として計算した金額を事業を運営していくために実質的に拘束されている資金（資本）という意味で、**正味運転資本**として記載している。この金額の増加分が、運転資本に関連するキャッシュフローの減少分になる。なおXXX1年の正味運転資本は、上記で計算した金額をもとにすると、125,000千円＋41,583千円－33,500千円＝133,083千円となる。一方でXXX0年の運転資本は、まだ新しい製造ラインが稼動していないため、ゼロである。その結果、増加運転資本は133,083千円となるので、これをフリーキャッシュフローのマイナスとして処理していくのである。

このようなステップで、フリーキャッシュフローの計算ができることになる。XXX1年の数値は**図表1-20**にあるように28,317千円となる。同じようにして5年間のフリーキャッシュフローの予測数値が計算できる。

これを現在価値に置き直す作業に入る。このケースでは割引率をWACCをベースに13%としており、またXXX0年の年末時点でこの投資プロジェクトの評価を行うものとしている。したがって、XXX1年のフリーキャッシュフローは評価時点から1年後に発生するものであるため、13%分だけ割り引く、つまり1÷（1＋0.13）＝0.885を掛け合わせていくことが必要になる。次にXXX2年についてはその2乗、つまり$1 \div (1+0.13)^2 = 0.783$を掛けていく。さらにXXX3年以降も、3乗、4乗したものを掛け合わせていく。その結果、XXX0年からXXX5年までのフリーキャッシュフローの現在価値は合計で551,623千円のマイナスとなる。

次に考えるのが、XXX6年以降の分である。今回のケースでは、XXX6年以降は10年間製造ラインが使えるものと仮定している。さらに、XXX6年以降は予測損益計算書上のXXX5年の状況がその後変化なく10年間にわたって同じように続くと仮定している。したがって、XXX6年以降の税引後営業利益はXXX5年と同額になると想定している。また、減価償却費もXXX5年と同額と予想し、さらに設備投資については設備の現状維持だけの分にとどめるということで減価償却費と同じ金額と仮定する。また、運転資本についても売上高がXXX6年以降はまったく変動しないと仮定しているので、増加運転資本はゼロと仮定している。そうするとXXX6年以降10年間のフリーキャッシュフローは毎年354,000千円となる。

これを現在価値に置き直すには、以下のように考える。

まず、XXX6年以降毎年継続して「1」ずつもらえるものを毎年13%ずつ割り引いていったもののXXX5年時点での価値は1÷0.13となる。

これはあくまでXXX5年時点での価値であるため、これを現在価値に置き直すためには、これにXXX5年の1の現在価値である0.543を掛け合わせることとなる。その結果、評価時点でのXXX6年以降の毎年継続して「1」ずつ稼ぎ続けることの価値は、次のようになる。

$$\frac{1}{0.13} \times 0.543$$

さらにここでは、製造ラインはXX15年までしか使えないと予想しているので、それからXX16年以降毎年継続して「1」ずつ稼ぎ続けることの価値を差し引くことが必要となる。

このXX16年以降稼ぎ続けることの価値は、

$$\frac{1}{0.13} \times \frac{1}{(1+0.13)^{15}} = \frac{1}{0.13} \times 0.16$$

となる。

したがって、現在時点でのXXX6年からXXX15年まで毎年「1」ずつ稼ぎ続けることの価値は、この2つの差額として、

$$\frac{1}{0.13} \times (0.543 - 0.160) = 2.945$$

と計算できる。

したがって、XXX6〜XX15年のフリーキャッシュフローの現在価値は、

354,000千円 × 2.945 ≒ 1,042,582千円

（図表の数値はエクセルを使って端数まで計算した結果なので、上記の計算式の計算結果とは若干違いがある）

となる。この金額のことを**残存価値**（Terminal Value）と呼んでいる。

したがって、このプロジェクトのNPVは、XXX0〜XXX5年のフリーキャッシュフローの現在価値の−551,623千円と、XXX6〜XX15年のフリーキャッシュフローの現在価値の1,042,582千円を加えた490,959千円となる。この数値はプラスであるため、この投資プロジェクトは実行してよいことになる。

なお、この投資プロジェクトの評価にあたっては、市場の拡大や競合企業の動

きなどの予測をもとにして、いくつかのシナリオを作成し、それぞれのNPVの計算結果を検討してみることも意味がある。具体的には楽観、中間、悲観、といった3つ程度のシナリオを作成してみて、それぞれのシナリオのもとで投資プロジェクトのNPVがどのように変化するのかを計算し、その結果を分析していくのである。

さらに、予測数値のうち確定していない数値、たとえば売上高の伸び率や売上高に対する費用の比率などを変動する可能性がある範囲で変化させてみて、その場合のNPVの結果を比較する**感応度分析（Sensitivity Analysis）**を行うことも意味がある。このケースでは、たとえば原材料費が次のように変化すると、NPVの結果は以下のように変化する。

原材料費の上昇率	NPVの結果［単位：千円］
0%	490,959
10%	297,549
20%	104,138
30%	−89,272

この結果を見ると、原材料費が現在の予測よりも30%上昇（より細かくは約25.4%上昇）すると、NPVの結果はマイナスとなってしまう。これは、素材価格などの高騰が一定レベル以上あると、この投資プロジェクトは実行しないほうがよいものになってしまうことを意味している。そうした事態をできるだけ避けるためには、原材料の構成比率や内容の検討、他の部分でのコストダウンの可能性、販売価格への転嫁の可能性といった不確実性に対応するための方策を検討することが必要になってくる。このように、感応度分析を行い、いろいろな状況を想定したシミュレーションを行うことも重要である。

NPVの評価基準

NPV　≧　ゼロ　→　実行する

NPV　＜　ゼロ　→　実行しない

【参考】残存価値の意味と計算方法

半永久的に継続するような投資プロジェクトを評価する場合には、最初の5〜10年間程度のフリーキャッシュフローの予測をもとにその期間のNPVを計算し、それ以降継続してフリーキャッシュフローを生み出していくことによる価値を別途加えていくという方法が一般に採用されている。この加えていく部分を**残存価**

値（Terminal Value）という。

この部分の計算には、予測した最終年度で事業を清算したと仮定する方法など、いくつかの方法がある。ただ、一般的には予測した最終年度以降は成長が止まり、ほぼ同じフリーキャッシュフローを半永久的に生み出し続けることを前提に評価する方法が使われている。具体的には、最終年度以降に成長が止まると、設備は現状維持で問題はないので、設備投資額は設備の価値の減少分を意味する減価償却費と同額になり、さらに成長が止まると、運転資本も増加しないため運転資本増加額はゼロになると考えていく。結果として最終年度のNOPATがそのままフリーキャッシュフローとなり、それが経済全体の成長率である0〜3%程度成長するものとして計算することになる。具体的には、下記のような計算式で計算していくことになる。

$$残存価値 = \left(予想最終年度のNOPAT \times \frac{1+g}{r-g} \right) \times 最終年度の割引係数$$

r：割引率

g：予想最終年度以降におけるフリーキャッシュフローの成長率。前述のように経済成長率に応じて、0〜3%を使うことが多い

❸ IRR（内部収益率）法

IRR（Internal Rate of Return：内部収益率）法とは、ある投資プロジェクトを実行すると年平均で何%儲かるのか、つまりパーセンテージを基準に評価する方法である。また、IRRは前述のNPVがゼロとなる（NPV=0）時の割引率とも一致する。

今後n年にわたって以下のフリーキャッシュフローを生み出すような投資プロジェクトのIRRは、次の計算式を利用することによって求めることができる。

$$PV(CF_{0\sim n}) = -CF_0 + CF_1 \times \frac{1}{(1+IRR)^1} + CF_2 \times \frac{1}{(1+IRR)^2} + \cdots + CF_n \times \frac{1}{(1+IRR)^n} = 0$$

ただし、この計算式を使って計算するのは非常に手間がかかる。しかし金融計算用の電卓やエクセルなどの表計算ソフトを使うと簡単に求めることができるの

で、実際にIRRを計算する場合にはそれらを使うことが多い。

この方法では、「いかなる投資プロジェクトでも、そのIRRが資金提供者が投入している資本（資金）の機会費用、つまり資本コストを超えている場合には採用する」ことになる。

具体的には、各企業がWACCを基準に各投資プロジェクトが最低限確保しなければならない投資効率を意味するハードルレートを設定し、それと各プロジェクトのIRRとを比較していく。そして、IRRがハードルレートを上回っているプロジェクトを採用する。さらに、資金に限界がある場合には、IRRがハードルレートを超えたプロジェクトについて、NPV法の結果をもとにNPVの合計金額が最も大きくなる組み合わせを選択していく。つまり、プロジェクトの絞り込みにIRRを利用し、そこで残ったプロジェクトの中からさらに実行するものを選択する際にNPV法を利用する、という方法も採用されている。

なお、リスクに違いがあるいくつかの事業を行っている場合には、ハードルレートを、リスクが低い事業については低めに、リスクが高い事業の場合には高めに設定することが望ましい。

IRRの評価基準

IRR　≧　WACC（＝ハードルレート＝割引率）　→　実行する

IRR　＜　WACC（＝ハードルレート＝割引率）　→　実行しない

IRRはパーセンテージ表示で簡単に比較することができるというメリットがある半面、儲けが絶対金額で表示されないため、金額的に儲けが大きいプロジェクトよりも儲けの比率が高いプロジェクトを優先することになってしまう傾向が強い。その結果、縮小均衡に陥る危険性が高いこと、フリーキャッシュフローの金額とタイミングによってはNPV法と異なる結論が導かれること、といった点に注意が必要である。

またIRRもNPVと同じく、将来のフリーキャッシュフローの予測によって差が出てくる可能性があることに注意する必要がある。したがって、フリーキャッシュフローが予測と異なってしまうリスクを検討するために、将来の予想フリーキャッシュフローについて、楽観シナリオ、通常シナリオ、悲観シナリオといった3つ程度のシナリオをつくって、それぞれの場合のIRRを比較することもある。

それでは、前出の**図表1-19**のプロジェクトXとプロジェクトYをIRR法で評価してみよう。

表計算ソフトなどを使って計算すると、

プロジェクトXのIRR：22.11%
プロジェクトYのIRR：20.19%

となる。

したがって、この2つのプロジェクトがリスク（不確実性）に違いのない、似たような事業分野の投資プロジェクトであれば、IRR法をもとにすると、IRRの比率の高い、つまりパーセンテージで考えてより効率よく儲かるプロジェクトXを選択すべきであるということになる。しかし、先ほど確認したNPV法の結果を見ると、割引率が5%あるいは10%の場合には、プロジェクトYのNPVのほうが大きいため、Yを選択すべきという結論になっている。このようにIRR法とNPV法で異なる結論が導かれた場合は、一般に金額的により大きく儲かるものを選択することが望ましいため、儲けの金額で評価するNPV法の結果を優先してプロジェクトYを選択することが望ましい。

このように、IRR法は、フリーキャッシュフローの規模に関係なく儲けの比率で判断する方法なので、投資金額に制約があるときに最も有利なプロジェクトを見つける場合には良い方法といえる（投資金額に制約がある場合は、NPVをもとに「NPV÷投資金額」が最も大きいものから順に採用していくという方法もある）。しかし、前述のように、投資金額に制限がない場合には、儲けの金額が大きいものより儲けの率が高いものを優先してしまう可能性があるため、投資効率は維持できても規模の縮小につながってしまう可能性があり、注意が必要である。

❹……………………ペイバック（回収期間）法

ペイバック（**Payback**：**回収期間**）法とは、投資プロジェクトの初期投資額が会社で決めた一定の期間内（**カットオフ期間**内）に回収されるものだけに対して投資するという長期的意思決定の方法である。プロジェクトから獲得できると予測される利益やフリーキャッシュフローの合計が初期投資額に等しくなるまでにかかる期間のことを**ペイバック期間**と呼ぶが、この期間が会社で決められたカットオフ期間より短いプロジェクトにだけ投資していくのである。

それでは、前述の2つのプロジェクトについて、ペイバック法で評価してみよう。**図表1-21**のようにプロジェクトXでは1,000千円の初期投資額を3年後に回収することができるが、プロジェクトYでは4年間かかる。仮にある企業のカットオフ期間が3年だとすると、初期投資額が3年以内のフリーキャッシュフロー

図表1-21 ペイバック法での評価

プロジェクトX [単位:千円]

	投資額	1年目リターン	2年目リターン	3年目リターン	4年目リターン	5年目リターン
キャッシュフロー	-1000	350	350	350	350	350
累計額	-1000	-650	-300	50	400	750

プロジェクトXのペイバック期間は3年

プロジェクトY [単位:千円]

	投資額	1年目リターン	2年目リターン	3年目リターン	4年目リターン	5年目リターン
キャッシュフロー	-1000	100	300	400	500	600
累計額	-1000	-900	-600	-200	300	900

プロジェクトYのペイバック期間は4年

や利益で回収できるプロジェクトだけを実行することになるので、プロジェクトXだけが採用されることになる。カットオフ期間が4年以内の場合には、XとYの両方が採用されることになる。さらにこの結果を、割引率を10%としたNPV法で評価した結果と比較してみると、前述のようにプロジェクトYのほうが魅力的になり、結果が異なってくる。

このような違いが発生する理由は、ペイバック法ではペイバック期間内の利益やフリーキャッシュフローだけが考慮されペイバック期間後の儲けについてはまったく無視されていること、また今期の儲けと来期の儲けはまったく同じ価値と見て利益やフリーキャッシュフローの時間的価値の概念が考慮されていないことであり、これがペイバック法の問題点でもある。

このように、この方法はわかりやすいというメリットがある半面、上記のような問題点を考えると長期的意思決定の手法としてはあまり望ましい方法ということはできない。しかし、ライフサイクルが短い製品に関連する設備投資や政治状態が不安定な地域への投資のように、リスクが高く、とにかく初期投資額をできるだけ早く回収することが重要だと考えられる場合には、この方法を採用する意味がある。さらに、リスクのあるプロジェクトでは、ペイバック法の回収予定期間を短くすることも必要である。

【参考】ROI（投資利益率）

ROI（Return on Investment：投資利益率）という比率がある。もともとは投資金額に対する儲けの比率のことで、投資プロジェクトなどの投資効率を計算したものである。しかし、実際にはROIはいろいろな意味で使われている。

たとえば長期的意思決定のツールの中では、IRRのことをROIということがある。また、毎年の業績評価という意味では、株主の立場から見たROIがROEであり、事業に注目したROIがROAと考えることもできる。このように、ROIはいろいろな意味で使われているので、それが何を意味しているのかを明確にしながら利用していく必要がある。

5 企業価値と株主価値

M&A（Merger & Acquisition：合併・買収）によって企業を買収する場合に、買収金額はどのようにして決めたらよいのであろうか。また、いくらなら安い、あるいは高いといえるのであろうか。さらに上場／公開企業の本来の適正な株価、つまり理論株価、理論的な時価総額はどのように計算したらよいのであろうか。

ここでは、適正な買収金額あるいは理論的な時価総額を計算する方法について確認していく。

なお、100%買収する場合の買収金額や時価総額といった株主としての権利の価値のことを、一般に**株主価値**という。また、**企業価値**とは企業全体としての価値のことであり、企業に資金を提供している者の立場から考えると、株主価値と借入金や社債によって資金を提供している債権者の権利の価値の合計のことである。

❶ 企業価値・株主価値の計算方法

企業価値・株主価値の計算方法には、代表的なものとして以下の3つの方法がある。

1つ目は、企業が事業から今後生み出すであろうフリーキャッシュフローの予測をもとに、企業活動の将来のフローの面から企業価値・株主価値を計算する方法である。これは、企業が将来にわたって事業を継続して行っていくことを前提に評価する方法である。

この方法は将来のフリーキャッシュフローを割り引いて計算するものであるため、DCF（Discounted Cash Flow）法と呼ばれている。具体的には、前述のNPV法と同じような方法で計算をしていく。

2つ目は、企業がある時点で所有している資産などをもとに、企業活動の結果としてのストックの面から企業価値・株主価値を計算するものである。これは企業が現時点で清算して解散するという仮定を前提に価値を評価するものである。この方法は、時価評価した貸借対照表の純資産をもとに評価するものであるため、時価純資産法と呼ばれている。

3つ目は、事業内容などが類似している企業の利益と株価、あるいはキャッシュフローと株価などの比率をもとに、同業であれば同じような比率になるのではないか、という考え方を前提に評価していく方法である。これは、類似した企業の業績と株価との関係をもとに評価するものであるため、類似会社比較法（PER法、EV－EBITDA法）と呼ばれている。

それでは3つの方法について確認していこう。

❷……………………将来のフローの業績をもとに評価する方法

◉DCF法

DCF（Discounted Cash Flow）法は、企業が将来生み出すであろうフリーキャッシュフローの現在価値に基づいて企業価値・株主価値を計算していく方法である。

この場合の企業価値と株主価値には、以下の計算式のような関係がある。

事業価値 ＋ 非事業用資産の価値 ＝ 企業価値
＝ 有利子負債の価値 ＋ 株主価値

企業の価値は、企業が行っている事業そのものの価値と、事業に関係しない土地などの非事業用資産の価値の合計と考えられる。このうち**事業価値**は、事業から将来生み出されると予測されるフリーキャッシュフローの現在価値として計算していく。事業に関係しない資産については、現時点でそれを売却したと仮定した場合の時価で評価していく。この2つを合計したものが企業価値になる。この企業価値は、企業に資金提供をしている債権者と株主によって共有されている。

図表1-22 DCF法による企業価値と株主価値との関係

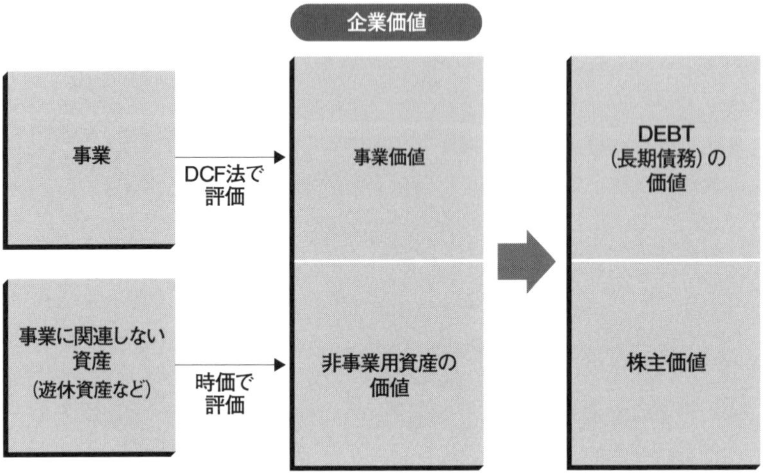

図表1-23 DCF法による事業価値の計算のイメージ

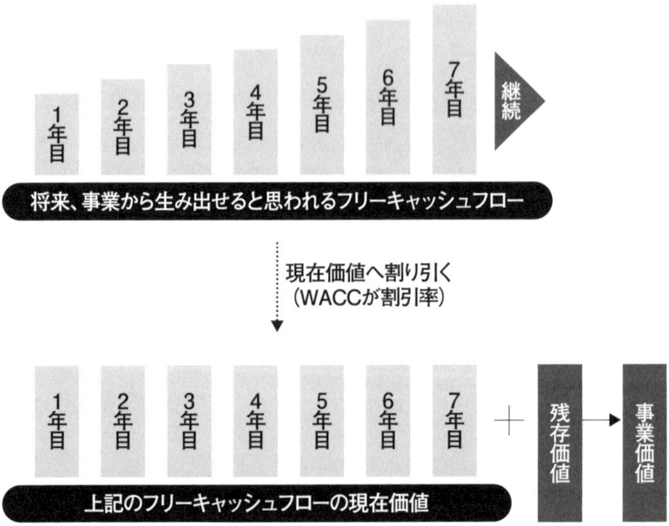

しかし、企業が仮に破綻した場合には、株主よりも債権者が優先的に財産を受け取る権利を持っている。したがって、株主の権利の価値を意味する株主価値は、企業価値から、それに対して優先権を持っている債権者の取り分、つまり有利子負債の金額を差し引いて計算していくのである。

しかし、この方法による企業価値・株主価値の計算結果は、将来のフリーキャッシュフローの予測に大きく依存している。したがって、将来のキャッシュフローの予測についていくつかのシナリオを用意して、それぞれのシナリオに基づいた企業価値を計算し、シミュレーションを行うことが望ましい。

◉ケーススタディ――DCF法による買収金額の評価

ある企業が、XXX0年期末時点で、あるブティック・チェーンを買収しようと考えている。そこで買収金額の参考データが欲しいと思い、DCF法によって分析してみることとした。まず、ブティック・チェーンの経営者から、今後7年間の事業計画を提出してもらい、それをもとにXXX1年からXXX7年までの予測損益計算書を作成した（**図表1-24**）。なお、この企業は事業に関連しない資産として現金と有価証券で400,000千円を保有しているものとする。さらにこの企業には、現時点で、借入金と社債を合計して820,000千円の有利子負債があるものとする。また、この企業のWACCは8%であるとする。

また、運転資本については、過去の数字や、今後の取引条件、在庫管理などの方針をもとに、以下のように想定している。

売上債権：各事業年度末にその年の売上高の6.25%分が残るものとする

たな卸資産：各事業年度末にその年の売上原価の8.3%分が残るものとする

仕入債務：各事業年度末にその年の売上原価の12.5%分が残るものとする

それでは、この予測損益計算書をベースにしてDCF法で評価を行うこととする。まず営業利益を出発点として、今後7年間のフリーキャッシュフローを計算していく。具体的には純粋に事業から得られる利益を求めるために、営業利益をベースにして、税率を40%と仮定して計算した税金を差し引いて税引後営業利益（NOPAT）を計算する。

次に利益をキャッシュフローに置き直すための修正を行っていく。

販売費および一般管理費の中に含まれている減価償却費について、営業利益の計算では費用として差し引かれていても、実際にはキャッシュは出ていかないので、加えていく。

次に設備投資額については、費用ではないため営業利益からは差し引かれていないが、キャッシュは支払っているため差し引いていく。

図表1-24 ブティック・チェーン経営者が作成した事業計画

[単位：千円]

	XXX1	XXX2	XXX3	XXX4	XXX5	XXX6	XXX7
売上高	5,400,000	5,616,000	5,840,640	6,074,266	6,317,236	6,569,926	6,832,723
売上原価	3,888,000	4,043,520	4,205,261	4,373,471	4,548,410	4,730,346	4,919,560
売上総利益	1,512,000	1,572,480	1,635,379	1,700,794	1,768,826	1,839,579	1,913,162
販管費							
人件費	580,000	610,000	630,000	660,000	690,000	730,000	770,000
減価償却費	80,000	75,000	90,000	90,000	90,000	85,000	80,000
その他	275,000	282,000	305,000	325,000	355,000	385,000	405,000
合計	935,000	967,000	1,025,000	1,075,000	1,135,000	1,200,000	1,255,000
営業利益	577,000	605,480	610,379	625,794	633,826	639,579	658,162

企業価値・株主価値の計算ワークシート

[単位：千円]

	XXX1	XXX2	XXX3	XXX4	XXX5	XXX6	XXX7	合計
営業利益	577,000	605,480	610,379	625,794	633,826	639,579	658,162	
法人税等(40%)	230,800	242,192	244,152	250,318	253,530	255,832	263,265	
NOPAT	346,200	363,288	366,228	375,477	380,296	383,748	394,897	
減価償却費(＋)	80,000	75,000	90,000	90,000	90,000	85,000	80,000	
設備投資額(－)	40,000	200,000	80,000	80,000	80,000	80,000	80,000	
運転資本増加額(－)	5,204	6,968	7,247	7,537	7,838	8,152	8,478	
フリーキャッシュフロー	380,996	231,320	368,981	377,940	382,457	380,596	386,420	
割引率	0.926	0.857	0.794	0.735	0.681	0.630	0.583	
キャッシュフロー現在価値	352,774	198,319	292,909	277,797	260,294	239,840	225,472	1,847,405
残存価値(＋)								3,324,615
事業価値								5,172,020
非事業用資産の価値(＋)								400,000
企業価値								5,572,020
有利子負債の金額(－)								820,000
株主価値								4,752,020

割引率	8%
XXX8年以降の成長率	1%

運転資本の推移予測

[単位：千円]

	XXX0	XXX1	XXX2	XXX3	XXX4	XXX5	XXX6	XXX7
売上債権(＋)	314,000	337,500	351,000	365,040	379,642	394,827	410,620	427,045
たな卸資産(＋)	311,000	322,704	335,612	349,037	362,998	377,518	392,619	408,324
仕入債務(－)	456,000	486,000	505,440	525,658	546,684	568,551	591,293	614,945
正味運転資本	169,000	174,204	181,172	188,419	195,956	203,794	211,946	220,424
増加運転資本		5,204	6,968	7,247	7,537	7,838	8,152	8,478

さらに、運転資本の増加額を差し引いていく。これは、売上高の増加に関連して売上債権とたな卸資産が増加し、仕入債務が減少することになるため、その増加や減少によるキャッシュフローの変化部分を修正するものである。今回のケースでは、運転資本について前述のように想定しているので、それに従って計算している。

まず売上債権については、売上高の6.25%分が事業年度末に残るという前提を置いている。したがって、売上高×0.0625を売上債権の期末残高として計算していく。具体的にはXXX1年の売上債権は、5,400,000千円（売上高）×0.0625＝337,500千円となる。

次にたな卸資産については、売上原価の8.3%分が事業年度末に残るという前提を置いている。したがって、売上原価×0.083をたな卸資産の期末残高として計算していく。XXX1年のたな卸資産は、3,888,000千円（売上原価）×0.083＝322,704千円となる。

最後に仕入債務については、売上原価の12.5%分が期末に残るという前提になっている。したがって、売上原価×0.125を仕入債務の期末残高として計算していく。具体的にはXXX1年の仕入債務は3,888,000千円（売上原価）×0.125＝486,000千円となる。

このようにして、今後7年間の売上債権、たな卸資産、仕入債務の予想金額を計算して、売上債権とたな卸資産については毎年の増加分を、仕入債務については毎年の減少分を、キャッシュフローのマイナスとして集計していくのである。

なお、図の上では、売上債権＋たな卸資産－仕入債務を正味運転資本としているが、この金額の増加分を、運転資本に関連するキャッシュフローの減少分と考えることもできる。

これによって、今後7年間のフリーキャッシュフローの予測が完了する。

次に、これを現在価値に置き直す作業に入る。このケースではWACCは8%であり、XXX0年の年末時点でこの企業の企業価値および株主価値の評価を行うものとしている。したがって、XXX1年のフリーキャッシュフローは評価時点から1年後に発生するものであるため8%分だけ割り引く、つまり1÷（1＋0.08）＝0.926を掛け合わせていくことが必要になる。次にXXX2年についてはその2乗、つまり1÷（1＋0.08）^{2}＝0.857を掛けていく。さらにXXX3年以降も、3乗、4乗したものを掛け合わせていく。その結果、XXX1年からXXX7年までのフリーキャッシュフローの現在価値は合計で1,847,405千円となる。

次に考えるのが、XXX8年以降の分である。企業の評価では、前述のように企業は半永久的に存続するものと考えて評価するのが一般的である。今回のケースでは、将来的にGDPの成長率程度の若干の成長は継続すると考えて、XXX8年以降はXXX7年の状況をベースに、それ以降毎年1%成長するものと仮定した。具体的には、XXX7年のNOPAT 394,897千円が、安定軌道に入ることによって減価償却費と設備投資額が同額になり、さらに運転資本が増加しないことによって、そのままフリーキャッシュフローになり、それがGDPの成長率である1%程度は毎年成長するものと仮定して計算している。

具体的には、以下のように計算している。まずXXX8年のフリーキャッシュフローの予測は、XXX7年のNOPAT＝フリーキャッシュフローという前提をベースに、それが毎年1%ずつ成長するものとして以下のとおりになる。

$$394{,}897 \times 1.01 = 398{,}846$$

次に、このXXX8年のフリーキャッシュフローが毎年継続して1%ずつ成長していき、それを毎年8%で継続して割り引いていった場合の価値は以下のように計算していく。

$$398{,}846 \div (0.08 - 0.01)$$

しかし、これはあくまでXXX7年時点での価値であるため、これを現在の価値に置き直すためには、これにXXX7年の1の現在価値である0.583を掛け合わせることとなる。その結果、評価時点でのXXX8年以降に継続してフリーキャッシュフローが稼げることの残存価値は、以下のように計算できることになる。

$$398{,}846 \div (0.08 - 0.01) \times 0.583 \fallingdotseq 3{,}324{,}615$$

（図表の数値はエクセルを使って端数まで計算した結果なので、上記の計算式の計算結果とは若干違いがある）

この結果、XXX1～XXX7年のフリーキャッシュフローの現在価値1,847,405千円と、XXX8年以降のフリーキャッシュフローの現在価値、つまり残存価値3,324,615千円の合計は5,172,020千円となり、これが事業価値となる。

次に非事業用資産の価値を加えていく。今回の事例の非事業用資産は、現金と有価証券の合計である400,000千円である。これを上記の事業価値に加えることによって企業価値が計算できる。

5,172,020千円 ＋	400,000千円	＝ 5,572,020千円
（事業価値）	（非事業用資産の価値）	（企業価値）

次に、この企業価値から、それに対して優先的な権利を持っている債権者の権

利の価値である有利子負債の金額820,000千円を差し引いて、株主価値が計算できる。

5,572,020千円 − 820,000千円 = 4,752,020千円
（企業価値）　（有利子負債の価値）　（株主価値）

この株主価値の金額が、このブティック・チェーンをすべて買収するとした場合のDCF法による理論的な評価金額である。これよりも低い価格であれば買収する価値があり、逆にこれを上回る場合には慎重に対応することが必要になってくる。

なお、前述のようにこのDCFの評価額は、どのような将来のフリーキャッシュフローの予測を作成するのかによって大きく変わる可能性があるので、リスクを検討してみるために、売上高やコストの予想を変更したいくつかのシナリオを作成したり、確定していない変数を変更してDCFの結果を比較していく「感応度分析」を行うことも重要である。

❸ ストックの価値をもとに評価する方法

◉時価純資産法（Net Asset）

時価純資産法は、会社のストック、つまりある時点で所有している資産や負債の価値をもとに会社の価値を評価する方法である。具体的には、貸借対照表の資産の金額をすべて時価に評価し直し、一方で負債の金額をすべて集計して、その差額として計算される実際の純資産の価値をもとに評価する方法である。また、時価純資産法では、通常、土地、株式などの時価と帳簿価値の差である、いわゆる**含み益**や**含み損**が出てくる場合があるが、この含み損益の税金分を純資産の計算においては差し引くことが望ましい。

なお、この時価純資産の価値は、企業を清算したと仮定した場合の価値でもある。

❹ 類似した企業の市場での評価額をもとに評価する方法

◉PER（株価収益率）を使った方法

これは、同じ業界の類似した企業の株価と1株当たりの利益との倍率、つまり

図表1-25 時価純資産法

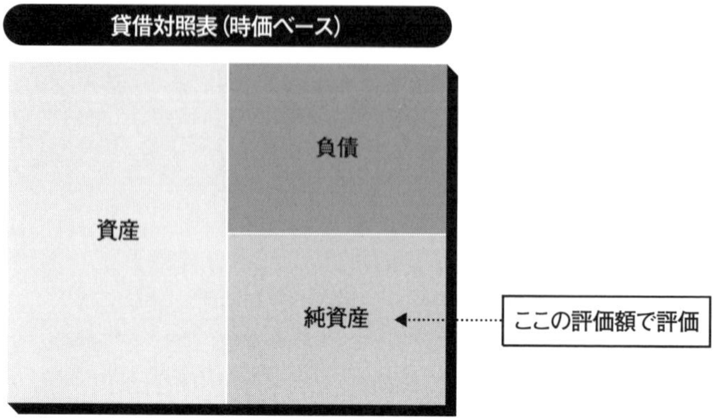

PER（Price Earning Ratio：株価収益率）をもとに、類似している企業であればその倍率は同じ程度になるであろう、という考え方をもとに評価していく方法である。

具体的には、類似している企業のPERを計算し、それに評価したい企業の1株当たり利益を掛け合わせて株価を推定していく。1株当たり利益は、来年度の予測数値を使うことが望ましいとされている。

PER ＝ 株価 ÷ 1株当たり利益（EPS：Earning Per Share）

PERについては何倍でなければならないという絶対的な数字はない。ただ一般的に成熟・安定期にある企業では、10～20倍前後となることが多いようである。また成長している企業では、今後の1株当たり利益の成長を見込んで株価が先行して上昇する傾向が強いため、PERは高めになることが多い。

なお、類似会社比較法は、類似会社としてどのような企業を選択するのかによって結果が大きく変わるので、事業内容などをもとにその選択を慎重に行うことが重要である。

◉EV－EBITDA（イーヴィーイービッダ、あるいはイーヴィーイービットダ）

EV－EBITDAは、**EV**（Enterprise Value：企業価値）と**EBITDA**（Earning Before Interest Tax Depreciation Amortization）との倍率のことである。

ここで、EVは、DEBT＋EQUITY、つまり有利子負債の金額と時価総額の合計で計算した企業価値のことである。EBITDAは、金利（Interest）、税金（Tax）、減価償却費（Depreciation）、無形固定資産の償却費（Amortization）の4つを差し引く前（Before）の利益（Earnings）を意味している。

EBITDA のうちEBIT（Earning Before Interest & Tax）は、借入金や社債の支払利息と税金を差し引く前の利益のことであり、実質的には本業からの儲けである営業利益とほぼ同じような利益を意味している。DA（Depreciation and Amortization）は、設備投資の金額をその利用可能期間にわたって割り振った費用である減価償却費（Depreciation）と、特許権などの無形固定資産の購入金額をその効果があると考えられる期間にわたって割り振った費用である償却費（Amortization）のことである。

これらの費用は、利益（Earning）を計算するときには差し引かれているが、実際には費用が発生した時点にキャッシュは支払われていない。したがって、この2つの費用、つまりDA（Depreciation and Amortization）をEBITに足し戻すことによって、DAを差し引く前の利益、すなわちキャッシュフローベースに置き直しているのである。つまり、EBITDAはキャッシュフローをベースに計算した本業からの儲けを意味している。

企業が本業から生み出したキャッシュフローを意味するEBITDAは、企業が事業を行うために資金を提供した株主と債権者に分配される儲けのベースになる。したがって、EBITDAが多いほど資金提供者である債権者や株主の取り分も多くなり、結果として債権者と株主の権利の価値である借入金や社債の金額と時価総額の合計、つまり企業価値も大きくなるというように、EBITDAとEVの2つは連動すると考えられる。

さらにこの2つの数値の比率は、事業の内容や規模が似ている企業同士ではほぼ同じ水準になると考えられる。そこに注目して、まず類似している企業のEVがEBITDAの何倍となっているのかを計算し、その倍率に評価したい企業のEBITDAを掛け合わせて、その企業のあるべき理論的な企業価値を計算していく。その理論的な企業価値からDEBT、つまり借入金と社債の合計金額を差し引いて、理論的な時価総額を計算していくのである。類似会社としては1社だけを選択することもあるが、数社を選択してその平均値を使うこともよく行われている。

$$EV - EBITDA = \frac{EV}{EBITDA}$$

EV－EBITDAにも、何倍でなければならないという絶対的な数字はない。ただ一般に、安定期あるいは成熟期に入った企業や業種では、5倍から10倍程度となることが多いようである。また、成長期にある業界や企業の場合には、今後EBITDAが増加することを見込んで時価総額が高めになるため、EV－EBITDAは高めになる傾向がある。

なお、上記の計算式の借入金と社債の合計金額には、通常、借入金や社債の合計金額からその返済に使える現金預金や有価証券の金額を差し引いた、実質的な借入金と社債の金額を使う。

6 企業価値の向上とそれを創造する仕組み

前述のさまざまな企業価値や株主価値の計算方法の中では、一般に、DCF法が理論的に最も望ましい方法と考えられている。それは事業を継続していくことを前提に評価しているため、企業を清算することを前提にする時価純資産法よりも現実的であり、またその企業自体の業績を前提に評価していくため、市場での類似会社の株価の相場をもとに評価する類似会社比較法よりも企業自体の評価としてはより望ましいと考えられるからである。

したがって、ここではDCF法をもとに、企業価値・株主価値の向上策をまとめていく。

DCF法をもとに考えると、企業価値や株主価値を向上させるための具体的な方法は、次の3つにまとめることができる。

❶フリーキャッシュフローをできるだけ多く、また早めに生み出せるように、ビジネスの仕組みをよく検討すること（営業利益を高め、税金の優遇策を活用し、効率と効果を意識して設備投資を行い、運転資本を圧縮すること）。

❷資本コストの低い有利子負債を適度に活用したり、IR（インベスターリレーションズ）をしっかりと行って資金提供者の信頼を得ることで、実態に見合ったβ値の水準、つまりリスクの水準を反映させることによって可能な範囲でWACCを低下させること。

❸非事業用資産、つまり事業と関係のない資産を有効に活用して、その価値を高めること。

しかし、企業が日々の活動をそうした方向に向けていくには、この考え方を経営管理のシステムそのものの中に組み込んでいくことが必要になる。そのための代表的な業績評価指標が第1章で取り上げたEVA（経済的付加価値）である。

EVAは、前述のように、本業から獲得した税引後営業利益（NOPAT）が、資金提供者である債権者と株主の期待している水準（投下資本×WACC）をどの程度上回っているか、計算したものである。つまり、EVAは企業の実際の儲けと資金提供者が期待している儲けの水準を毎年比較するための指標であり、資金提供者が期待している儲けの水準であるWACC（加重平均資本コスト）の考え方を毎年の業績評価の中に組み込んでいくためのツールである。

EVAの中のV、つまりValue（価値）は、WACCを上回る儲けを生み出すことを意味している。したがって、EVAを業績評価の指標として導入することは、WACCを上回る儲けを生み出すことが資金提供者に対して価値を生み出すことである、という考えを企業の中に浸透させることにつながるのである。

また、NPVやIRRが長期にわたるプロジェクトの評価にWACCの考え方を入れ込んでいくツールであるのに対して、EVAは毎年の業績管理の中にWACCの考え方を入れ込んでいくツールであるといえる。

なお、このEVAを高めていくための方法は、第1章で述べたように、

①NOPATを高める
②投下資本を少なくする
③WACCをある程度まで引き下げる
④WACCを基準に事業の選別を行う

という4つであった。

この4つは、DCF法による企業価値や株主価値を高める方法とかなり重なり合っている。つまり、①と②はフリーキャッシュフローの拡大と重なり合うものであり、③はまったく同じポイントであり、④はそれらの延長上で出てくるポイントと考えられる。これは、EVAが毎年の業績をWACCと比較することによって、毎年企業価値や株主価値を高められているかどうかを評価するための業績評価指標であることを考えると、当然のことである。

ただし、EVAはもともと業績評価のための指標なので、単にこれを指標として採用するだけでは企業価値や株主価値を高めることにはつながらないことになる。したがって、EVAを評価指標として採用することに加えて、資本コスト以上の儲けを生み出すことの必要性を企業全体に浸透させ、それに向けて活動することを

図表1-26 BSCとVBMの関係

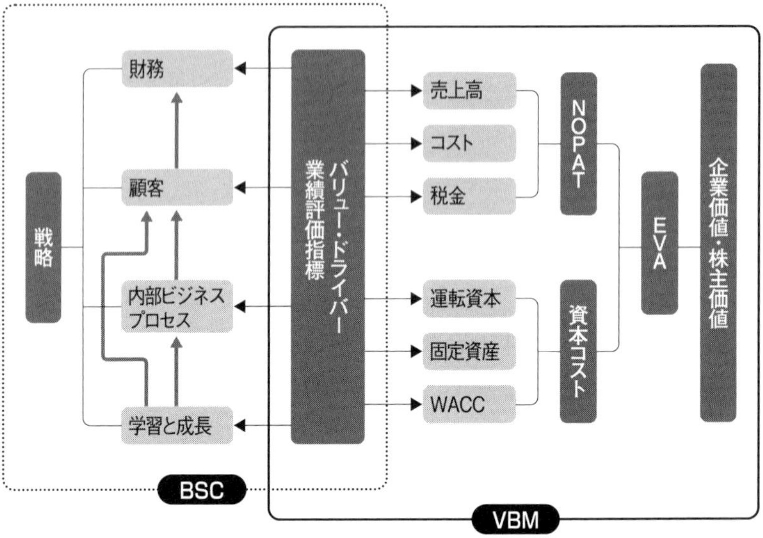

促すような経営管理のシステムをつくることが必要になる。そのような経営管理のシステムのことを、**VBM**（**Value Based Management**）と呼んでいる。

VBMのシステムの中では、EVAをその計算式をもとに営業利益、税金、投下資本（事業に実際に投入している資産）、WACCといった財務数値に分解し、EVAの目標数値を、分解したそれぞれの財務数値の目標数値に置き直していく。

さらに、それらの財務数値を達成するには、現場で何をすればよいかを明確にするために、それぞれの財務数値と関係が深い非財務の指標を選択して、その指標ごとに目標値を設定し、管理していくことが必要になる。たとえば、営業利益を高めるために新規顧客の開拓が重要な場合には、新規顧客訪問数、新規顧客数といった評価指標を採用し、目標値を決め、実績と比較しながら管理をしていくのである。

このように事業の現場の状況を反映する評価指標のことを、企業価値や株主価値の向上につながる指標という意味で**バリュー（価値）ドライバー**、あるいは**KPI**（Key Performance Indicator：重要業績評価指標）と呼んでいる。バリュー・ドライバーあるいはKPIを業績評価指標として採用することによって、現場の目標が明確になり、事業の現場まで浸透した経営管理ができるようになる。さらに、EVAやバリュー・ドライバーの結果を報酬などとも結びつけると、VBMの効果が高まると考えられる。なお、適切なバリュー・ドライバーやKPIを見つけ、それを戦略とリンクさせるために、第3部第4章で詳述するBSC（Balanced Scorecard）が使われることがある。

第2部 ◉ コスト管理のための管理会計

第2部のはじめに

企業は目標を達成するために、さまざまな戦略を立案して実行に移していく。第1部で述べたとおり、M.E.ポーターは、この戦略を事業の競争優位をどのように確立するかという観点から4つに区分している。このうち、業界全体の幅広い市場を対象に、どの競合他社よりも低いコストを達成していく戦略が「コスト・リーダーシップ戦略」であり、低コストをある特定の市場で達成していく戦略が「コスト集中戦略」である。この2つの戦略は、低コストを競争優位のポイントとして考えたものである。コスト競争力があることは、それ自体で他社に対して大きな優位性を築くことができ、1つの戦略となるのである。

一方、幅広い市場を対象にして、製品の品質やメインテナンス・サポート体制などの面で違いを出しながら優位性を築いていく戦略が「**差別化戦略**」であり、これを特定の市場で達成していく戦略が「**差別化集中戦略**」である。このような差別化による戦略を採用する場合には、必ずしもコスト競争力が重要となるわけではない。しかし、この場合でも、差別化した強みが他社の追い上げによって徐々に薄れていくことを考えると、コスト競争力を高めておくことは重要である。また差別化戦略を採用してもできるだけ大きな利益を上げるという点からは、コストをできるだけ下げておくことも重要になるのである。

このように、どのような形で優位性を築くかを問わず、コストダウンを図ることは重要である。

また、最近は製品のライフサイクルの短縮化が進み、新製品の開発、製造、販売といった面でのリスクが非常に高まってきている。そのため、コストダウンを図っていくことが、急激な経営環境の悪化や在庫保有といった面でのリスクを減らすという点からも重要となっている。

さらに、BRICsをはじめとする中進国や発展途上国の企業の台頭により、人件費をはじめとしたコスト競争力の大きな違いが注目されているが、コスト競争力を単なる為替レートや一般的な物価の違いではなく、継続的に優位性として維持していくためにも、コストダウンをしっかりと行うシステムを持つことが重要となる。

＊

第2部では、このような観点から、コストを戦略的にどのように管理していったらよいかという点について、3つの章に分けて解説していく。

第1章では、ABC（活動基準原価計算）について、その内容を正確なコスト計算とコストダウンへの適用を中心として、具体的な例も取り上げながら解説する。また、いろいろな作業を効率的に行っていこうというABMの考え方についても触れるとともに、ABCやABMのメリットがある企業やその限界についても考えていく。

次に、第2章では、日本発のコストダウンの考え方である原価企画について、その内容と適用法について考えていく。

そして第3章では、従来コストのコントロールの方法として採用されてきた標準原価計算について、その意味と適用法について考える。また、最近の経営環境の激しい変化の中での、標準原価計算の利用法と限界についてもまとめていく。

第1章

ABCによるコントロール

1 ABC（活動基準原価計算）とは何か

ABC（**Activity Based Costing**：**活動基準原価計算**）は、ハーバード大学ビジネススクールのR.S.キャプラン教授とクレアモント大学大学院のR.クーパー教授が1980年代半ばに発表した原価計算の方法である。具体的には、それぞれの製品との関係がなかなかわかりにくい「製造間接費」を、それぞれの製品にできるだけ正確に割り振る（配賦する）ことによって、製品やサービスのコストを正確に把握していこうという考え方である。

ABCは、1980年代後半に、アメリカ企業が業績悪化の中でリストラクチャリングを行うために、正確なコストの計算に基づいて採算分析を行い、製品を選別する手段として使われた。その後、1990年頃からリエンジニアリングと結びついて、コストダウンの効果が大きい間接的な活動を浮かび上がらせるための1つの手法としても脚光を浴びるようになった。

日本でも一部の企業で採用されているが、ABCは正しい意思決定の前提となる「正しいコスト」を把握するために、また企業の競争優位につながるコストダウンを実行するために、大変有効なツールである。

2 ABCが必要になった理由

ABCはなぜ必要になってきたのであろうか。その理由は、伝統的な原価計算が最近の環境変化の中で必ずしも正しいコストデータを集計できなくなってきたからである。

❶……………………伝統的な原価計算

伝統的な原価計算では、通常は製造間接費を次のような3段階でそれぞれの製品に割り振ることによってコスト計算をしている。

❶費目別計算

交通費、人件費といった費用の項目別に製造間接費を集計し、ある特定の製造部門にだけ関連する**部門個別費**（機械の減価償却費など）はそのまま各部門に割り当て（**賦課**）、いくつかの製造部門に関係のある**部門共通費**（工場建物の電気代や減価償却費など）は、面積などの適当な**割り振り基準**（**配賦基準**）によって製造部門と補助部門に割り振っていく（**配賦**）。

製造部門とは機械加工、組立といった製造作業を直接行う部門、補助部門とは原材料を保管する資材部門や検査部門といった製造部門の作業をサポートする部門のことである。

❷部門別計算

補助部門に集計された製造間接費を、いろいろな割り振り基準を使って各製造部門に割り振っていく。

❸製品別計算

製造部門に集計された製造間接費を、直接作業時間や直接機械作業時間などの割り振り基準によって各製品に割り振っていく。

伝統的な原価計算では、財務諸表作成のためのコスト計算が主要な目的になるので、タイムリーにデータを集計することが重要になる。しかし、コストの中で、

図表2-1 伝統的な原価計算とABCの違い

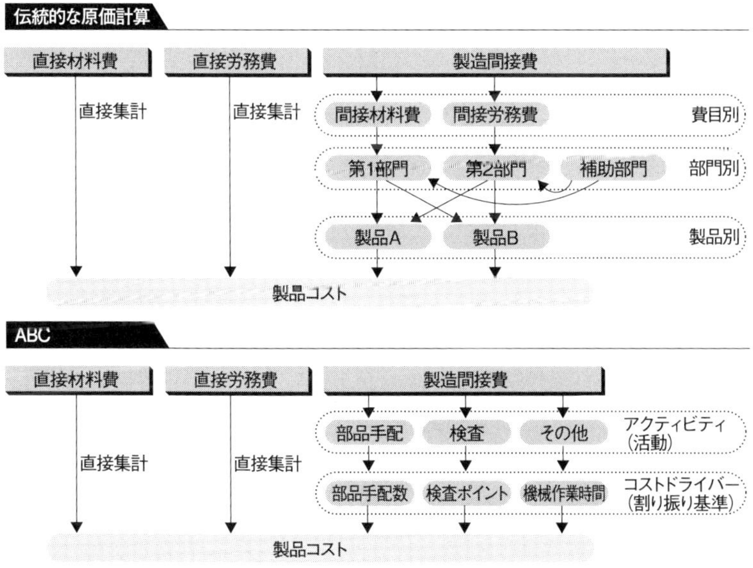

直接材料費や直接労務費のように製品との対応関係が明確な直接費の集計は正確なコスト集計が比較的簡単にできるが、どの製品のコストであるのかがわかりにくい製造間接費については、ある前提で割り振りをした推定計算にならざるをえない。したがって、製造間接費については必ずしも精度の高いコスト集計が行われているとはいえない場合もある。

また具体的な割り振り基準としては、工場のラインの人件費である直接労務費やそれぞれの製品の製造に費やした従業員の労働時間である**直接作業時間**、それぞれの製品の製造に使われた機械の稼働時間である**直接機械作業時間**といった操業度、つまり現場の労働者や機械の操業レベルに関連する数値を使っている場合が多い。

❷……………………環境の変化

前項で述べた伝統的な原価計算は、以下の3つに代表されるような環境変化によって、必ずしも正しいコスト情報を提供できなくなっている。

❶多品種少量生産への移行

顧客のニーズが多様化する中で、その多様なニーズに応え顧客満足度を高めるために、大量生産から多品種少量生産に移行する企業が増えている。

大量生産の場合には、多くの作業が定型化され効率よく行われていることが多く、ある特定の製品のために特に多くの製造間接費が発生しているということはあまりない。したがって、製造間接費もある程度製造現場の操業レベルに連動して発生している可能性が高く、従来の操業度を表す割り振り基準を採用しても大きな問題はないと考えられる。

しかし、多品種少量生産へ移行すると、売れ筋商品は1万個、特殊なものは100個というように注文単位が大きく違っても、部品調達の手間は数量に関係なく同じといったケースが生じる。つまり、操業レベルを使って割り振ることが必ずしも適切ではないコストが出てくる可能性がある。

❷工場のオートメーション化の進展

人件費を抑え生産効率を高めるために、工場のオートメーション化を進める企業が増加している。その結果、工場の生産ラインで働く労働者が減少し、結果として直接労務費が減少する企業が増えている。このような企業が、過去から配賦基準として使われてきた直接労務費や直接作業時間によって製造間接費を割り振ろうとすると、たまたま手作業が多い製品の直接作業時間や直接労務費の全体に占める比重が非常に大きくなるため、そうした製品に多額の製造間接費が割り振られてしまい、コストが非常に高く計算されるおそれが出てくる。また、手作業の比重が大きい製品の中にも、製造間接費が手作業の量、つまり操業度と連動して発生していないものがあると、その割り振りによってコストが変化する可能性がある。

❸間接費の増加

グローバルな材料調達や製造のオートメーション化によって、直接材料費や直接労務費が低下してきている。その一方で、オートメーション化に伴って自動化されたラインのサポートのためのコストやその制御システムに関係する経費をはじめとした製造間接費は増大しているケースが多い。そのため、比重の大きい製造間接費の割り振り方（配賦方法）がコスト計算に大きな影響を及ぼすようになっている。

こうした環境変化の結果、伝統的な原価計算を使って製造間接費を割り振ってしまうと、コストに歪みが出てくる可能性が高くなっている。

このような流れの中でできるだけ正確なコストを把握するために、製造間接費をアクティビティという従来とは違う切り口で区分し、それぞれの製造間接費の発生について最も関係の深い数量データ（**コストドライバー**）によって割り振りを行う原価計算の方法、つまりABCが注目されてきたのである。

3 ABCの導入方法

ABCは、以下のようなステップで導入していく。

❶ ABCの導入ステップ

❶アクティビティを決定する

製品というアウトプットを生み出すために、従業員の労働力やいろいろなモノといった経営資源が消費されていくプロセスである**アクティビティ**（活動）を決めていく。たとえば製品の受注に関連する業務をひとまとめにした注文処理についてのアクティビティ、製品の完成段階での各種検査業務をひとまとめにした検査についてのアクティビティなどが考えられる。アクティビティは企業によって異なっており、場合によっては数百単位に区分されることもある。

❷製造間接費をそれぞれのアクティビティに割り振る

製造間接費を各アクティビティに、各経営資源が消費されていく状況をもとに割り振っていく。製造間接費をアクティビティに割り振っていくときに使われる基準のことを**資源ドライバー**と呼んでいる。

❸各アクティビティのコストドライバーを選択する

各アクティビティのコストの発生と関係が深いコストドライバーを選択する。具体的には、コストドライバーの候補をいくつか考えて、過去の各アクティビティのコストとコストドライバーの数量との間の相関関係が高いものを選択していく。たとえば、注文処理のアクティビティに対応するコストドライバーとしては、注文書の枚数、注文された部品や原材料の種類数などが考えられる。この各アクティビティのコストを製品ごとに割り振っていくときに使われる基準のことを活動ドライバーと呼んでいる。

❹コストドライバー別のチャージレートを計算する

❷で各アクティビティに割り振られた製造間接費を❸のコストドライバーで割ることによって、コストドライバー別の**チャージレート**を計算する。具体的には以下のような計算式で計算していく。

$$\text{コストドライバー別のチャージレート} = \frac{\text{一定期間のアクティビティ別の間接費}}{\text{その期間のアクティビティ別のコストドライバーの数量}}$$

❺チャージレートに基づき、製造間接費を各製品のコストとして割り振る

❹で計算したチャージレートを使って、各アクティビティの製造間接費を製品に割り当てていく。

ABCを行う場合には、以下のような製造間接費に注目し、それぞれと相関関係の高いコストドライバーを探索すると成果が出やすいといわれている。

- 金額の大きな製造間接費
- 製品によって消費量が大きく変動する製造間接費
- 利用程度などが伝統的な配賦基準（割り振り基準＝コストドライバー）である直接作業時間、直接機械作業時間、直接材料費などとあまり相関関係がなさそうな製造間接費

このような製造間接費について、アクティビティやコストドライバーの選択を

図表2-2 コストドライバーの例示

コスト・プール	コストドライバー
会計	●作成した報告書の数 ●作成した伝票の数
人事	●職務の変更数 ●雇用活動に投入された時間 ●訓練時間
データ処理	●処理されたデータの数、要求された報告書の数 ●要求されたプログラム変更のステップ数
生産技術	●要求された仕様書の変更 ●処理される製品の変更
品質管理	●検査のポイント数 ●各工場で費やした時間
材料出庫	●材料出庫の数 ●処理された取引数
ユーティリティ	●消費量 ●占有面積
生産現場	●直接作業時間 ●機械作業時間 ●移動回数 ●段取りの回数

出所：櫻井通晴（2004）をもとに著者作成

しっかりと行うことによってABCの精度を高めることができると考えられる。

❷伝統的な原価計算とABCの違い

伝統的な原価計算とABCには、2つの違いがある。

1つ目は、計算ステップの違いである。伝統的な原価計算ではコストの計算ステップが3段階となっている。しかし、ABCでは製造間接費を経営資源が消費されていくプロセスであるアクティビティに割り振っていく第1ステップと、各アクティビティのコストを製品ごとに割り振っていく第2ステップの2段階となっている。この点からは、ABCは伝統的な原価計算に比較して割り当てるステップが少ない分だけ、より効率的に、正しくコストを計算することができる可能性が高いと考えられる。

2つ目は、割り振り基準の違いである。伝統的な原価計算では直接作業時間や直接機械作業時間など操業度に関連するものが使われるが、ABCではいろいろなアクティビティのコストの発生と関係が深い、たとえば部品の数や部品を準備する作業回数、注文の件数といったコストドライバーの数量が使われる。これは、

ABCが経営資源の消費に注目してコストを割り振っているためである。

4 ABCの目的

◉正確なコスト計算

ABCを導入すると、伝統的な原価計算よりも実態に近いコストが把握できるので、企業の製品戦略あるいは価格戦略策定のベースとして適切な情報を得ることができる。その結果、製品ごとの採算性が明確になるため、不採算品についてはコストダウンや値上げ、撤退を検討する基礎データとして使うこともできることになる。

たとえば、ABCを使った正確なコスト計算の重要性を、ある製品の価格を決定する場合で考えてみよう。企業は利益を出さなければ存続できないので、価格はコストを上回っていることが最低限必要である。製品の場合は「コスト」のベースは工場での製造原価であり、加えて販売コストがかかることになる。それらのコストを製品ごとに正しく把握することができなければ、表面上は利益が出ていても、実際には集計された数値以上にコストがかかっていて実は利益が出ていない、ということにもなりかねないのである。

一般に、原材料費や生産ラインの人件費などのように、どの製品にどれだけ使われたのかが目に見える形でわかりやすいもの（直接費）についてのコスト集計は、あまり問題はない。しかし、工場の建物や機械の減価償却費、水道光熱費、管理部門の人件費などのように、各製品にどれだけ使われたのかがわかりにくいもの（製造間接費）を、それぞれの製品のコストとして割り当てるためには、何らかの推定計算を行わなくてはならない。

この推定計算を間違えると、実際のコストを大幅に下回った価格を付けてしまったり、その逆に大幅に上回った価格を付けてしまうおそれがある。このように、コストが正しく把握されていないと、それに基づいて行う意思決定のすべてが誤ったものになりかねないのである。

なお、価格設定については、変動費のみをコストと考えて、限界利益を基準にして設定する方法も考えられる（第3部第2章参照）。しかし、最終的に利益を確保するためには、固定費まで含めたすべてのコストをカバーした価格設定を行わなければならない。その面からは、コストの区分は違うが、製造間接費を正しく集計することによって直接費を含めたすべてのコストを前提に、正しい採算を見ていくことになるABCを利用する意味は大きいのである。

◉コストダウンへの活用

ABCを導入すると、各製品やアクティビティのコスト構造がわかるので、コストダウンの糸口をつかむことができる。コスト全体に大きな影響を与えているアクティビティがわかれば、そのアクティビティの業務内容を見直すことによって、そのアクティビティのコストを中心に全体のコストを大幅に減らすこともできるのである。また、各アクティビティのコストの発生と関連が深いコストドライバーがある程度明確になれば、コストドライバーの数量を減らすように業務内容を見直したりすることで、そのアクティビティのコスト削減につなげることもできる。

さらに、ABCでは経営資源の消費に注目してコストを集計していくので、消費されていないコストを特定することが可能になる。この未利用の経営資源のコストはすぐに減らせるものではないが、どう有効活用するかという視点で見るようにすれば、経営資源の効率的な活用にもつながるのである。

◉業績評価への活用

ABCは、各事業部や各担当者の業績を計算するための間接費の割り振り方法としても使うことができる。

たとえば、事業部の業績評価を最終利益で行う場合、本社経費を各事業部の売上高や人員数などをもとに各事業部に割り振っていることが多い。しかし、本社経費の中には、予算部門の経費のように売上高や人員数に関係なく、作成する資料の量や打ち合わせの回数など、予算策定の手間に連動してコストがかかっているものもある。したがって、公平で正しい業績評価を行うために、本社経費など各事業部門にとっては間接費となるような費用についてもABCの手法を応用し、サービスの利用度などに応じて割り振っていくこともできるのである。その結果、“政治力”の強さなどによって間接費が恣意的に割り振られることも避けられる。

さらに、アクティビティのコストあるいはコストドライバーの量の変化を見ることによって、業務の効率化やコストダウンの状況を把握し、それを業績評価の基準とすることもできる。

◉製造方法の選定

ABCは、製造方法の選定にも利用することができる。この場合は、選択候補の製造方法それぞれについて、発生する製造間接費をABCを利用して各製品に割り振って比較し、どの製造方法が製品のコストを最も低くし、利益を拡大させることができるのか分析していくのである。

◉顧客別やチャネル別の収益性分析

ABCを製造コストだけでなく、販売、物流、管理などのコストに含まれる間接費の計算にも適用することによって、顧客別やチャネル別の収益性の計算にも利用することができる。すなわち、顧客の選別やチャネルの選択に生かすこともできるのである。

5 ABM（活動基準管理）

ABM（Activity Based Management：活動基準管理）とは、ABCによって浮かび上がってきたアクティビティとそのコスト、コストドライバーとその数量、製品ごとの採算などの情報を分析することで、コストダウンを実現するための仕組みである。

具体的には、企業の活動を顧客の視点から見直すことによって顧客に対する価値を高め、その一方でより少ないコストで同じ価値を提供できるように業務を見直し、利益を改善していくのである。アメリカでは1980年代の終わり頃から数多くの企業が業績の立て直しのためにコストダウンを行う必要に迫られて、**BPR（Business Process Reengineering）**を行った。その中で、ABMが業務改善のポイントを見つけ出す手法として使われたのである。

具体的な方法としては、コストを減らすために機能の簡素化や時間短縮などによってコストドライバーを削減したり、たな卸資産の保管など顧客に付加価値を生み出さない無駄なアクティビティを見直すことなどがある。さらに、効率の悪いアクティビティをアウトソーシングしたり、効率よく作業が行えるように教育訓練の方法を見直すといったことも考えられる。また、可能なかぎり活動を共通化したり、未利用の経営資源については他の用途に活用あるいは削減することも考えられる。

ABCによって製造間接費を経営資源の利用程度に応じて各製品に割り当てることにより、製造間接費の社内の資源配分が戦略に一致しているかをチェックすることもできる。これも、効率的な資源配分を実現するという面ではABMの一種と考えられる。

6 ［ケーススタディ］ABCの実践

簡単なケースを使って具体的なABCの計算とその分析の方法を確認してみよう。

Z社は製品Xと製品Yを製造している。製品Xは大量生産の標準品であり、製品Yは少量生産の特殊品である。

現在、Z社では伝統的な原価計算によって、直接費についてはそのままXとYに集計（直課）し、製造間接費については機械作業時間によってXとYに割り振って（配賦）コストを計算している。

［コストデータ］

	製品X	製品Y
直接材料費／個	3,500円	4,800円
直接労務費／個	1,600円	2,500円
機械作業時間／個	2時間	3時間
年間生産量	20,000個	1,500個

製造間接費の総額を204,700千円とする。

上記の表からZ社の機械作業時間の総合計を計算すると、

2時間／個 × 20,000個 ＋ 3時間／個 × 1,500個
＝ 44,500時間

機械作業時間1時間当たりの製造間接費は、

製造間接費総額 ÷ 機械作業時間の総合計
＝ 204,700,000円 ÷ 44,500時間
＝ 4,600円

となる。

したがって、製品Xと製品Yそれぞれの1個当たりの製造間接費は、次のようになる。

製品X　2時間 × 4,600円 =　9,200円
製品Y　3時間 × 4,600円 = 13,800円

その結果、現在の原価計算によるコストは、以下のようになる。

［現在の原価計算によるコストデータ］

	製品X	製品Y
直接材料費／個	3,500円	4,800円
直接労務費／個	1,600円	2,500円
製造間接費／個	9,200円	13,800円
合　　計	14,300円	21,100円

Z社では、最近、製品の価格を見直すこととなり、その前に製造間接費にABCを導入してコストデータをチェックすることとした。

製造間接費を詳しく分析してみると設計、部品手配、検査、その他の4つのアクティビティに分けることができ、それぞれ以下のようなコストドライバーと関係が深いことが判明した。

アクティビティ	金額	コストドライバー	コストドライバーの数量	コストドライバー単位当たりの金額
設計	20,125,000円	設計回数	25	805,000円
部品手配	58,800,000円	部品手配数	245	240,000円
検査	39,000,000円	検査ポイント総数	130,000	300円
その他	86,775,000円	機械作業時間	44,500	1,950円
合計	204,700,000円			

また、製品Xと製品Yのコストドライバーの数量は、以下のとおりであった。

	製品X	製品Y
設計回数	5回	20回
部品手配数	200回	45回
検査ポイント総数	100,000(5×20,000個)	30,000(20×1,500個)
機械作業時間	40,000時間(2×20,000個)	4,500時間(3×1,500個)

これをベースに、ABCによって1個当たりのコストを計算すると、次のようになる。

	製品X	製品Y
直接材料費／個	3,500円	4,800円
直接労務費／個	1,600円	2,500円
製造間接費／個		
設　計	201円	10,733円
部品手配	2,400円	7,200円
検　査	1,500円（5×300円）	6,000円（20×300円）
その他	3,900円（2×1,950円）	5,850円（3×1,950円）
合　計	13,101円	37,083円

（注）設計と部品手配については、コストドライバーによってコストの総額を製品Xと製品Yに区分し、その金額をそれぞれの製品数量で割って計算している。

設　計	製品X	5 × 805,000 ÷ 20,000 = 201円
	製品Y	20 × 805,000 ÷ 1,500 = 10,733円
部品手配	製品X	200 × 240,000 ÷ 20,000 = 2,400円
	製品Y	45 × 240,000 ÷ 1,500 = 7,200円

このABCの結果を伝統的な原価計算の結果と比較してみよう。

まず、大量生産の標準品である製品Xのコストは、伝統的な原価計算では14,300円であったが、ABCでは13,101円と10%程度少なくなっている。一方、少量生産の特殊品である製品Yは、伝統的な原価計算では21,100円であったが、ABCでは37,083円と約80%程度高くなっている。

このように、伝統的な原価計算では大量生産品や標準品のコストが実態よりも高めになり、その逆に少量生産品や特殊品のコストは実態よりも低めに計算されている可能性が高い。これは、標準品や大量生産品では比較的定型化された作業を効率的に行っている場合が多いので、それに関係する製造間接費はあまり多くはなく、逆に相対的に手間のかかる特殊品や少量生産品に使われている製造間接費の比率が高くなるという傾向があるためである。

その結果、伝統的な原価計算の方法に基づいて計算されたコストをもとに価格を決めてしまうと、大量生産品や標準品は実際よりも高めのコストデータをベースにするため、価格が高く設定されやすくなる。一方、少量生産品や特殊品は実際よりも低めのコストデータをベースにするため、価格も低く設定されやすくなると考えられる。

このケースで、Z社が伝統的な原価計算しかしておらず、同じような製品を同じようなコスト構造で製造している競合メーカーP社がABCによって正しいコストを把握しているとすれば、どうだろうか。

たとえばP社が、大量生産の標準品であるXの価格を、伝統的な原価計算で計算したコストである14,300円と、ABCによって計算したコストである13,101円の間の13,500円に設定したとする。この価格はABCによるコストを上回っているため、ABCを導入しているP社では低いながらも利益が出ていることがわかるのであまり問題とはならない。しかし、Z社にとってP社の行動は、自社のコストデータよりも低い価格を付けてダンピングをしているように見えることになる。その結果、無理なダンピングは長くは続かないだろうと考えて対策を先延ばしにしたり、P社の価格には対応できないと考えて製品Xの生産を中止して市場から撤退してしまうかもしれない。

一方、少量生産の特殊品である製品Yについてはどうだろうか。特殊品や少量生産品は他の企業が手がけていない場合が多く、ニッチをねらった製品であることが多い。したがって、価格弾力性が低く、価格を上げてもそれほど需要は減らない可能性が高いと考えられる。したがって、Z社は製品Yについては価格をさらに高く設定できる余地があり、現状では得られるべき利益をみすみす失っている可能性もある。

このように、コストを正確に把握することが正しい意思決定には不可欠なのである。

なお、顧客が値上げをすんなり受け入れたり、計算上利益率の高い製品の競争相手が現れないような場合は、実際のコストが伝統的な原価計算によるコストを大幅に上回っていることが考えられるので注意する必要がある。

また、製品ミックスを利益率の低いものから高いものへとシフトしても利益が改善されないような場合も、ABCの導入を検討する必要がある。

7 ABCの導入効果

ABCの導入効果が大きい企業としては、事業が成熟期に入っている企業、多品種少量生産を行っている大規模なメーカーなどが挙げられる。また、ABCは販売費および一般管理費にも適用できるので、製造業だけでなく、販売費や一般管理費の中に占める間接費の比重が高い小売業やサービス業の企業にも効果が大きいと考えられる。

◉成熟期に入った事業を行っている企業

成熟期になると市場の成長が止まり、限られたパイの奪い合いとなるため、一般に競争が激しくなる。また、新規の顧客は少なくなり、過去に購入した既存顧客の買い替えの比重が増加する。したがって、顧客は価格や品質といった面で製品の選択に厳しくなる傾向が強い。

そのような中で、次の2つの点に関してABCを活用できると考えられる。

❶適切な原価分析と価格戦略

事業が成熟期に入ると、原価計算の精度を上げて正確なコストとその内訳をしっかり把握し、利益の出ない製品からは撤退するなど製品構成を見直すとともに、コストをベースにして利益を極大化できるような適切な価格戦略をとることが重要になる。そのための正確なコスト計算に、ABCを活用することができるのである。

❷コストを意識した製造工程や製品設計の見直し

事業が成熟期に入ると一般に競争が激化するため、価格競争にも耐えられるようにできるだけコストダウンを図ることが必要となる。そのためには、製造ラインをコストダウンという観点から見直すとともに、製品設計についても生産しやすくコストダウンにつながるように変更することが必要になってくる。そのコストダウンのツールとして、ABCおよびABMを活用することができるのである。

◉多品種少量生産の大規模メーカー

ほんの数種類の製品を大量生産しているメーカーの場合、製造間接費のうちある特定の製品に関連するコストだけが非常に大きいといった問題は発生しにくく、伝統的な原価計算の方法でもコストが大きく歪むことは少ないと考えられる。

しかし、多品種少量生産の場合には、製品によって、加工法が大きく違ったり、生産数量にも違いが出てくる可能性がある。たとえば、生産ラインに部品を払い出すアクティビティのコストが、部品点数が多く特殊部品も多いある特定の製品について非常に多くかかっている、というケースが出てくるのである。

このような場合、伝統的な原価計算の方法では製造間接費の集計にコストの歪みが発生してしまうおそれが大きく、ABCを活用する意味が大きい。

また、小規模な工場では、工場長や管理責任者が工場全体の現場作業を詳しく把握していることが多いため、製造間接費を含めた各製品のコストを経験や勘である程度正しく予想できる可能性が高い。しかし、数千人規模の工場になると、幹部も現場作業の隅々まで把握することは難しくなる。したがって、経験や勘でコストを計算することは不可能なので、より正確なコストを計算するためにABCを活用する意味が大きくなるのである。

◉販売費や一般管理費に占める間接費の比重が高い企業

メーカーの場合には、コストというと製造コストだけに注目してしまい、コストダウンも製造コストを中心に考えている場合が多い。しかし、M.E.ポーターも述べているように、コストは、注文をとり、製造し、製品を顧客の手元に届け、アフターサービスをするまでという製品やサービスのライフサイクル全体で考えることが重要である。

実際には、コストのかなりの部分がマーケティング、販売、サービス、技術開発、全般管理といった活動から発生していることが多いのである。したがって、コストを正しく知るためには、販売コストや物流コストを含めた総コストを対象としてABCを導入し、できるだけ多くの間接費を正しく各製品や各事業部に割り振っていくことが望ましい。現実に、製品原価以外に製品の種類や販売チャネルの多様化に伴って、販売、管理、ノウハウ、物流などに関連する間接費の比重が大きくなっている。

このように考えると、ABCはメーカーだけでなく、サービス業におけるサービスのコスト計算にも利用することができる。

ただし、遊休設備のコストや新製品の研究開発費などについては、ABCの対象とすべきではない。これらのコストは現在の製品の製造あるいは販売には関係がなく、ABCの対象となるコストとして把握する必要がないからである。

【参考】ABCによって採算割れとなった製品への対応

ABCを導入して赤字という結果になった製品については、すぐに撤退を考えるのではなく、次のようなステップで対応することが望ましい。

①まず、社内で採算がとれるようにコストダウンの努力を行う

②社内でのコストダウンを限界まで行ったうえで、値上げを検討する

③コストダウンや値上げがこれ以上難しいという状況になった場合には、他の製品への影響も考慮したうえで撤退を検討する

つまり、採算割れという結果が出たとしても、すぐに撤退するのではなく、コストダウンや値上げによってできるだけ採算を改善する努力を行ったうえで、それでも黒字にならない場合に最終的な選択肢として撤退を考えることが望ましい。

8 ABC、ABM導入の留意点

ここまで説明してきたように、ABCあるいはABMは、正確なコスト計算やコストダウンのツールとして大変有効なものである。しかし実際に導入する際には、以下の6つのポイントに注意する必要がある。

❶アクティビティの設定コスト

ABCやABMを導入するためには、まずアクティビティを設定することが重要となる。正確なコスト計算という面からはアクティビティをできるだけ細かく設定することが望ましいが、あまり細かくすると、アクティビティを設定するための分析やコストドライバーの集計などに大きなコストがかかることになる。したがってコスト・パフォーマンスを考慮することが必要である。

すなわち、次の3つの点から、アクティビティをどの程度の精度で設定するかを考えていくことが重要になる。

- 正確なコスト計算がどの程度必要か
- コストをどの程度かけることができるか
- アクティビティのコストやコストドライバーの集計のベースとなる社内の情報システム化が、どの程度進んでいるか

❷コストドライバーを探すコスト

アクティビティを設定したら、そのコストの発生に関係が深い数量データであるコストドライバーを見つけなければならない。コストドライバーを探す場合には、過去のアクティビティのコストの発生状況を分析し、それと相関関係があるようなコストドライバーの候補をいくつか挙げ、その中から最も適したものを選択していくことになる。しかし、その過程で大きなコストがかかることが多いので、これについてもコスト・パフォーマンスを考えることが必要である。

❸コンピュータ・システムの導入レベル

ABCやABMを導入するためには、コンピュータ・システムの導入が進んでおり、いろいろなデータをシステムで自動的に集計できることが前提となる。❷のコストドライバーの探索や集計を手作業で行おうとすると、それだけで膨大なコストがかかってしまい、ABCひいてはABMの目的であるコストダウンどころか、かえってコストアップとなってしまうおそれもある。したがって、コンピュー

タ・システムの導入が遅れている企業は、慎重に対応することが必要である。

❹コンピュータの利用

現在ではSAPなどの会計ソフトを利用すると、ABCを原価計算システムとして全面的に取り込むことも可能となっている。これは正確なコスト計算という面からは理想的であるが、現在の日本の原価計算基準はABCを想定していないため、それとの整合性が問題になる。したがって現時点では、日本企業は財務諸表作成を中心として伝統的な原価計算を行いながら、意思決定のためのデータとしてABCでのコスト計算を行っていくという形が望ましいと考えられる。

❺社内のコンセンサス

ABCは必ずしも広く一般に知られたものではない。また、コストデータに与える影響も大きい。したがって事前に、ABCとは何か、なぜ導入するのかといった点について、社内に周知させることが大切である。さらに、導入の効果を上げるために、ABCについての教育を徹底したり、コストダウン効果などに対するインセンティブ制度などをつくって動機づけを行うことも必要である。

❻戦略とのバランス

143ページのケーススタディのように、一般にABCを導入すると、標準品のコストはより低く、特注品のコストはより高く計算されることが多い。したがって、標準品のほうがより採算が良くなってくるので、ABCのコストデータを重視しすぎると、標準品に注力して特注品からは徹退するという方針につながるおそれがある。しかし、戦略は現在のコストと採算だけで決まるものではないので、戦略立案においては市場や競合企業の状況、競争優位の強さなども考慮して、より幅広い視点から考える必要がある。

9 ABB（活動基準予算）

ABB（Activity Based Budgeting：活動基準予算）は、社内のいろいろな業務の負担の重さと経営資源の必要量を見積もるために、ABCを予算管理に活用していく考え方である。ABCの考え方をもとに、1990年代半ばから提唱されてきている。

ABBでは、製品をはじめとするアウトプットの量の予測を出発点として、アクティビティ別に予算を編成していく。具体的には、市場や競合企業の状況などの予測をもとに来年度の売上高を予測し、その売上高を実現するためにはどの程度の製品のアウトプットを生み出す必要があるのかを予測する。そのうえで、そのアウトプットを生み出すためには、どの程度のコストドライバーの数値が必要になるかを想定し、それをもとにアクティビティごとのコストを予測していく。そして、製造間接費としてどの程度の資源を必要とするのかを予測していくのである。つまり、**図表2-1**にあるABCの計算ステップをもとに考えると、このステップを逆にたどり、製品の数量やコストを出発点としてコストドライバー、アクティビティのコスト、製造間接費を予測していくものである。

ABBを利用すると、アクティビティ別に予算が策定されるようになるため、具体的な業務とリンクした予算管理が行える。その結果、費目別の予算よりも、無駄などがわかりやすくなるのである。

第2章

原価企画によるコントロール

1 原価企画とは何か

原価企画（Target Costing）とは、製品の設計開発段階から、あらゆるコストダウンの可能性を検討して、目標として定めたコストを計画どおりに達成するためのコスト管理の手法である。もともと日本の自動車メーカーが1960年代から独自に開発した戦略的なコスト管理の考え方で、製品の量産体制に入る前の源流管理のことであり、設計開発段階における原価のつくりこみ活動ともいわれている。

具体的には、製品の設計開発の段階で、品質や機能を維持しながらも製造にはできるだけ汎用設備を使うようにして設備コストを抑え、結果として減価償却費を削減することを考えたり、部品を共通化したり部品点数を少なくできる構造に設計することによって、製品のトータルコストをできるだけ低くしていくことである。

また、設計段階で、部品やビスナットなどを既存の生産ラインでも簡単に取り付けられるように設計したり、物流を考えてパッケージしやすい大きさや形、あるいは輸送トラックに効率よく積載できるサイズなどを考えて設計することも含まれる。

概して、製品に対するクレームや高コストの発生原因を追求していくと、そのかなりの部分が設計開発段階にあることが多い。設計開発段階で製品原価の約80%が決まってしまうともいわれている。したがって、クレームや高コストをできるだけ避けるためには、設計開発の段階で製品の設計・製造から消費者の手元に届き、保証期間が終了するまで、製品のライフサイクルに関係する社内のいろいろな人の意見を収集して、事前に高コストやクレームにつながる問題点を洗い出し、目標とする機能や価値を生み出せる範囲内で問題の解決を図っておくことが重要になる。つまり、原価企画は設計開発の段階で生じるさまざまな問題点について、コストの観点から総合的に検討し、解決策を探す仕組みということができる。

日本では、顧客ニーズの多様化に対応するために、製品の多品種少量生産がかなり行われている。また、新製品開発のスピードアップや競争激化によって、製品のライフサイクルの短縮化も進んでいる。そうした激しい変化の中で、適切な標準原価の設定が難しくなったことなどの理由から、**標準原価計算**（第2部第3

章で詳述）があまり効果的でなくなってきたこと、ライフサイクルの短縮化によってリスクを避けるためにコストダウンがより重要になってきたことが、原価企画の普及の背景と考えられる。

一般に、製品の販売価格は、特許やデザインなどによって圧倒的な競争優位を築いていないと、販売から時間が経過するにつれて代替品や競合品などの価格の影響を受け、徐々に低下してくる場合が多い。また販売数量も、市場の規模を前提にある程度決まってくる場合が多い。

このように、多くの企業にとって売上高は市場の状況や競合企業との関係など外部環境の影響を受ける傾向が強く、コントロールすることは容易ではない。したがって、利益を出すためには、比較的コントロールしやすいコストをできるだけ下げていくことが重要になる。

コストダウンというと、製造部門での加工の失敗を少なくしたり、無駄を減らすなど、まず生産業務そのものを見直すことから出発する場合が多い。そして、それがこれ以上効果がないというレベルまで到達すると、次のステップとして製造より前の段階である企画、開発、設計といった業務、あるいは製造より後の物流、販売、保守、メインテナンスといった業務でのコストダウンを考えるように

図表2-3 コスト・コントロールの中心

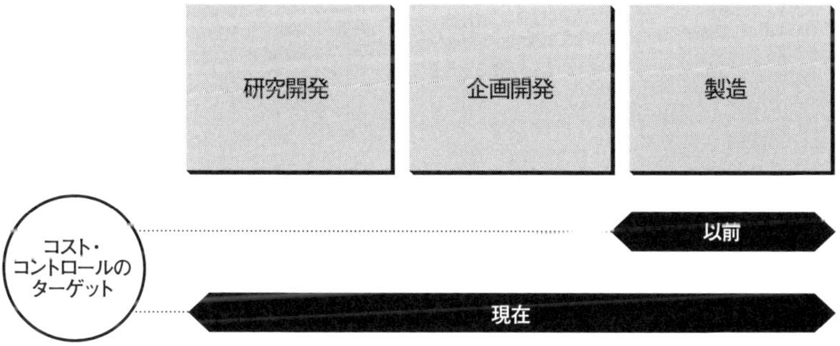

なる。

しかし、製造より後の業務だけを見直しても、コストは現在の製品の形や構造・性能を前提にある程度決まってしまうため、大幅なコストダウンは難しい場合が多い。また、顧客のニーズに柔軟に対応していくという昨今の流れからすると、製造より後の業務は最終顧客との接点に近いものであり、これらの業務のみをコストダウンという視点だけで見直していくことは現実にはなかなか難しい。

したがって、製品の企画開発から販売、メインテナンスまでのライフサイクル全体に関係する全部門が一体となってコストダウンを達成していく原価企画が、メーカーにとっては非常に有効なコストダウンの手段となるのである。

また、従来は、コストのかなりの部分が発生している製造部門や資材調達部門である程度のコストのコントロールできたため、そこを中心にコストダウンを考えることが多かった。しかし、業務の効率化が進む中、製造・資材調達部門だけのコストダウンでは限界が出てしまう一方で、製品の企画や設計、試作段階での方針がコストに大きく影響する傾向が強まっている。その意味で原価企画によるコストダウンが重要となっているということもできる。

2 原価企画の目的と特徴

原価企画の目的は、製品に関連するすべてのコストについてトータルで削減することと、コストダウンによって中期利益計画で設定される目標利益を達成することの2つである。

ここでは、原価企画の特徴をまとめていくこととする。

❶ 標準原価計算との比較

原価企画は、多くのメーカーが多品種少量生産へと移行し、標準原価計算の効果が薄くなってきた中で、コストダウンのツールとして注目されてきた。それでは、原価企画はどのような点で、標準原価計算と異なるのであろうか。

❶利用されるタイミングの違い

原価企画は企画、開発、設計といった製品や商品のライフサイクルのスタート段階で利用されるが、標準原価計算は製造段階で利用される。したがって、より早い段階で行われる原価企画のほうが、コストに関係する現場の作業や原材料などの変更の余地が大きいという点で、コストダウンの可能性も高いと考えられる。

❷目的の違い

原価企画はコストダウンが目的であるが、標準原価計算は基準となるコストレベルの維持が目的であるため、コストダウンを図るという点からは原価企画のほうが直接的である。

さらに、原価企画は最終的に目標利益を達成することを目的としているが、標準原価計算はコストの維持を第一の目的としているため、目標利益を達成しようといった積極的な意味は小さい。

❸会計ツールとしての位置づけ

原価企画は、基本的に製品原価の計算のための会計ツールではなく、技術革新や**VE**（バリュー・エンジニアリング）、**TQC**（トータル・クオリティ・コントロール）、**かんばん方式**といった生産に関係するいろいろなツールを利用してコストダウンを行う考え方である。

一方、標準原価計算は、一部生産技術とも関連があるが、基本的には製品原価の計算や財務諸表の作成を目的としている場合が多く、あくまでも会計ツールという位置づけである。

❹関連する部門

原価企画は、企画、開発、設計をはじめ、購買、生産、販売、財務、経理など、製品のライフサイクルに関連するほとんどの部門と関連がある。しかし、標準原価計算は、技術や製造部門、経理部門といった限られた部門だけが関連している場合が多く、部門横断的な広がりはない。

❷ 原価改善、原価維持と原価企画

原価改善とは、現在の製品の製造や販売の内容を見直してコストダウンを図ることである。具体的には、製品別あるいは費用項目別にコストの内容に応じてコストダウンを図っていくことになる。

たとえば直接材料費と直接労務費といった直接費は製品ごとに関係づけることができるので、製品別にVE、JIT（**ジャスト・イン・タイム**）、TQC活動などを行うことが重要になる。その中で、不採算製品の生産の継続・撤退を検討したり、部品の共通化や材料の無駄の排除によって資源の使用量を削減したり、作業工程の標準化あるいは短縮を行うことなどによって、コストダウンを図っていく。

一方、製造間接費については、製品ごとに関係づけることが難しいので、費用項目別にTQC活動などによって省力化を図るなど効率よく生産できるような仕組みを考えたり、ABC（活動基準原価計算）を導入することでコストダウンを図っていく。

原価維持とは、現在の生産方法や技術レベルを前提としたコスト目標である標準原価で生産ができるように、原価レベルを維持することである。したがって、この場合は、標準原価計算が有効なツールとなる。具体的には、直接材料費についての購入部品の管理および消費量管理、直接労務費についての賃率および生産性管理、製造間接費についての設備費用管理などが重要となる（詳細は第2部第3章参照）。

なお、原価企画はコストダウンを目標としているので、原価維持よりも原価改善と関係が深いと考えられる。ただし、原価企画が新製品を対象にするのに対して、原価改善は既存の製品を対象とするという点で違いがある。

❸……………………………業務の流れと原価企画

原価企画は、企画から生産までの業務の流れの違いによって、導入のしやすさが異なる。

一般に日本企業では、製品の設計開発段階から、製造部門の人間も巻き込んでいろいろと情報交換をしていく場合が多い。そのため、製造開始前から生産ラインの設計を考え始めるなど、企画から生産あるいは販売といった製品に関連する一連の作業が重複して進んでいく。

したがって、設計開発から実際の販売までの期間を短縮することが可能となり、結果として時間という面からのコストダウンにつながる場合が多い。また、関連する作業を重複して行うために担当者間のコミュニケーションが活発に行われ、このプロセスでの情報の共有化が進む。たとえば試作担当者と工場の生産ラインの設計担当者とのコミュニケーションが活発化することで、試作担当者は量産段階での生産のしやすさを意識して試作を行うようになり、その結果、スムーズに生産に移行できるようになる。

一方、欧米企業では、製品の設計開発の段階から作業が細分化され、企画、開発、設計、試作といった作業をそれぞれ分断して1つが終了したら次のステップへ入るという形になっている場合が多い。そのため、設計開発から製品販売までの期間が長くなったり、情報の共有化がなかなか進まない場合が多い。

したがって、いろいろな部門を巻き込んで、全体のライフサイクル・コストを考慮しながらコストダウンを考える原価企画は、日本企業の生産形態のほうが導

図表2-4 製品の企画開発のスケジュール

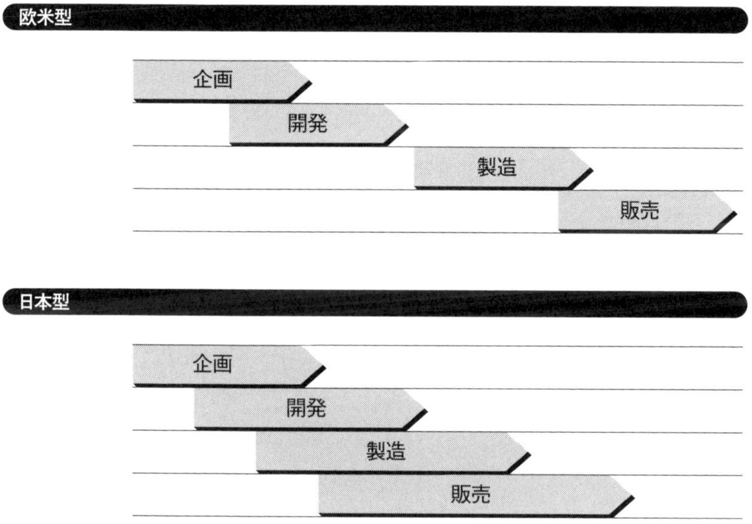

入しやすい傾向がある。

また、部品メーカーとの関係についても、日本のメーカーは部品メーカーを「系列」や「協力会」などという形で組織化して、長期的で深い関係を築いている場合が多い。そのため、部品メーカーが新製品やその部品について、コンセプトの段階でメーカーから情報を入手し、それに合った部品を設計開発・生産していくというように企業の枠を超えた協力関係ができやすい。これは、部品メーカーを含めたより大きな単位で原価企画を進められることを意味している。

一方、欧米では部品を内製化している場合が多く、外部から購入するにしても部品メーカーの既成部品を購入するというように、部品メーカーとの協力関係はあまり強くない。

さらに欧米では、設計変更の数が多ければ多いほど、それが開発後期に行われるほど、メーカーに納入される部品数が結果として増加して部品供給メーカーの利益が上がるため、本来はあまり望ましくない頻繁な設計変更も部品メーカーにとっては利益源となっている傾向がある。したがって、欧米では部品メーカーの原価企画に対するインセンティブが低くなり、結果として部品メーカーを巻き込んだ原価企画の実行を難しくしているという面もある。

3 原価企画の実行

❶原価企画のステップ

原価企画は通常、以下のような8つのステップに従って実行されていく。

❶製品開発計画の決定と、それを担当するプロジェクトメンバーおよび責任者の決定
❷予想販売価格と中期経営計画をベースにした許容原価の算定
❸コストテーブルを使った目標原価の見積もり
❹プロジェクトチームによるVEなどを使ったコストダウンの検討
❺許容原価と目標原価のすり合わせ
❻生産設備の準備と販売価格、材料部品の価格、工数、材料消費量などの決定
❼量産体制開始
❽実績原価の集計と、目標原価との比較

原価企画は、まず中長期経営計画の中で、新製品についての設備投資や研究開発の計画が決まるところからスタートする。そして、実際に設計開発を開始する段階から、一定の品質をより低いコストで達成するために、企画や設計開発から販売までの新製品に関連する各機能の担当者でプロジェクトチームをつくり、ミーティングをしていくこととなる。

プロジェクトチームにおいては、中期経営計画の中で設定された目標利益から逆算される**目標原価**を達成する方法が検討される。そしてミーティングを何回か繰り返し行いながら、設計開発の進捗状況に合わせてコストダウンについて検討を進めていく。さらに、量産体制に入ってからも定期的に目標原価の達成度についてフォローアップをしていくことが必要となる。

こうして、中長期経営計画の中で決定される新製品開発計画は、原価企画によって目標利益の達成に結びつくのである。

なお、原価企画を中心となって担当する部門は、企業によって異なる。一般的には、設計、製品開発、経理、技術、開発といった各部門が中心となっている場合が多いが、「原価企画部」という独立した部門を持っている企業もある。

さらに、企画開発から販売までの一連の作業を効率よく重複させて、原価企画

をスムーズに進めるための組織形態として、横断的なプロジェクトチームやプロダクトマネジャー制を採用する企業もある。

このうち横断的なプロジェクトチームは、製品の開発、設計、製造だけでなく、製品企画、購買、営業、製品保証などのいろいろな部門からメンバーが集まり、開発のスタート時点から量産時点まで一緒に活動することによって原価企画を進めていくものである。

一方、**プロダクトマネジャー制**は、ある担当者が新製品についての最終的な利益責任を持ち、設計開発から量産までのリーダーシップをとって原価企画を進めていくものである。この方法は、責任が明確になるという面では望ましいが、プロジェクトチームのメンバーをリードしていくマネジャーの力量が大きなポイントとなる。

❷原価企画の留意点

原価企画の効果を上げていくためには、厳しい目標原価を設定してその達成度をチェックすること、設計開発段階からコストを意識すること、顧客満足の達成を中心とすること、の3つが重要である。

❶厳しい目標原価を設定して、その達成度をチェックする

これは、これまでの延長線上では達成できないような厳しい目標を設定することによって、関連する部門と協力しながらすべてをゼロから考え直すことを想定したものである。その結果、画期的な方法によって大幅なコストダウンが図れるといった効果や、目標達成状況について節目ごとに厳しいチェックを行うことによって、目標の達成確率が高まっていくといった効果が考えられる。

なお、目標達成度のチェックは、仕様どおりの特性が発揮できているかどうかを、市場の情報も入手して製品の不良を未然に防止するために行う**デザインレビュー**、コスト目標が達成されているかどうかをチェックする**コストレビュー**、目標利益の達成が可能かどうかをチェックする**ビジネスレビュー**の3つに分けることができる。

❷商品の企画や設計開発段階からコストを意識する

これは原価企画の本質であり、量産体制に入ってから発生する問題の多くを事前に解決できる可能性が高いという効果がある。

❸顧客満足の達成

これは、コスト削減を強調しすぎることによって、品質が落ちたり、多くの顧

図表2-5 発生時点に注目した原価区分

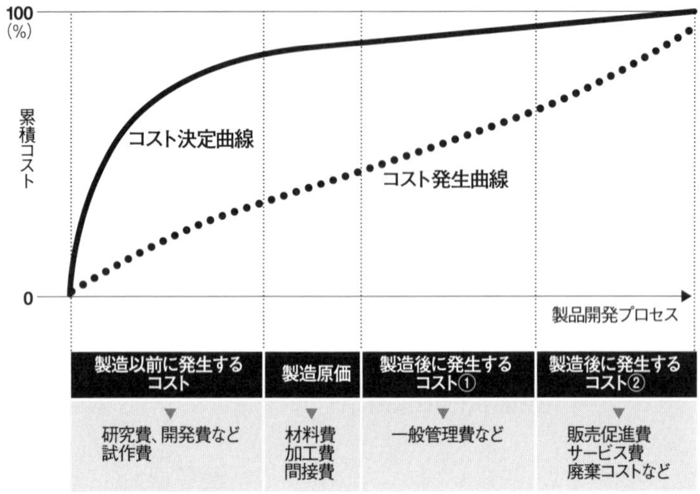

出所：加登豊（1993）

客が欲しいと思っている機能がなくなったりしないように、原価企画の前にまず顧客満足があることを周知徹底することで、原価企画の目的が本末転倒にならないようにする効果がある。

またこの点については、今後は環境問題やリサイクルも顧客満足に含まれてくる可能性が高いので注意が必要である。

いずれにしても、厳しい原価目標を短い開発期間で多くの人との共同作業を通して達成することで原価企画の効果を上げていくことは簡単ではない。したがって、上記の3つのポイントをよく考えながら、原価目標を達成するために努力していくことが重要である。

4 目標コストの算定方法

原価企画の目標コストの代表的な算定方法としては、積み上げ法、控除法、折衷法の3つがある。多くの企業は、積み上げ法、控除法、折衷法という順序で目標コストの計算方法を徐々に変化させてきている。それぞれの内容は、以下のとおりである。

❶ 積み上げ法

積み上げ法では、まず現在販売されている製品自体や現状の生産状態をベースにして、追加または削除できる機能はないか、技術革新による改善点はないか、無理や無駄はないか、といった点についてVEなどの手法を使って検討していく。次に、部品や加工方法、組立方法などの生産方法を見直して、その結果を反映したコストを積み上げて目標コストを設定していく。

この方法の長所は、経験を積んだエンジニアの意見が反映されるので、より現実的な目標コストが算定できることである。

一方、短所としては、まず設計担当エンジニアの知識や経験が重視されるが、あくまでも現在の製品コストがベースになるので、既存の製品との違いが大きい新製品の場合にはコスト予測が不正確となるおそれがあることが挙げられる。さらに、現状から出発するので、結果として、コスト削減しやすい直接コストを中心とした小規模なコスト低減にとどまってしまうということもある。

❷ 控除法

控除法は予想販売価格と、中長期利益計画で決められた目標利益をもとに、逆算されたコストの上限を目標コストとする方法である。

目標コスト ＝ 予想販売価格 － 目標利益

これは目標を達成するために許されるコストの上限という意味で**許容原価**ともいわれる。この方法は目標利益の達成を意識した方法であるため、一般的には厳しくなりがちである。

この方法の長所は、厳しい目標を達成するために革新的なアイデアが出てくる可能性が高いこと、中長期利益計画をはじめトップの意向を反映したものとなる可能性が高いことが挙げられる。

一方、短所としては、現実的な目標から乖離するおそれがあり、エンジニアなどのやる気を失わせかねないことが挙げられる。

なお、控除法の目標コストである許容原価と比較される原価として、成行原価と目標原価がある。それぞれの内容は以下のとおりである。

●成行原価

成行原価はコストの改善目標を含まない、現状を前提とした見積原価のことである。一般に、費目別、部門別、製品別といった通常のコスト集計のステップに従って計算される。

●目標原価

目標原価は成行原価にVEなどによるコスト改善目標を加えて、さらに中長期利益計画から計算される許容原価ともすり合わせながら設定されるものであり、達成可能であるが非常にレベルの高い原価のことである。

これを目標として機能させるためには、費用を機能別、部門別、担当者別、原価費目別などに分解する必要がある。具体的には、研究開発費、企画設計費、製造原価、据付工事費、物流費、販売促進費、管理費などに区分して、さらに責任区分も明確にしていくことが望ましい。また、製造原価については直接材料費、直接加工費、間接加工費に区分する方法もある。

なお、許容原価をもとにして目標原価を算定するためには、製品のライフサイクル・コストを考え、保守費用、環境対策費、リサイクル・コスト、PL法対策費、保証費用なども含めて考える必要がある。ただ、一般的に、これらを目標原価に反映させることは難しいことが多い。

❸……………………折衷法

折衷法は、控除法による原価目標と積み上げ法による原価目標の2つを計算して、これらをすり合わせながら目標コストを算定する方法である。

積み上げ法と控除法には前述のような長所と短所があるので、一般に2つの方法をミックスした折衷法を採用することが望ましい。

5 目標コストの達成ツール

❶……………………VE（バリュー・エンジニアリング）

VEとは、製品を機能の集合体として考え、その機能を達成できる方法をいろいろと考え出し、その中で最もコストが低いものを評価して選択することである。

ビスナットを例にとって考えてみよう。ビスナットを使うことだけを前提としてコストダウン考えていると、数を減らす、材質を変える、装着する場所を変える、安く仕入れるなどの案しか出てこない。しかし、ビスナットの物体を接合するという機能に着目すると、接着剤、溶接なども同列に考えられるようになる。詳細は他の専門書に譲るが、VEによって、製品の目標コストを機能別の目標コストとして設定することができる。

VEは、もともと1949年にGE（ゼネラル・エレクトリック）のD.L.ミルズによって価値分析、つまり**VA**（Value Analysis）として開発され、その後VEとしてまとめられ、原価企画の出発点となった。

またVEでは、顧客ニーズを十分に把握して、顧客は機能だけではなく満足感に対してもお金を払うことに着目しながら、製品自体だけでなくその提供の仕組みを考えていくことも重要とされている。また、一部の企業では、VEの案を従業員に積極的に提案してもらうため、報奨金制度を設定したり、強化月間や事例集を作成している例もある。

VEは一般に以下のようなステップで実行に移していく。

❶対象となる製品を選択する

❷製品を機能に分解して定義する

このとき、「名詞＋動詞」で表現するとともに、アイデアが出やすいようにできるだけ抽象化することが望ましい。また、修飾語を排除して、否定文を用いないことも重要である。

❸機能についてのウエートづけを行い、優先順位を決める

❹それぞれの機能のコストの調査

❺製品の代替品の調査

❻代替品とのコストの比較

VEは、製品の企画開発から製造までのどの段階で行うかによって、以下の3つに分けることができる。

❶製品企画段階の0 Look VE

これは、製品の企画段階で「何をどうつくるか」を考えて、コンセプトを具体的な機能、性能、仕様などに置き直していくことである。

その作業の中で必要に応じて機能の追加と削除を行い、目標原価を見直していく。

また、この段階ではいくらでも変更が可能であるから、新しい機能を創造したり、製品のライフサイクル・コストの全体を対象に考えていくことが望ましい。

❷製品化段階の1st Look VE

この段階では、すでに製品コンセプトや基本機能は決定されているため、一定の制約のもとで機能を向上させ、コストダウンを図ることがポイントになる。具体的には開発段階（どうつくるか）と設計段階に分けることができる。この段階では、一般的にコスト意識の低い開発部門に、コスト面から見て効率的な生産が可能な製品開発と設計を意識させることが中心となる。

❸製造段階の2nd Look VE

この段階では、すでに設計などは確定しているため、製造部門でのコストダウンが中心となる。具体的には外注や購買、製造部門に関連する材料の材質や加工方法、作業方法の改善などがある。この段階でのVEは、短期的な効果はあるが、あまり大きな効果を期待できないことが多い。ただし、初めてVEに取り組む場合の出発点としてはよい。

❷……………………CAD、CAM

CADあるいはCAMは、設計用のソフトのことである。一般的に、原価企画を行う際には機能を維持しながらコストダウンを図ろうとして多くのシミュレーションを行う関係上、設計変更が多くなりがちである。したがって、設計変更自体のコストを減らすために、設計図のつくり直しのコストを削減できる設計用ソフトの活用が重要となる。

❸……………………コストテーブル

原価企画では多くのシミュレーションを行うために、コストの見積もりを簡単かつ迅速、正確に行うことが要求される。したがって、材料、部品、加工作業などについて、その内容や精度に応じたコストデータをあらかじめ決めたコストテーブルを作成しておくことが望ましい。

コストテーブルは、概算的なものと詳細なものがあるが、いずれの場合でも定期的な見直しが必要である。

6 原価企画の問題点と今後の課題

❶ 原価企画が有効な企業

原価企画はすべてのメーカーにとって有効と考えられるが、その効果には違いがある。

一般的に、自動車や電機製品などの加工組立メーカーでは、製品種類が多く、モデルチェンジが多いので、原価企画の考え方を導入して企画開発段階でコストダウンを考えることの効果が大きいと考えられる。多品種少量生産で、製品の仕様変更が多いような場合には、生産ラインが複雑化したり、製造ラインの変更が必要になるなど、コストが増加する傾向が強くなる。したがって、原価企画による設計開発段階でのコストダウンの意義が大きくなるのである。

一方、鉄鋼や化学など素材を扱う装置産業では、少品種大量生産が主流となっていることが多いため、原価企画の効果はあまり大きくない場合が多い。

なお、ソフトウエアの開発においても、パッケージソフトや他のソフトを一部分利用することを検討して作成コストを減少させるなど、原価企画の考え方を応用できる可能性がある。

❷ 原価企画の問題点

原価企画はコストダウンの考え方として大変有効であるが、以下のような問題点もある。したがって、これらの点に注意しながら実行していくことが必要である。

❶設計担当者への過度の負担

原価企画では、製品の設計開発段階からコストダウンを考えていくことになるため、本来はより良い製品を開発することに集中したい設計担当者に、品質とコストというトレードオフの解決を迫ることとなる。したがって、コストダウンを強調しすぎることによって過度なプレッシャーを与え、やる気をそぐことがないように、また開発期間が必要以上に長くならないように注意する必要がある。こうしたことを避けるために、設計担当者が担当する製品をローテーションしている企業もある。

❷組織内のコンフリクト

原価企画は、原価企画部門やプロダクトマネジャーが中心になって実行していく場合が多いが、原価企画に関与しない部門やプロダクトマネジャーから指示される各職能部門との間で、なぜそこまでコストダウンにこだわるのかといった原価企画の重要性に対する認識の違いが生じ、意見が対立するおそれがある。

これは、原価企画の重要性についての全体的コンセンサスがないことが理由である。したがって、原価企画を企業理念や目標と結びつけて全社で再認識するとともに、原価企画に協力してコストダウンを図ることが各部門あるいは個人の業績評価につながるような仕組みを考える必要がある。

❸品質が落ちていないか

原価企画は、製品の機能や品質を維持しながら設計開発段階でコストダウンを考えていくことであるが、コストダウンを強調しすぎるあまり、ともすると製品の品質や機能が顧客を満足させる水準を下回ってしまうおそれもある。これでは本末転倒なので、顧客のニーズをよく分析し、それを満たすことができる範囲でコストダウンを図ることが重要である。

❹下請けメーカーの過度の負担

原価企画を実行するために、立場の弱い下請けメーカーにコストダウンを肩代わりさせたり、有能なエンジニアに業務を手伝わせたり、絶え間のないコスト削減要求を突きつけたり、部品の開発期間を短く設定するなど、過度なプレッシャーを与えているケースもある。

下請けメーカーに過度な負担を強いることは、結果として不信感を招き、良い協力関係が築けなくなり、原価企画の効果に悪影響を及ぼすおそれもある。したがって、下請けメーカーが協力した原価企画によるコストダウンについては、その金額的メリットを折半するなど、双方にとって望ましい方向を探っていくことが必要である。

❸……………………原価企画の今後の課題

原価企画を採用して十分に効果を上げている企業はまだ多くはない。しかし、コストダウンの重要性は高まっており、今後は以下のような点に注意して原価企画を実行していくことが望まれる。

❶原価企画の対象範囲

現時点では、製造原価、特に材料費や生産ラインの人件費などの直接費を原価企画の対象としている場合が多い。しかし、工場のオートメーション化のために設備投資が増大し、また製品との関係がわかりにくいシステム費用などの製造間接費が増加してきていることを考えると、原価企画の対象を設備関係費用や製造間接費にまで広げていくことが望ましい。

そうなると、製造間接費をできるだけ正確に製品に割り当て、コストダウンのツールとしても使えるABCの手法を使うことも必要となる。

また、昨今は、製造と直接には関係のない研究開発費、物流費、営業費といった費用が増大しているので、それらについても原価企画の対象としていくことが必要である。

❷海外での原価企画

1980年代後半から、多くの日本のメーカーが工場の海外移転を進めている。それに伴って製品の設計開発を現地で行うケースも出てきているが、このような企業では原価企画の現地化も重要である。

これまで、欧米をはじめとした海外では、価格をコストにマークアップして決めるような傾向の中で、コストダウンの意識が必ずしも強くなく、各部門が分断されていて協力を得にくいといった理由から、原価企画の導入が難しい傾向にあった。

しかし、最近はアメリカ企業でも**コンカレント・エンジニアリング**、つまり部門間の垣根を取り払って協力関係をつくり、開発と設計、設計と製造を同時並行して行うことによって、設計の観点から製品の企画や開発を再検討することなども行われている。

したがって、前述のような違いを理解したうえで、コスト優位を築くために海外でも原価企画を積極的に導入していくことが必要である。

❸マーケットイン志向への対応

最近は、顧客ニーズをできるだけ取り入れて製品開発を行っていこうという**マーケットイン**の考え方が重視されている。一見、コストダウンを目指す原価企画とトレードオフになるように思われるが、マーケットインの考え方で顧客のニーズを正確に把握することができれば、行きすぎた顧客志向や過剰品質、過剰仕様といった問題点も明らかになり、原価企画のターゲットも明確にすることができる。その意味でも、マーケットインの考え方を積極的に導入していくことが重要である。

第3章
標準原価計算によるコントロール

1 標準原価（Standard Cost）とは何か

企業が存続し成長していくためには、利益を上げることが必要である。利益は収益からコストを差し引いて計算されるが、この計算式からわかるように、利益を生み出すためには売上高をはじめとする収益を増加させるか、その逆にコストを減らすかのいずれかが必要になる。

このうち、コストを減らすことで利益を上げるには、目標となるコストのレベルをあらかじめ設定しておき、それに向かって努力することが望ましいと考えられる。これをメーカーの製造原価を対象として目標となる原価を設定し、その水準まで原価を下げ、それを維持していこうというものが標準原価計算である。

標準原価は、材料や労働時間などの消費量について科学的あるいは統計的な調査を行い、能率的な状態での消費量を求め、それに通常の状態で予想される価格を掛け合わせて計算していく。

標準原価はその厳しさのレベル、つまり原価削減の目標をどの程度に設定するかによって、いくつかのものが考えられる。どれを採用するかによって、原価削減目標を与えられる現場担当者の動機づけにさまざまな影響を与える。たとえば、あまりに厳しい目標、つまり非常に低い標準原価を設定すると、目標達成を初めからあきらめてしまうおそれがある。一方、あまりに緩やかな目標、つまり高めの標準原価を設定すると、目標が簡単に達成できてしまうために、真剣に原価削減に取り組まないことになってしまう。

したがって、標準原価に目標としての意味を持たせるためには、その厳しさのレベルをどの程度にするのかをよく考えることが重要になる。

2 標準原価の有効性

なぜ、標準原価が必要なのだろうか。

標準原価は、能率的な状態を前提とした原価の目標である。企業が計画的に利益を上げていくためには、漠然とした目標ではなく、明確な売上高、原価、費用、あるいは利益といった目標を設定することが不可欠である。感覚だけではなく数字でしっかりと裏づけられた行動をとることが経営管理では必要であり、そのような「経営管理」を行っていくための原価についての目標の1つとして、標準原価が必要と考えられる。

なぜならば、標準原価は、一定の生産条件のもとで作業能率を高め、原価を目標水準に引き下げて維持するという**原価管理**（コスト・コントロール）に非常に役立つ。さらに、生産条件や経営環境を改善することによって原価標準自体を下げていく、コスト・マネジメントにもヒントが得られるからである。

コントロールの本質は、企業目標の達成のために、個人の行動を企業の業績目標に向けて動機づけることにある。その点、標準原価は、コスト目標を共有していくコミュニケーションのツールとして、コスト目標を明確にしてそれに向けて努力するというモチベーション（動機づけ）のツールとして、さらにコスト目標への努力の結果を評価する業績評価のツールとしても有効である。

ただ、そうした効果を生み出すためには、標準原価の設定に各現場担当者が参加するような仕組みにすること、コストについてのトップ・マネジメントの目標を明確に示して標準原価を目標原価として動機づけにつなげること、標準原価と実際原価、期間、他部門や他社との比較などによって刺激を与えることなどが重要になる。

さらに標準原価と実際原価の「差異」（詳細は178ページ）を計算し、そのうち大きなものをピックアップすることによって、製造現場の管理者が問題点を発見するきっかけとしたり、その差異を現場担当者の行動が効率的であったか否かの基準として業績評価にも利用することができる。

標準原価計算を使った原価管理は、以下のように7つのステップで行っていく。

❶原価要素と作業の標準化（事前準備）…Plan
❷原価標準の設定（事前管理）…Plan
❸原価管理責任者への原価標準の伝達（事前管理）…Plan
❹実際原価の測定（期中管理）…Do
❺標準原価と実際原価との原価差異の算定（事後管理）…Check
❻原価差異の原因の調査と報告（事後管理）…Check
❼改善措置の実施（改善活動）…Action

標準原価は材料や労働時間などの消費量が把握できれば、価格はあらかじめ決められているので簡単に計算することができる。また、それを活用すると、記帳の簡略化、迅速化などによって事務処理が簡便化されるとともに、会社の状況の速報値として利用したり、財務諸表の作成や予算編成の段階で原価予算の基礎資料として利用することもできる。

図表2-6 PDCAサイクル

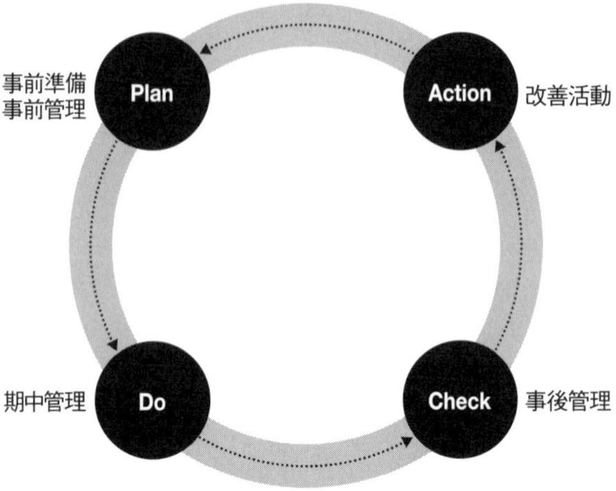

さらに、標準原価には市況や為替の変動などによる価格の大きな変化は反映されないため、生産活動の効率性を純粋に反映した利益を知ることもできる。また、価格などの意思決定にも利用できる。

3 標準原価の種類

標準原価は、その厳しさのレベルや改定する頻度によって、いくつかに分けることができる。

まず、厳しさのレベルの面からは、2つに分けられる。1つは、技術的に達成可能な最大の操業度のもとで、製造失敗による欠陥品を意味する仕損や原材料の無駄を意味する減損、さらに遊休時間などがまったくない最高の能率で業務を行っていることを前提とした**理想的標準原価**である。もう1つは、普通の状態で発生する可能性のある仕損や減損、あるいは遊休時間を考慮したうえで、通常の効率的な状態の中で業務を行うことを前提とした、**現実に達成可能な標準原価**である。実際には、この現実に達成可能な標準原価を採用している企業が多く、現場担当者の動機づけにも望ましいと考えられている。

これ以外に、異常な状態がないという前提のもとで、過去に実際にあった比較的長期の数値を統計的に分析して、これに将来の趨勢を加味して決定する**正常標準原価**もある。しかし、これは、実際には現実に達成可能な標準原価とほぼ同じような水準になる場合が多い。

また、改定の頻度の面からも、2つに区分することができる。1つは、期待される原価水準、つまり実際原価の尺度として設定され、価格が若干変わった程度では改定されない**基準標準原価**である。これは、他企業との比較などには役立つこともあるが、能率の尺度としてはあまり意味がないことが多い。もう1つは、作業方法や価格などの変化を反映させて、必要に応じて毎期改定される**当座標準原価**である。これは能率の尺度として利用でき、通常は、この当座標準原価が標準原価として使われている。

4 標準原価の求め方

それでは、標準原価はどのようにして設定したらよいのだろうか。

標準原価の設定にあたっては、プロジェクトチームを発足させて、技術、製造、購買、生産管理などの各担当者の意見に基づいて検討していくことが望ましい。一般的には、直接材料費や直接労務費は製品との関係が明確であるため、製品単位あるいはロット単位で、1単位当たりの標準原価である**原価標準**が設定される。製造間接費については、複数の製品や生産物全体に関連して共通して発生するため、原価標準は、製造間接費の割り振り基準となっている数値データの一定期間の数値をもとに設定される。

具体的には、**直接材料費**、**直接労務費**、**製造間接費**という3つに区分して、それぞれ以下のように設定していくことが多い。

❶ 標準直接材料費の求め方

標準直接材料費は、材料の標準消費量と標準価格を掛け合わせて計算する。

標準直接材料費 ＝ 標準消費量 × 標準価格

材料の**標準消費量**は、材料の種類や品質、生産方法などをあらかじめ決めたうえで、技術的なレベル、標準的な歩留まり、過去の実績、試作した場合の消費量などを参考にして決定する。

一方、**標準価格**は、市場動向、購入方針、値引きなどを考慮し、原則として、異常な価格の変動などがない通常の状態での価格を意味する**正常価格**か、将来の予想価格である**予定価格**をもとに過去の実績値と将来の変動予想を考慮して決定する。

❷……………………標準直接労務費の求め方

標準直接労務費は、労働者の標準作業時間と標準賃率を掛け合わせて計算する。

標準直接労務費 ＝ 標準作業時間 × 標準賃率

労働者の**標準作業時間**は、作業の内容や担当する直接工のレベル、使用する機械などをあらかじめ設定したうえで、生産方法や動作分析・作業測定などの結果を考慮して、過去からの実績、現場担当者の見積もりや試験的な作業などに基づいて決定する。

標準賃率は、原則として異常な賃率の変動がない通常の状態での時間当たりの賃金である**正常賃率**か、将来の予想賃率である**予定賃率**をもとに過去の実績値と将来の変動予想を考慮して決定する。

なお賃率については、職種や部門によって作業の複雑さが異なるため、直接工の習熟度や技術レベルに相違が出てしまい、結果として賃率も違ってくることが多いため、職種や部門ごとに平均賃率を設定することが多い。

ただ、最近は多くのメーカーで工場の機械化が進んでおり、直接工でも直接的な作業に携わらず、機械の操作やコンピュータ・コントロールを行っている場合も多くなっている。これは直接労務費が製造間接費に近くなってきていることを表しており、一部の企業では直接労務費を製造間接費と合わせて加工費としてコントロールすることもある。

❸……………………標準製造間接費の求め方

一般に**標準製造間接費**は、以下のようなステップで設定される。

まず、部門別に、一定期間の予定操業度における製造間接費の発生額を製造間接費予算として設定する。この製造間接費予算は、その内容によって**固定予算**、

変動予算といった形で設定される。

このうち固定予算とは、予算を設定する期間において予想される操業度を1つ設定して、その操業度において発生すると予想される費用を見積もる方法である。しかし、実際の操業度が予定されたものと違う場合には、あまり有効な業績目標とはならない。

一方、変動予算とは、予算を設定する期間の操業度をいくつか予想し、その予想された操業度ごとに費用を見積もる方法である。

なお、製造間接費それぞれの予算をどのように設定していくのかについては、いろいろな方法が考えられる。しかし、差異分析の結果をコストダウンなどに結びつけていくためには、変動予算や固定予算の内訳が項目として明確になり、コスト削減策を考えやすいという点から、勘定科目をベースにして割り当てていく方法が有効と考えられる。

次に、部門別の製造間接費予算額を、基準となる操業度における配賦基準量（割り振り基準量）で割って部門別の**製造間接費標準配賦率**を計算し、これに製品ごとの配賦基準量を掛け合わせて、製品ごとの標準配賦額、つまり標準製造間接費を計算する。なお、配賦基準量として以前は直接工の直接作業時間が用いられることが多かったが、最近は機械化が進んだため、機械作業時間を採用する企業が増えている。

このように、製品単位当たりの製造間接費を設定する場合には、上記の固定予算あるいは変動予算にかかわらず、基準となる操業度における予算額が基準となる。

これをまとめると、以下のような計算式になる。

$$\text{部門別製造間接費標準配賦率} = \frac{\text{部門別製造間接費予算額}}{\text{部門別の基準操業度における配賦基準量}}$$

$$\text{標準製造間接費} = \text{部門別製造間接費標準配賦率} \times \text{配賦基準量}$$

4 習熟カーブ、経験カーブと標準原価の設定

習熟カーブとは、直接工が同じ作業を繰り返し行うことによって、徐々に作業に慣れ、同じ作業を短い時間で行うことができるようになることである。これは手作業の比重が大きい製品のコストには大きな影響を及ぼす。

一方、**経験カーブ**とは経験を積み重ねることによって、技術革新や生産方法の

見直しなどが行われ、コストが全体として低下していくことである。こちらは直接労務費をはじめとして直接材料費や製造間接費、また販売費用などにも影響を及ぼす。

標準原価を設定する場合には、このような経験カーブや習熟カーブに基づいて標準原価を徐々に変化させていくことも必要である。

5 標準原価と差異分析

標準原価はあくまでも目標とする原価のレベルなので、設定するだけでなく、実際の活動の結果である実際原価と比較する必要がある。標準原価と実際原価の差額のことを**差異**というが、その把握方法には以下のような**インプット法**と**アウトプット法**の2つがある。

インプット法とは、原価要素を生産過程に投入するインプットの段階で、標準消費量と実際消費量を比較して、原価差異を計算する方法である。一方、アウトプット法とは、原価要素が投入されても生産量が確定しなければアウトプット量をベースにした標準消費量が確定できないため、一定期間が過ぎて実際の消費量が確定した段階で、それに基づいた標準消費量をもとに標準原価を計算し、その標準原価を実際原価と比較して原価差異を算定する方法である。原価管理の点からは、インプット法のほうが早く原価差異を計算することができ、原価管理上の問題も早く発見できるので望ましい。

また、生産形態との関係では、受注生産の場合には1つ1つの製品ごとにコスト計算をする個別原価計算によって製品ごとのコストが特定でき、標準消費量が事前に確定できるため、インプット法を採用することができる。しかし、標準品を大量生産するような見込み生産を行っている場合には、標準消費量は期間が終了しなければ計算できないため、インプット法を採用することは難しい。また、製造間接費については、製品との関係が直接的にはわかりにくいコストの集合であるため、アウトプット法しか採用できないことになる。

なお、それぞれの差異は、以下のようなステップで分析していくことになる。

❶ 直接材料費の差異分析

直接材料費の差異は、実際の購入価格が見込みと違ったことによる**価格差異**と、実際の消費量が見込みと違ったことによる**消費量差異**に区分して分析していく。

価格差異は、購買担当者の購入時期の判断や交渉力のよしあしが反映されるので、購買部門（担当者）の責任となる。消費量差異は、製造担当者の材料の使い方に無駄があったり不良品などが多くなると増加するので、製造部門（担当者）の責任となる。

なお、価格と消費量の双方がミックスされた差異については、価格差異に含めるのが一般的である。なぜなら、価格差異には材料価格の変動をはじめ外部環境の変化が反映される部分が多いと考えられるが、消費量差異については製造部門の生産の効率性が反映されていると考えられるので、会社の管理（コントロール）という目的、問題点のピックアップ、業績評価という観点からは、純粋な消費量の差異を計算することが重要と考えられるからである。

［計算例］

製品Xの原材料の標準価格が2,000円／個、標準消費量が800個だったとする。実際価格が1,980円／個、実際消費量が812個だった場合の差異分析を行いなさい。

図表2-7　直接材料費の差異分析

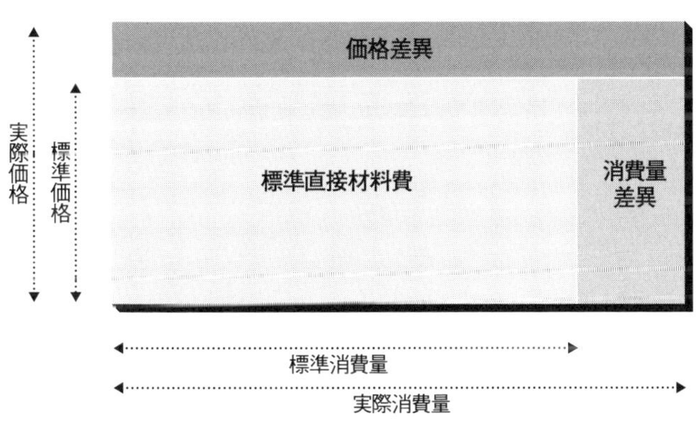

価格差異（Price Variance）	＝	（標準価格－実際価格）	×	実際消費量
消費量差異（Quantity Variance）	＝	（標準消費量－実際消費量）	×	標準価格

価格差異　＝(2,000 − 1,980) × 　812 ＝ ＋16,240円 (有利)
消費量差異 ＝(　800 − 　812) × 2,000 ＝ −24,000　(不利)

❷……………………直接労務費の差異分析

直接労務費の差異は、実際の平均賃率が見込みと違ったことによる賃率差異、実際の作業時間が見込みと違ったことによる作業時間差異の2つに区分して分析していく。

賃率差異は、どの賃金レベルの作業者を現場に割り当てていくのか、採用や教育あるいは配置のよしあしが反映されるので、全社あるいは工場の人事部門や管理部門（担当者）の責任となる。一方、**作業時間差異**は、製造担当者の時間の使い方に無駄があったり、不良品などが多くなると増加するので、製造部門（担当者）の責任となる。なお、賃率と作業時間の双方がミックスされた部分の差異については、賃率差異に含めるのが一般的である。なぜなら、賃率差異は雇用状況の変化をはじめ企業の外部環境の変化が反映される部分が多いと考えられるが、

図表2-8 直接労務費の差異分析

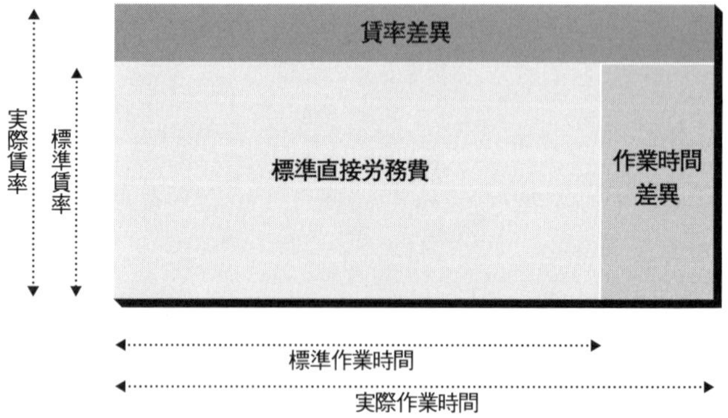

賃率差異（Rate Variance） ＝ （標準賃率−実際賃率） × 実際作業時間

作業時間差異（Efficiency Variance） ＝ （標準作業時間−実際作業時間） × 標準賃率

作業時間差異については製造部門の生産の効率性が反映されていると考えられるので、会社の管理（コントロール）という目的、問題点のピックアップ、業績評価という観点からは、純粋な作業時間の差異を計算することが重要と考えられるからである。

［計算例］

製品Yの生産を担当する直接工の標準賃率が1,500円／時間、標準作業時間が280時間だったとする。実際賃率が1,580円／時間、実際作業時間が258時間だった場合の差異分析を行いなさい。

賃率差異 ＝(1,500 − 1,580) × 258 ＝ −20,640円（不利）

作業時間差異 ＝(280 − 258) × 1,500 ＝ ＋33,000 （有利）

❸ 製造間接費の差異分析

製造間接費の差異分析方法にはいろいろなものがあるが、ここでは代表的な3分法を説明する。

予算差異 (Budgeting Variance)

＝(変動製造間接費標準配賦率 × 実際作業時間 ＋ 固定製造間接費予算額)
 − 製造間接費実際発生額

能率差異 (Efficiency Variance)

＝ 変動製造間接費標準配賦率 ×（標準作業時間 − 実際作業時間）

操業度差異 (Volume Variance)

＝(標準作業時間 × 固定製造間接費標準配賦率) − 固定製造間接費予算額

$$\text{変動製造間接費標準配賦率} = \frac{\text{変動製造間接費予算}}{\text{正常作業時間}}$$

$$\text{固定製造間接費標準配賦率} = \frac{\text{固定製造間接費予算}}{\text{正常作業時間}}$$

それぞれの差異の内容についてまとめると、以下のようになる。

予算差異は、製造間接費全体について、どの価格レベルのものを使ったのかが反映されるので、全社あるいは工場の購買部門や管理部門（担当者）の責任となる。

一方、**能率差異**は、製造担当者の時間や補助材料などの間接費の使い方に無駄

図表2-9 製造間接費の差異分析

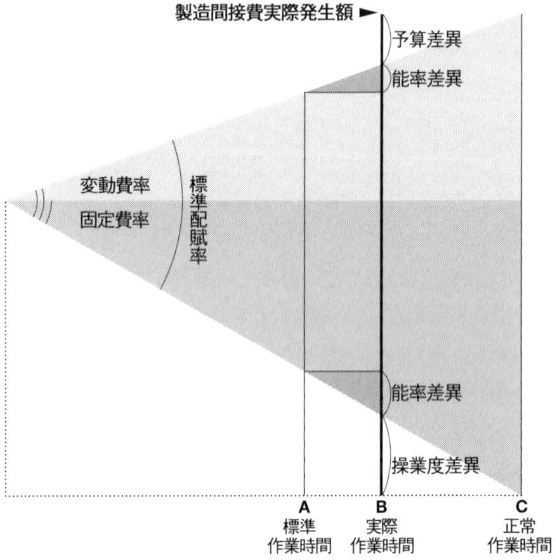

があったり、不良品などが多くなると増加するので、製造部門（担当者）の責任となる。

なお、予算と能率の双方がミックスされた部分の差異については、予算差異に含めることが一般的である。なぜなら、予算差異は雇用状況や市況の変化などの企業の外部環境の変化が反映される部分が多いと考えられるが、能率差異については製造部門の生産の効率性が反映されていると考えられるので、会社の管理（コントロール）という目的、問題点のピックアップ、業績評価という観点からは、純粋な能率差異を計算することが重要と考えられるからである。

また**操業度差異**については、工場の生産能力を十分に使わなかったことを表す差異であるため、実際には生産計画や販売方針など全社的な方針に影響される部分が大きい。しかし、労務管理など工場独自の理由がある場合には、工場にも責任がある。

[計算例]

正常操業度を200時間（生産量50個）、そのときの変動製造間接費予算が4,000千円、固定製造間接費予算が7,000千円であるとする。実際生産量が47個で実際作業時間が195時間、製造間接費実際発生額を11,780千円とした場合の差異分析を行いなさい。

予算差異

＝(20千円／時間 × 195 ＋ 7,000千円) － 11,780千円

＝ －880千円

能率差異

$$= 20\text{千円} \times \left(200 \times \frac{47}{50} - 195\right)$$

＝ 20千円 ×（188 － 195）

＝ －140千円

操業度差異（Volume Variance）

＝(188 × 35千円／時間) － 7,000千円

＝ －420千円

❹ 差異分析の報告

このような方法によってさまざまな角度からの差異を求めた後、その理由あるいは原因を考えることが必要である。

なお、直接材料費の価格差異、消費量差異、直接労務費の賃率差異、作業時間差異などの発生原因としては、次のような点が考えられる。こうした例を参考にしながら差異の原因を分析することが重要である。

●価格差異

標準価格の設定方法や計算上のミス、為替や商品相場の変動などによる価格の変動（為替の大幅な変動など）、購入先や購入条件の変更による価格の修正。

責任は購買部門にある場合が多いが、生産計画の変更などにより購買計画に影響が出た結果として価格が変化した場合は、生産部門にも一部責任があるため、業績評価の際には注意すべきである。

●消費量差異

標準消費量の設定方法や計算上のミス、製品の仕様変更や製造工程の変更による無駄の発生、規格外や不良材料の使用による無駄の発生、仕様書や設計図の不備による仕損の発生、材料の減損や盗難。

責任は基本的に製造部門にある場合が多いので、材料の効率的な利用の面からよく分析することが必要である。

●賃率差異

標準賃率の設定方法や計算上のミス、賃金水準の変動、熟練工の支援が多かったことなど予定したレベル以外の作業員の作業の増加、緊急作業が発生して時間外の作業が多くなったことなどによる高い賃率での賃金の支払い。

基本的には生産部門の責任ではない場合が多いが、生産計画の変更や現場の非効率な労務管理が理由になっていることもあるので、内容をよく分析することが必要である。

●作業時間差異

標準作業時間の設定方法や計算上のミス、作業員の作業能率の変化、機械装置の故障による待機時間の発生、作業員の配置や選択の相違、作業員の交替・異動、作業条件や作業環境の変化、設計仕様書などの不備による無駄な作業の発生。

責任は基本的に製造部門にある場合が多いので、作業時間の効率的な活用の面からよく分析することが必要である。

●予算差異

予定価格の見積もり違い、間接材料費の価格変動、水道光熱費などの価格変動、間接賃金の変動、燃料費など季節的な変動によるもの。

一般的には、価格変動が理由であるため管理が難しい場合が多いが、管理可能な部分についてはよく内容を分析する必要がある。

●能率差異

標準作業時間と実際作業時間との差によるものであり、原因は基本的には直接労務費の作業時間差異の発生原因と重なり合う場合が多い。

●操業度差異

季節的な操業度の変動、販売不振による生産量の削減、機械の故障や整備不良による操業停止、労働意欲の低下、災害やストライキなど。

基本的には作業時間に影響されるものであり、原因をよく調査することが必要である。

なお、上記の差異は、それぞれ相互に関係する場合もある。たとえば、品質のやや悪い原材料を使用すると、価格差異はプラスになる可能性があるが、逆に仕損が多くなるために消費量差異や作業時間差異がマイナスになる可能性がある。こうした点も考慮しながら、差異を分析することも必要である。

このように差異の原因を分析したうえで、その原因に応じた対応策を考え、早急に実行に移すことが必要である。なお、標準原価をPlan-Do-Check-Actionといったコントロールのサイクルの中で位置づけると、標準原価の設定がP、実際の活動による実際原価の発生がD、標準原価と実際原価の差異を求めその原因を分析していくことがC、究明した原因に応じて対応策を打っていくことがAとなる。

また、差異の原因分析の結果に基づいて改善策を講じるときには、各現場とのコミュニケーションが重要と考えられる。その際の報告については、以下の3点も考慮することが望ましい。

❶タイムリーな報告

生産現場では、1カ月以上も前の差異分析結果を入手してもあまり役に立つとは思われない。コンピュータの導入などによって、できるだけ速く、タイムリーに情報提供ができる仕組みを考える必要がある。

❷生産現場の人たちにもわかりやすい報告

生産現場の担当者は会計の知識や経験がない場合が多いので、わかりやすい様式で報告する必要がある。また、担当者のレベルに応じて、報告書の詳細度や要約度を変えていく必要もある。

❸例外管理報告

異常に金額の大きな差異が発生したときなどに素早い対応ができるように、特別なケースのみを報告することも1つの方法である。

6 標準原価計算制度の導入準備

標準原価計算を効果的に導入していくためには、次のような準備をしていくことが望ましい。

❶製品の標準化

原材料の消費量や労働者の作業時間について、できるだけ定型化あるいは標準化することによって、材料の標準消費量や労働者の標準作業時間などの設定がしやすくなる。そのためには、製品の製造工程の標準化や製品自体の標準化を図ることが必要である。これはコストダウンにもつながるものである。

❷責任所在の明確化

差異の原因分析をスムーズに行ったり、業績評価へ結びつけていくためには、各部門あるいは生産ラインなどの区分を明確にするとともに、各担当責任者を明確にしておくことが必要である。また、管理可能なものと管理不能なものとの区分も重要である。

❸原価意識の高揚

コスト削減という標準原価計算制度の目的を達成するためには、その前提として原価についての意識を高め、従業員や経営者の理解と協力を得られるようにすることが必要である。

❹計算システムの整備

設定した標準原価を実績値と比較して差異の原因を迅速に分析するためには、信頼できる標準原価の設定と同時に、実績値を早く集計できるような体制づくりが必要である。

7 標準原価計算の限界

現在、多くの企業において、標準原価計算を利用する効果が薄れてきているといわれている。それは、次の4つの理由からである。

❶環境変化の激化による、標準原価の設定の困難さ

製品のライフサイクルが短くなるなど、激しい環境の変化に直面している企業が増加している。このような状況の中では、ある程度信頼性の高い標準原価が試行錯誤の末に設定された頃には製品が製造中止となってしまったり、コスト低減のために生産拠点や組織、生産工程などが変化してしまうことも多く、標準原価そのものの設定が難しくなっている。

❷直接労務費の比重の低下

もともと標準原価計算は、直接工の作業を標準化してコストダウンを図ろうという直接労務費の管理が中心的な目的であった。しかし、昨今の工場の機械化・自動化によって直接労務費が減少し、その一方で標準原価計算を使ったコントロールが難しい製造間接費や大きな設備投資による固定費が増大した結果、標準原価計算によって作業能率を改善する余地が少なくなっている。

❸多品種少量生産による標準原価設定の困難さ

顧客志向の戦略のために、多くのメーカーが少品種大量生産から多品種少量生産へ移行したことによって、製品ごとの微妙な違いを反映した標準原価の設定が難しくなってきている。

❹機械化に伴う作業の標準化による、標準原価計算の必要性の低下

機械化が進展したりロボットによる原価管理や能率管理が進むことによって作業がかなり標準化され、標準原価計算の必要性が減少している。

また、こうした点以外にも、差異分析に時間がかかる、合理化効果を織り込むことが難しい、時系列比較が難しい、操業度の変化が激しく標準原価の設定が難しい、といった限界も指摘されている。

このように、標準原価計算の効果が薄れてきている中で、最近では標準原価計算を使ってコストをコントロールするよりも、直接コストダウンに効果がある手法を重視する企業が多くなっている。

たとえば、本書でも取り上げている設計開発段階で生産時点での原価を低減させることを意識していく**原価企画**や、機械化や情報化の流れの中で金額が大きくなった設備投資を選別するためのNPVやIRRといった長期的意思決定の手法、正確なコストを計算したり、コストダウンのポイントを浮かび上がらせるABCなどである。

ただ、製品のライフサイクルが比較的長い、生産方法や生産拠点の大きな変更の予定がない、手作業に依存している部分が多い、少品種大量生産を行っているといった企業では、標準原価計算を採用する意義は大きい。また、標準原価計算の前提となっている作業や工程の標準化は、作業を効率的に行い、コストダウンを実現するという意味では、どのような企業にとっても重要である。

このように、標準原価の考え方を経営管理のさまざまな場面で部分的に応用していくことも意義がある。

第3部 ◉ 組織管理のための管理会計

第3部のはじめに

企業の多くが経営環境の激しい変化に直面している。一方で大手企業グループの中には、いくつもの業種の事業を抱えたり、いろいろな地域で事業を展開している例も少なくない。こうした中で、事業を行っている現場に権限を委譲する分権的な組織（Decentralized Organization）が注目されている。その1つがソニーや武田薬品工業などが採用しているカンパニー制である。さらに、NTTや大手金融グループなどが採用している持株会社制も、1つひとつの事業を別会社として分離していく究極の分権的な組織である。

このような分権的な組織は、環境の変化がよくわかる現場に権限を委譲することによって、その変化に素早く的確に対応していくといった面で、激しい変化の中にある企業に適している。またいくつかの事業をいろいろな地域で展開している企業にとっても、事業分野や地域ごとに別会社とすることによって、カルチャーの違いなどを気にせずに経営ができるといった面でメリットがある。

分権化をさらに進めて、小グループで業績を把握することができるシステムを採用すると、大きなグループでは良いところと相殺されてわからなかった悪いところが明確になり、すぐに対応策が打てるといったこともある。

このように分権的な組織は、現在の多くの企業にとって注目すべき組織形態である。

しかし、分権的な組織も、必ずしもすべての企業にとって最良のものとはいえない。たとえば、製品としての寿命が長い数種類の標準品を大量に生産するメーカーでは、現場に任せるよりも、定型化された作業をできるだけ効率的に行えるようなトップダウンの中央集権的な組織が望ましい。最適な組織の形態は、企業の置かれている経営環境や戦略などによって異なるのである。

一方、組織は人によってつくられているものであるため、どのような業績評価システムを採用するかによって、会社の目標と個人の行動の方向性が一致するか、また潜在的な能力が十分に発揮できるかが決まってくる。したがって適切な業績評価基準を設定することが非常に重要である。また、財務的な目標を各グループの目標に振り分けていくといった面から、予算をしっかり立案することも大切になる。

＊

第3部では、4つの章に分けて企業戦略に合致した組織の構築と、それを効率よく動かしていくシステムについて学んでいく。

まず第1章では、組織の構築をテーマに、組織形態の種類とそれがどのような場合に適しているのかという点について、持株会社制や取締役会の構成などにも触れながらまとめていく。また、組織を動かすという面から重要である業績評価システムのつくり方や個人に対するインセンティブの仕組みについても考えていく。

第2章では、財務的な目標をつくる面から重要と考えられる損益分岐点分析の意味と考え方について、アウトソーシングにも関連づけながらまとめていく。また、製品戦略のベースとしても使うことができる直接原価計算も取り上げる。

第3章では、組織とそれを構成する各部門に対して、財務的な面からコントロールをしていくツールである予算についてまとめていく。

第4章では、業績評価のツールとして生み出され、戦略的マネジメントシステムへと発展してきているバランスト・スコアカードについてまとめていく。

第1章

組織の構築とコントロール

1 組織(ヒト)のコントロールの重要性

BRICsやアジア各国のほか、発展途上国の経済成長に伴って世界中の企業が「世界」を市場として競争する時代を迎えている。このような流れの中で、企業がその活動を行っていくのに必要なヒト、モノ、カネ、情報といった経営資源についても大きな変化が見られる。

モノについては、一部の付加価値の高い複雑な製品や部品などを除くと、多くの国で製造することが可能になり、輸送も容易になっているので、世界のどこでも入手できるモノに大きな差はなくなってきている。

カネについても、地域によって資金調達のしやすさに若干の違いはあっても、世界の資本の動きが非常に速く、かつダイナミックになってきているために、世界のどこでも入手できるカネに大きな差はなくなっている。

さらに、情報についても、通信あるいはメディアの発達によって、同じ情報が世界のどこでもほとんど時差なく入手できるようになっており、世界のどこでも入手できる情報に大きな差はなくなってきている。

一方、ヒトについても、企業や国境を越えたヒトの動きが徐々に激しく、頻繁になり、またIT技術の進歩などによって場所を越えた人材活用が行いやすくなってきたために、単に人数という意味ではあまり差がなくなってきている。しかし、ヒトはそれぞれ違った能力を持っており、また潜在的な能力と実際に発揮している能力との間に大きな差がある場合もある。したがって、その能力を十分に発揮できるような組織体制を整え、モチベーションを高めるような仕組みをつくることによって、他の経営資源とは異なり、大きな差が生まれる可能性を持っている。

特に最近では、情報通信やバイオテクノロジーなど、知的競争力が重要なポイントになる産業が経済全体に占める比重が大きくなっている。このような事業分野で付加価値の高い製品やサービスを生み出していくためには、モノ、カネ、情報といった経営資源を適切に組み合わせ、より良いアウトプットを出していくことが課題となる。これをコーディネートしていく資源がヒトであり、そのように考えるとヒトという経営資源が最も重要であり、今後ますます重要性が増大していくと考えられる。

この項では、このヒトという経営資源を上手にコントロールしていくにはどのようにしたらよいか、まとめていく。

2 組織の設計

「組織は戦略に従う」というアルフレッドD.チャンドラーの有名な言葉がある。戦略が決まると、それを実行するために最も適した組織が決まってくるという意味である。このように組織の形態は、企業の置かれている環境や採用する戦略と密接な関係を持っている。

また、組織を設計する場合には、どのようなグループに分けて業務を行うべきか、だれが何についての意思決定権限と責任を持つべきか、どのように情報の伝達を行っていくことが望ましいのか、ヒトにモチベーションを与えるためにどういう仕組みがよいのか、といった点について総合的に考える必要がある。

その際に最も重視すべき点は、組織が持っているヒト、モノ、カネ、情報といった経営資源の能力を十分に発揮させ、それらをいかに効率的に成果に結びつけていくかということである。特にヒトについては、前述のように、その潜在的な能力に比較して成果が十分に生み出されていない場合もある。この原因としては、中間管理職の階層が多すぎること、指揮命令系統が複雑になりすぎていること、職務や目的が不明瞭であること、職務の重複があることなどが考えられる。したがって、組織については、定期的にあるいは経営環境などが大きく変化した場合などに、顧客の立場から業務プロセスを見直して組織や業務をゼロベースからつくり直すこと、たとえば中間管理層や指揮命令系統の見直しや、重複や複雑性の排除などを行う必要があると考えられる。

それではまず、代表的な組織形態についてまとめていこう。

❶ 分権的組織への流れ

最近は多くの企業が、新製品のライフサイクルの短縮化など、激しい環境の変化に直面している。これに柔軟に対応していくためには、環境の変化がよくわかる現場に権限を委譲し、意思決定を速くしていくような「**分権的な組織**」が望ましくなる。

しかし、すべての企業に分権的な組織が適しているわけではない。経営環境や成長ステージ、今後の戦略、規模、業界特性、あるいは企業文化の違いによって、最も適切な組織形態は異なってくる。つまり、いくつもの事業を手がけており、それら事業ごとに経営環境や文化が異なり、環境変化も比較的激しい場合には、違いや変化に柔軟かつきめ細かに対応するために、現場に任せていく分権的な組織が望ましい。一方、単一の事業を行っており、経営環境の変化もあまりない場合には、組織が一体となって効率よく活動していくために中央集権的な組織が望ましいことになる。組織の設計は、このような点を十分に考慮して行う必要がある。また、組織はつくったときから劣化が始まるといわれている。企業の状況に適した組織であり続けるためには、組織形態を定期的に見直していくことも必要である。

分権的な組織では、以下の2つが重要になる。

❶全社の目標と各グループの目標の方向性を一致させること

❷各グループがそれぞれの目標を達成しようとする行動が、組織全体の目標につながるようなマネジメントシステムをつくること

このうち❶は、分権的な組織では各グループの目標がばらばらになったり、各グループの関係が希薄になって組織としての一体感が弱くならないように、全社の目標と各グループの目標をしっかりとすり合わせ、さらにビジョンを共有化して帰属意識を高めていくことが重要であることを意味している。

次に❷は、組織全体をコントロールする面で、設定した目標の達成状況をタイムリーに把握でき、事業内容の違いを超えて公平な評価を行うことができるような評価基準を設定することが重要であることを意味している。そのためには、後述するように、組織をコストセンターあるいはプロフィットセンターといった選択肢の中でどのように位置づけるのか、本社共通費の集計をどうするのか、事業部門間の取引価格をどのように設定するのかといった点について、どういう仕組みを採用するのかが重要になる。加えて、分権的組織においては、本社は計画の段階でその内容をよくチェックし、実行段階では各現場の組織に完全に任せて結果をモニターすることに専念し、結果が出た段階で計画との比較や必要に応じて改善策を立案し、そのチェックを行っていくという体制が望ましい。

分権的な組織をつくっていくと、どうしても各グループのエゴが強くなり、連携を無視してしまう傾向が出てくる。したがって、組織をどういうグルーピングによって分割していくかとともに、グループの壁を超えたグループ同士の連携をどのようにとっていくのかという点についてもしっかり考える必要がある。このように、グループの区分とグループ同士の連携は、組織の永遠のテーマでもある。

グルーピングの方法にはいくつかの選択肢があるが、代表的なものの1つとして次のようなものが考えられる。まず、製品や商品の種類によって業務が大きく違っている可能性が高い設計、製造、マーケティング、販売はタテ割りにする。

一方で、共同でやったほうが効率的な物流や調達は、全社で統合していく。また、本社部門のうち情報システム、人事、経理部門といったある程度定型化のできる業務については、後述するシェアードサービスの子会社として分離していくことも考えられる。

環境に素早く対応するという面からは、意思決定を速くするトップダウンの要素も必要になる。この点では、多くの日本企業は従来からボトムアップでの意思決定システムをとっているため、組織として動き出すと速いが意思決定までに時間がかかるといわれてきた。しかし、環境の変化が激しくなり、トップダウンで意思決定を行っている場合が多いアメリカ企業やBRICsの企業などと競争していくことを考えると、今後は日本企業もトップダウンによる意思決定の要素を持つことが必要になる。

その点、同族企業はトップの権限が強い場合が多いので、トップダウンの傾向が強い。だが、同族企業では、後継者の選択が問題となる。最近一部の企業で後継者問題が話題になっているが、後継者を育てる、あるいは選別するという面からは、分権的な経営を採用して後継者候補に各事業部やグループ企業を任せ、経営の経験を積ませると同時に競争させるような仕組みが望ましい。特に同族会社の後継者であれば、能力を育てるという面から、早めに経営者としての経験を積ませることがより重要であろう。

❷……………………職能別組織

職能別組織とは、研究開発、調達（購買）、製造、営業、財務、人事、経理といった企業内部での機能（職能）別にグループ化した組織のことである。これは、機能や専門性といった組織の内部からの視点でつくられた組織形態であり、経営環境が安定しているときには、質の高い専門性によって高い効率性をもたらす。しかし、組織の各機能グループの権限や責任は限定されているため、各機能グループが組織全体という視点ではなく専門的なものの見方に偏る傾向もある。その結果、各グループ間の意見が対立するおそれがあったり、全社的な視点で考えることができるマネジャーの育成が難しいといった欠点がある。また、機能グループ間の意見調整に手間取って意思決定に時間がかかることが多く、各機能グループの意思決定への関係度合いが不明確になるために、結果として事業責任の所在が不明確になる傾向もある。

したがって、この組織形態は、事業形態が単純で製品の種類も少なく、仕事の効率性が最も重要であり、経営トップがトップダウンで経営を行っていくような

図表3-1 職能別組織

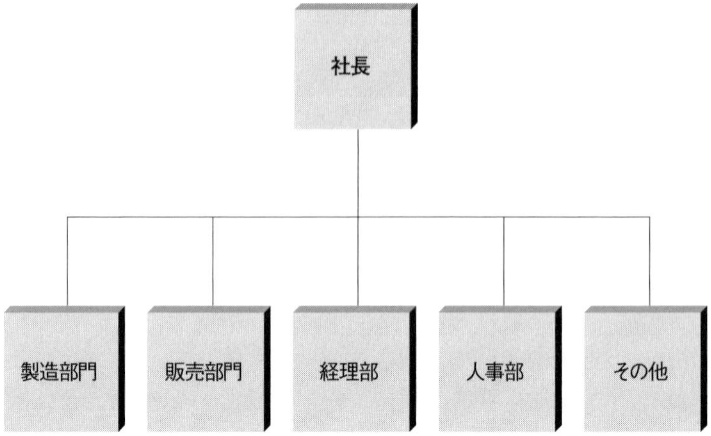

場合に適している。

一般に、職能別組織ではどちらかというと効率が重視されるので、コストダウンが重要な業界に適しているといえる。

❸ 事業部制組織

事業部制組織とは、製品やサービス、市場、顧客、地域といったターゲット別にグループ化した組織のことである。これは、組織の内部からの視点でつくられた職能別組織と比較すると、組織の外部に対するアウトプットに焦点を当てた組織形態であり、権限を各グループに委譲している場合が多いため、分権的な組織の1つである。

事業部制組織は、1921年にアメリカのデュポンによって初めて採用された。日本でも1933年に松下電器産業（現パナソニック）が導入したが、多くの企業が経営多角化を進めた結果、現在では上場企業の半数近くで採用されている。

この組織は、権限の委譲が進んでいるために意思決定が速く、マネジャーの育成にも適しており、各事業部の競争によって組織全体の活性化につながるというメリットがある。また、権限を委譲することによってトップ・マネジメントが戦略的な意思決定に割く時間をつくることができたり、事業部や事業部長の業績が明確になるというメリットもある。

しかし、一方では、各事業部の競争が激しくなる傾向があるため、全社的には協力したほうがよい場合でも協力をしなかったり、各事業部で一定のスタッフ組織を持つ場合も多くなるため、組織全体としては経営資源が効率的に利用されない、人事が硬直化するといった欠点もある。

したがってこの組織形態は、事業形態が比較的複雑で、製品や商品の種類も多いような企業に有効であり、多国籍化あるいは多角化が進んだ大規模な組織に適している。また、事業部制組織では事業部長に権限をどの程度まで与えるのかが大きなポイントとなるが、基本的には分権的な組織としてできるだけ多くの権限を委譲することが望ましいと考えられる。しかし、同時に各事業部がタコツボのようにばらばらになってしまわないように、事業部ごとの連携がとれるような仕組みを採用する必要もある。

しかし、その場合でも、本社が1つの組織としての統制をとり、事業部に対して最低限のコントロールを行うためには、事業部長をはじめとする事業部の幹部社員の任免権、事業部の改廃、重要な投融資の決定権、人員、資金や資源の配分権などについては本社機構に残すことが必要である。さらに、事業部の管理スタッフを本社管理部門のコントロール下に置くことも必要になるが、あまり厳密にコントロールする体制にすると、事業部との関係がしっくりいかなくなるおそれがある。したがって、事業部の管理スタッフに対するコントロールについては、本社と事業部間の力関係についてバランスをとることが必要である。

また、社長直轄の内部監査部門などによって、各事業部の活動状況を定期的にチェックする体制も必要になる。

なお、事業部制組織を採用する際には、以下のような点を十分に考える必要がある。

- どういう基準で事業部をつくっていくのか（製品・サービス別、地域別、あるいは顧客別）
- 何をベースにグルーピングしていくと効率的でまとまりのよいグループとなるのか
- 事業部の意思決定と会社全体としての経営戦略の整合性をどのようにして維持していくのか（全社的に見て経営資源が効率的に配分されているのか、事業部間の協調性が低下する点をどのように考えるか）
- 各事業部に与える権限をどの程度までにするのか（分権化の程度）

- 既存の事業部でカバーすることのできない製品やサービス、あるいは技術にどのように対応していくのか

日本では、製品・サービス別、つまり事業分野別の事業部制組織が多く採用されている。ただし、**地域別事業部制組織**を採用している企業もある。また、**職能別事業部制組織**という特殊な事業部制組織も採用されることがある。これは、企業を機能の面から販売事業部と製造事業部という2つの事業部に分け、販売と製造とを調整していこうという形態である。

事業部制組織は、職能別組織に比較すると、顧客サイドに向いた、ある程度差別化を意識した組織ということもできる。したがって、管理会計の面からは、研究開発や販売費および一般管理費のコントロールレベルのアップが重要となる。

事業部制組織を採用してきた日本企業としては、前述のように1933年に採用した松下電器産業が有名であるが、同社では事業部間のコミュニケーションが悪くなったことを理由に2002年に廃止している。この例からもわかるように、事業部制組織に代表される分権的な組織では、事業部間のコミュニケーションが1つの課題である。

図表3-2 **事業部制組織**

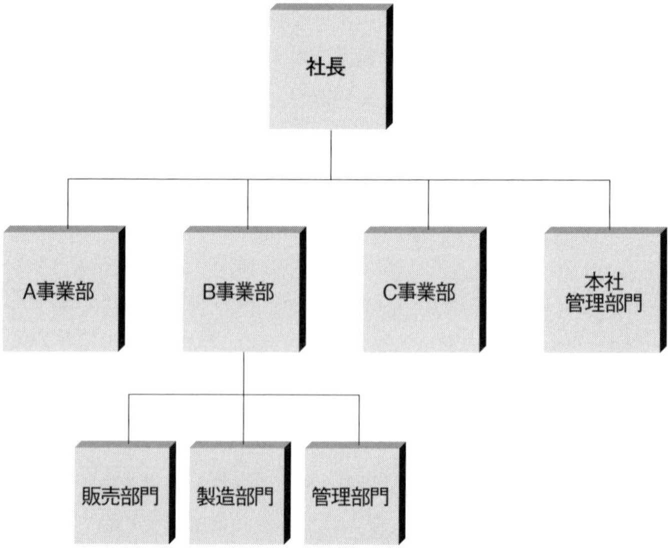

また、事業部制組織では、新規事業や赤字事業をどうするのかが課題になる場合が多い。1つの方法としては、既存の事業部とは切り離して独立した事業部とするか、本社の管理下とする方法が考えられる。この方法は、既存の事業の影響を極力避けて新規事業をしっかりと育てたり、赤字事業を立て直していくという意味では望ましい。しかし、本社が赤字を負担してしまうと、結果として早く黒字にしなければという気迫がなくなり、立ち上がりが遅くなってしまうというデメリットもある。

したがって、そのような欠点を埋め合わせる面からは、ある程度事業部をまとめていくつかのグループをつくり、各グループの中で新規事業や赤字事業の責任を持つような形態も考えられる。この形態では幅広いグループの中でいろいろな事業を行っていくことになるため、リスクを分散でき、リスクのある新規事業にも取り組みやすくなる。

❹……………………………マトリックス組織

企業の内部からの視点でつくった職能別組織と、外部からの視点でつくった事

図表3-3 マトリックス組織

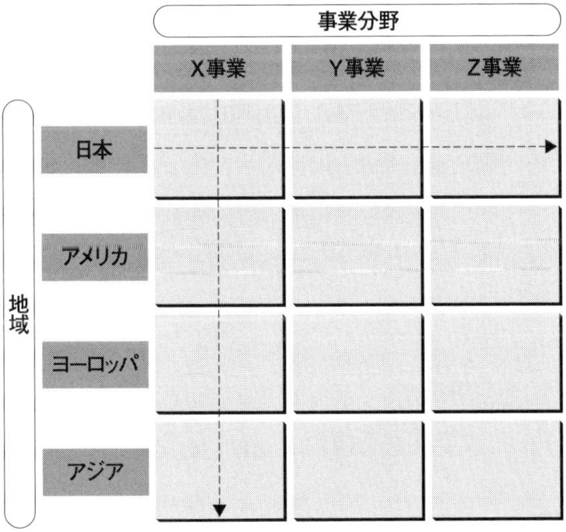

図表3-4 職能別組織、事業部制組織、マトリックス組織の比較

	職能別組織	事業部制組織	マトリックス組織
メリット	●環境が安定している ●専門化するため、効率が良くなる	●現場の問題にスピーディに対応できる ●事業部の業績が明確になり、競争で組織が活性化する ●トップ・マネジメントが経営に時間を割ける ●マネジャーの育成ができる	●情報伝達が円滑になる ●1人を2つの面から有効活用できる
デメリット	●専門的なものの見方に偏る可能性 ●マネジャー育成には、あまり良くない ●各機能の調整が難しい	●競争が激しくなると、全社的な協力体制を構築しにくい ●各事業部での間接コストが増加する可能性がある ●人事が硬直化する	●2人のボスがいることになるため、権限や責任が不明確になり、指揮命令系統に混乱をきたす可能性もある

業部制組織の両者を融合させてつくった組織が**マトリックス組織**である。マトリックス組織では、たとえば各構成員は事業分野ごとの「事業」と、日本国内、東南アジアといった「地域」の2つのグループに所属し、それぞれ2つの役割を果たすことになる。つまり、専門性の高くなる事業分野別組織に、地域による特性を重視した地域別組織を加えることによって、両者の良いところを導入したものである。うまくいけば情報伝達が円滑になり、1人の人間を2つの側面から有効活用できるというメリットがあるが、逆に2人以上のボスがいるために権限や責任が不明確になり、指揮命令系統に混乱をきたす危険性も高いので注意が必要である。

したがって、どちらのラインが主になるかを明確にしたり、対等にする場合には、その調整の仕組みを考える必要もある。

5 クラスター組織とプロジェクトチーム

クラスター組織とは、経営コンサルティング会社などで採用されている組織形態である。組織の中に目的に応じていろいろなユニットをつくり、それぞれのユ

ニットの状況に応じて、トップ・マネジメントが密接なコミュニケーションをとりながら、その意思決定に参加していくものである。経営環境が不安定で変化が激しいような場合に、革新性を維持し、環境へ柔軟に対応するために、権限を委譲して迅速な意思決定を行うことを目的としてつくられる組織である。

プロジェクトチームは、さまざまな問題を集中的に解決するために、組織横断的につくったグループのことである。プロジェクトチームをつくる場合には、その目的を明確にするとともに、各メンバーがそのプロジェクトのために使うことのできる時間、プロジェクトの期限、チームの決定権や報告先、予算、運営方法などを明確にすることが重要である。さらにメンバーについても、プロジェクトの運営に十分な知識を持ち、前向きにチーム活動に参加することができる人を選ぶことが大切である。

この2つの組織は、環境や目的に合わせてつくられる柔軟な組織である。

❻……………………分社化、カンパニー制

一定規模以上の大企業になり、複数の製品・サービスを扱うようになると、製品・サービス別、顧客別、あるいは地域別に区分した事業部制組織を採用したり、製品・サービス別と地域別のマトリックス組織を採用し、分権化を図ることによって、現場をよく知っている担当者が素早い意思決定を行えるような仕組みをつくっていくことが必要となる。

しかし、日本の事業部制組織は、場合によっては本社のコントロールが強くなり、意思決定スピードが遅くなりがちであるという批判もある。そこで、分権化の流れをさらに進めて、製品・サービスあるいは市場別に**分社化**したり、分社のような組織である**カンパニー制**を採用し、大幅な権限委譲を行う企業もある。日本企業の中でも、最初にカンパニー制を採用したソニーや、武田薬品工業などのように、事業分野ごとのカンパニー制を採用する企業が増えている。

武田薬品工業は、医薬部門への依存体質を改めるために医療用医薬品部門を社長直轄にするとともに、大衆薬、農薬動物薬、化学品など社内を5つの部門に分けて、1996年にカンパニー制を導入した。その際に、責任を明確にするために、3年連続して内部留保を取り崩したカンパニーのプレジデントは更迭されるというルールを決めている。

ソニーは1990年代後半にカンパニー制を導入し、一定期間それで組織の運営を行ってきたが、カンパニー制によって組織全体が部分最適に陥ったという弊害を重視して、2005年には各事業部門間で商品戦略や技術、マーケティングなど

の横断的連携を強化するマトリックス的な組織に移行している。

カンパニー制では、激しく変化する経営環境の変化に迅速に対応することを第一の目的として各カンパニーにかなりの権限を委譲し、1つの独立した企業のように位置づけている。ただ、組織形態のうえでは、カンパニー制と事業部制組織には基本的な違いはなく、事業分野ごとの損益計算書や貸借対照表の区分を徹底し、責任者をプレジデントと呼ぶことなど、1つの企業のように扱う分権化をどこまで徹底して行うのか、といった仕組みの面での違いと考えることができる。

なお、分社化やカンパニー制は、事業単位を完全に独立したものとしてバランスシートも割り当て、効率を重視したROE、ROAといった目標を設定することが前提となっている。

❼……………………持株会社

持株会社の形態を採用する場合もある。持株会社には、事業持株会社と純粋持株会社の2つがある。

事業持株会社は、親会社が生産や販売などの独自の事業を行いながら、一部の事業については子会社を設立して任せていくような組織形態である。純粋持株会社は、親会社は子会社の株式を所有して管理運営することに専念し、実際の生産や販売などの事業はすべて子会社が行うような組織形態である。事業持株会社は以前から認められており、多くの企業の組織形態として採用されてきたが、純粋持株会社は事業に対する支配力が過度に集中することを避けるために、もともとは独占禁止法によって禁止されていた。しかし1997年から日本でも解禁され、NTT、三菱UFJフィナンシャル・グループ、セブン&アイ・グループなど一部の企業グループが採用している。

純粋持株会社は究極の分権的組織の形態であり、さまざまな事業をグループ内に抱える企業では採用する意味がある。純粋持株会社では、一般に戦略の立案とそれを実行した結果の評価を行い、さらに各事業会社のトップの人事権と財務を押さえることが多い。

純粋持株会社のメリットについて、ここで簡単にまとめていく。純粋持株会社を設立する代表的なメリットとしては、以下の7つが考えられる。

❶経営陣が自分の業務に専念できる

純粋持株会社では直接の事業を行わないため、経営陣はグループ内の企業のコントロールに専念し、より客観的かつ戦略的に経営判断を行うことができる。また、事業を行っている子会社の経営陣も、他の事業会社の影響をあまり受けずに自社の事業に専念することが可能となる。

❷経営能力を持った人材養成ができる

各事業会社の経営者は、純粋持株会社の経営陣からの影響をあまり受けずに実質的な経営者として活動することができるので、経営者としての能力を高めることができる。GEのジャック・ウェルチ前会長が「後継者の育成が経営者の最も大事な仕事」と言っていたように、次世代の経営者の養成が企業の将来に大きな影響を与えると考えられる。

日本でもフィリピン子会社の経営を経験したトヨタの奥田碩元社長や、東芝アメリカ情報システム社長などを経て原子力と半導体を中心とした明確な全社戦略を打ち出し成果を上げつつある東芝の西田厚聰社長をはじめ、グループ企業で経営の経験を積んだ経営者が誕生しているが、このような経営者候補を多く育てる意味でも純粋持株会社制を採用することには大きな意味がある。

❸事業の選別が客観的に、スムーズにできるようになる

各事業を完全に別の会社にすることができるので、損益をはじめとする業績が明確になり、事業の選別を行いやすくなる。

事業部制組織やカンパニー制では、事業の収益性をバランスシートまで含めた効率性といった観点で見ていくとき、どうしても本社費の配賦が恣意的になるおそれがある。したがって、事業別のROEやROAなどを明確に計算できるという面からは、純粋持株会社はメリットが大きい。さらに法律上、組織が区分されているので、M&Aなどもやりやすくなる。

❹事業責任の明確化を可能にする

純粋持株会社の経営陣は、株主としての立場で各グループ企業のコントロールに責任を持ち、各事業会社の経営については各社の経営陣が責任を持つことになるので、業績の明確化とともに責任が明確になる。

その結果として、以前よりも株主の権利がより意識されるようになる可能性が出てくる。したがって、純粋持株会社は、グループの事業会社への投資とリターンをチェックしていく役割と、グループ内での経営資源の最適な配分といった戦略を立案していく役割を担うことになる。

さらに、各事業会社の業績が明確になると、事業会社ごとに利益を出していくことが必要になる。したがって、甘えや聖域が許されなくなり、事業会社単位で一定の業績を上げる努力をするようになる。ただし、新規事業や特別な研究開発については積極的に取り組まなくなるおそれがあるので、業績評価を別枠で行ったり、本社として取り組むなどの特別な仕組みが必要と考えられる。また、管理業務のかなりの部分を各事業会社に移管することになるので、本社部門の圧縮につながる可能性が高い。

❺意思決定が速くなる

純粋持株会社では、各事業会社の経営陣に大きな権限を与え、純粋持株会社の経営陣は株主としての立場でチェックをしていくというスタイルになるので、従来の社内稟議や根回しなどが少なくなり、意思決定を素早く行うことができるようになる。

❻人事制度などを状況に応じて変えやすくする

各事業会社の経営はそれぞれの経営陣に任されるので、給与やインセンティブ・システム、昇進などについて、業種や業績に合わせて独自性を出すことができるようになる。

❼新規事業へ参入する場合、既存事業への影響を最小限にすることができる

新規事業に参入する場合に法律的な規制を受けたりすると、他の事業がやりにくくなるケースが出てくる。この点、事業部制組織や事業持株会社に比較して、純粋持株会社では各事業の関係を分断できるので、このような影響を最小限にすることができる。

また、新規事業が純粋持株会社で行われるようになれば、事業立ち上げのノウハウが蓄積されるとともにスペシャリストが養成され、組織としての経験が蓄積されていくというメリットも考えられる。

❽……………………役員組織の簡素化

資本金5億円以上または負債200億円以上の大会社は、指名委員会等設置会社か監査等委員会設置会社、監査役設置会社を選択できることになっている。

指名委員会等設置会社は、取締役会と会計監査人（監査法人および公認会計士）がいる企業が定款に定めることによって選択できるものである。この形態を選択した場合は、取締役（ディレクター）の中に一定数の**社外取締役**を選任することになっている。さらに、株主総会に提出する取締役の選任・解任の議案を決定する**指名委員会**、取締役などの個人別の報酬を決定する**報酬委員会**、取締役などの職務の執行を監査し、株主総会に提出する会計監査人の選任・解任・非再任の議案を決定する**監査委員会**という3つの委員会を設置し、そのメンバーの過半数は社外取締役で構成することになっている。また、監査等委員会設置会社は、指名委員会等設置会社をやや簡略化した組織形態である。**監査役設置会社**を選択した場合には、監査役のうち半数は社外監査役とすることになっている。社外取締役や社外監査役には、他の企業の経営幹部、弁護士、公認会計士、大学教員などが就任している。このような体制は、社外のメンバーが取締役や監査役になることによって企業の経営管理に外部の目を入れ、株主からの企業統治、つまりコーポレートガバナンスを強めていこうという流れに沿ったものである。これは、取締役会は大きな視点での経営戦略の策定と業務執行の監視に専念し、実際に経営管理を行う経営幹部は**執行役員（コーポレート・オフィサー）**として事業執行に専念し、両者を明確に分けていこうというものである。

たとえば、会社法導入前から他の日本企業に先駆けて執行役員制度を採用しているソニーでは、2008年6月末時点では、取締役の数は15名となっている。しかしそのうち社外取締役が12名を占め、社内の経営執行に従事する執行役も兼任している社内の取締役は3名と少数派になっている。また、アメリカの代表的企業の1社であるGEでは、2007年末時点で幅広い業種の一流企業社長や大学教授など計14名が社外取締役として取締役会の過半数を占めている。なお、欧米企業の取締役は10～15人程度が多く、特にアメリカでは業務に携わる社内の取締役はCEOを含めた数名のみで、あとの過半数は社外取締役という場合が多い。この社外取締役の存在が経営に緊張感を与えている。

図表3-5 経営組織の違い

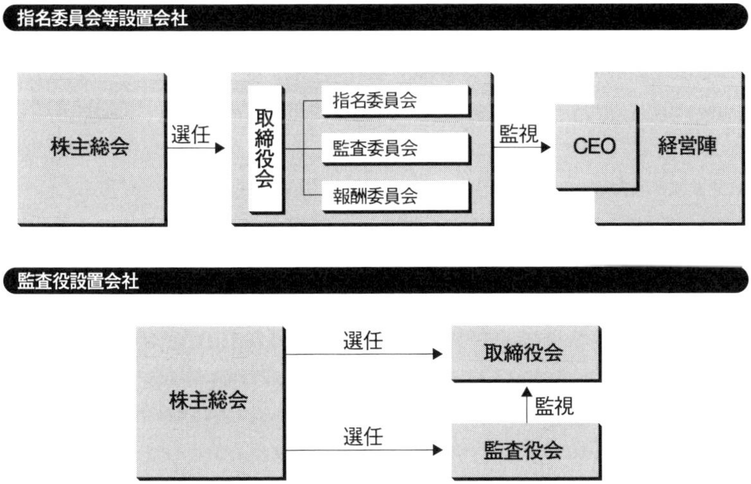

さらに取締役の人数を少なくする企業も増加している。たとえば、以前から上場企業の中で役員数が少ない企業として知られる大手センサーメーカー、キーエンスでは、2008年6月末時点で取締役は社長を含めて4名、監査役は3名の計7名となっている。同社は、徹底して顧客ニーズを発掘していくコンサルティング営業と工場を持たない**ファブレス**の形態をはじめとする効率重視の経営で有名であるが、役員の数も少なくして速い意思決定を実現している。

一方、キヤノンのように、2008年12月末時点で取締役25名、監査役5名という比較的多くの役員を任命している企業もある。同社は監査役設置会社を選択しているため、社外取締役を任命する必要はなく、取締役はすべて社内のメンバーとなっている。

組織体制や役員の構成については、さまざまな考え方があるが、上場公開企業では、株主の視点をある程度反映できるよう、外部の目を入れられるような体制がそれなりに求められていると考えられる。

なお、役員数の削減は個々の役員の責任強化につながるので、取締役就任へのインセンティブという意味では、責任に見合ったストック・オプションなど魅力のある報酬システムも必要と考えられる。

図表3-6 コストセンター、レベニューセンター、プロフィットセンター、インベストメントセンターの違い

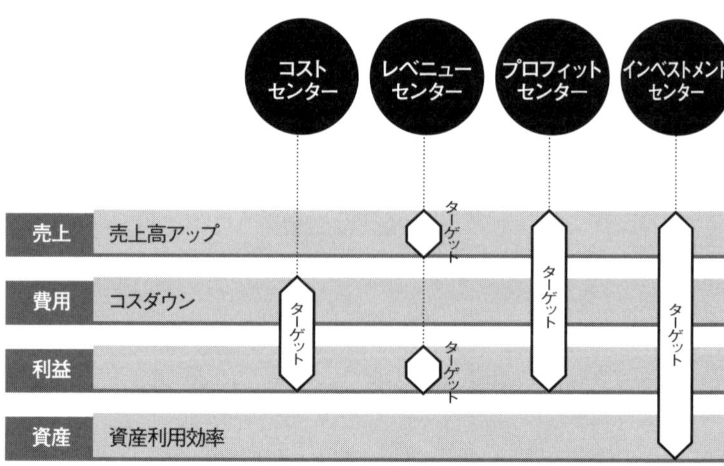

9 コストセンター、レベニューセンター、プロフィットセンター、インベストメントセンター

企業グループの中での各組織の位置づけには、コストセンター、レベニューセンター、プロフィットセンター、インベストメントセンターという4つの選択肢がある。ここでは、それぞれの組織形態の意味と、各形態を採用した場合に予算などを通じて責任を持つ数値データについてまとめていく。

◉コストセンター（Cost Center）

コストセンターとは、コスト予算だけが割り当てられ、収益の予算が割り当てられていない部門のことである。

コストセンターでは、収益予算がないために、その部門の目標は、コストを予算以下の金額に抑えていくことになる。つまり、同じ効果をできるだけ少ないコストで生み出していくことが課題になる。したがって、工場をコストセンターとしてしまうと、コストダウンが至上命令になり、生産工程を単純化することなどが目標となる傾向が強い。そのため柔軟な生産体制が要求されるような複雑な注

図表3-7 社内組織の位置づけとそれぞれのメリット、デメリット

	コストセンター	レベニューセンター	プロフィットセンター	インベストメントセンター
メリット	●コストダウンだけが評価されるため、コストダウンに積極的になる ●標準的な製品・サービスの大量生産・販売に適している	●売上高の上昇だけが評価されるため、売上高の上昇に集中して取り組むようになる ●営業部門について採用することがある	●売上高を拡大してもコストダウンをしても、利益は上昇するため、複雑な注文も積極的に受けるようになる ●事業グループに損益意識が出てくる	●資産の利用効率まで含め、効率的な事業運営に関心を持つようになる ●ROEなどの効率を重視する財務目標と整合性がとれる
デメリット	●コストダウンが至上命令になるため、複雑な注文には消極的になってしまう	●コストダウンや投資効率の向上に目が向かず、それらがおろそかになる可能性がある	●売上高の上昇に注力すると、コストダウンがおろそかになる可能性がある	●共通資産や共通経費の割り振りを公平に行わないと、反発や判断ミスにつながる可能性がある ●短期的な評価を行うと、新規事業などに取り組まなくなる可能性がある

文を受け付けなくなるおそれが出てくる。つまりコストダウンがしやすい標準的な製品の生産には積極的になるが、コストがかさむ傾向がある特注品については、いくら高い利益が得られる製品であっても生産に消極的になる可能性が高まるのである。

◉レベニューセンター（Revenue Center）

レベニューセンターとは、収益の予算だけが割り当てられ、コストの予算は割り当てられていない部門のことである。レベニューセンターでは、コストの予算がないため、その部門の目標はできるだけ多くの売上高を確保することになる。売上高目標だけが与えられている営業部門などは、この組織形態を採用していることになる。ただ、レベニューセンターでは、コストの予算がないため、売上高を増やすためであればどんどんコストを使ってもいいという方向にいってしまう可能性があるので、コストの管理を何らかの形で行っていく必要がある。

◉プロフィットセンター（Profit Center）

プロフィットセンターとは、収益とコストの双方の予算が割り当てられ、結果として利益目標が与えられる部門のことである。

プロフィットセンターでは、収益からコストを差し引いた利益を大きくすることが目標となるために、収益とコストの差額を大きくすること、つまり収益はできるだけ多く、またコストはできるだけ少なくすることが目標になる。したがって、工場をプロフィットセンターとすると、コストセンターの場合とは逆に、利益が得られるものであれば、生産工程を改善するなどして特注品でも積極的に受注していこうというインセンティブが働くことになる。

したがって、標準品の比重が高い会社ではコストセンターでも問題ないが、特注品の比重が高い会社では一般にプロフィットセンターのほうが望ましいことになる。なお、経営参加意識を高める分権化の大きな流れの中では、一般に各グループに損益責任を持たせるために、プロフィットセンターのほうが望ましいと考えられる。ただ、プロフィットセンターにすると、コストダウンだけではなく売上高の拡大にも関心が向かうため、コストダウンがややおろそかになる可能性があるので、注意が必要である。

◉インベストメントセンター（Investment Center）

インベストメントセンターとは、収益とコストに加えて資産や負債、純資産などのバランスシート項目の予算も割り当てられる部門のことである。ただインベストメントセンターのことを前述のプロフィットセンターという名称で呼んでいる場合もある。インベストメントセンターでは事業に投下している資産に対してできるだけ多くの利益を上げることが目標となるので、資産の利用効率が重視される。

つまり、この場合は以下のようなROI（Return on Investment：投資利益率）を中心に評価していくこととなる。

投資利益率 ＝ 利益 ÷ 投下資本額

なお、投下資本額としては、各事業に使用している資産金額を使うことが多い。

最近、ROEやROAを各部門の業績評価や目標として採用している企業が出てきているが、ROEを株主という視点から見た投下資本利益率、ROAを部門全体という視点から見た投下資本利益率とすると、いずれもROIの一種と考えられる。つまり、ROEやROAを部門の目標に据えている企業は、基本的にインベストメントセンターとして部門を位置づけていると考えることができる。

市場が成熟化して、効率を重視していくことが重要な企業では、収益性だけではなく、在庫金額をはじめ、資産や負債の金額も含めた総合的な効率性まで測定するという意味で、インベストメントセンターという組織の位置づけが望ましいと考えられる。

しかし、インベストメントセンターを採用する場合には、共通経費や共通資産の割り振りを公平に行わないと、判断ミスや各部門のモチベーション低下につながる可能性があること、さらに短期的な投資効率を求めすぎると将来へ向けた新規事業や新規投資に消極的になるといった欠点があるので注意が必要である。

また、部門目標をROEとする場合には、自己資本を各部門にどう振り分けるかが難しい。これはバランスシートをどう振り分けるかという問題でもあるが、これを徹底するためには、持株会社の形態が望ましいと考えられる。また事業部制やカンパニー制の場合に、本社部分の自己資本を一部残してしまうと、各事業部のROE目標と全社のROE目標に差が出るおそれがあるので、目標のすり合わせに工夫が必要である。

なお、各部門をコストセンター、レベニューセンター、プロフィットセンター、インベストメントセンターのいずれに位置づけるかは、企業が組織全体としての目標を達成するために、各部門に何を目標として活動してもらいたいかについてのトップ・マネジメントからのメッセージであるということもできる。

3 業績評価の手法

業績評価の目的は経営戦略の実行の結果を適切に集計して評価し、その後の施策に生かしていくことである。多くの企業において最も重要な経営資源であるヒトのモチベーションを維持し、またそれを高めることによって成長していくためには、適切な業績評価を行うことが重要になる。そのためには、業績評価単位を明確化し、適切な管理会計システムを導入していくことが必要である。

なお、**業績評価**は、もともと業績を測定し、その結果を評価することであり、それを報酬や昇進などに結びつけていくこととは区分して考えるべきである。しかし、業績評価は報酬などと結びつくことによって、その意味が大きくなると考えられる。したがって、ここでは報酬などとのリンクについてもまとめていく。

❶……………………業績評価の重要性と報酬への結びつけ

多くの伝統ある日本企業では、どちらかというと秩序の維持を重視した経営が行われてきた。具体的には、右肩上がりの成長ステージに適合した年功序列、終身雇用といったシステムが企業内部の制度として組み込まれて経営が行われてきたのである。

しかし今日では、このような経営システムが有効であった時代とは経営環境が大きく変化し、大量生産・大量販売でスケールメリットを求めた時代から、市場の細分化、多品種少量生産、ソフトサービス化が要求される時代への転換が起きている。その結果、あまり付加価値の高くない製品の生産は発展途上国に移転し、国内ではより優れた先端技術を使う研究・開発や付加価値の高い製品の生産を行うようになってきている。このような構造変化のもとで、秩序の維持を重視する傾向が強い従来のシステムが経営環境との間でズレを起こしてきており、日本的経営は構造変化に対応した新しいシステムを必要としている。

この新しいシステムの1つに「適切な業績評価と報酬や昇進などへの結びつけ」が挙げられる。これは、業績評価の基準をできるだけ明確、公平に行うことであるが、具体的には、曖昧になりがちな人柄、協調性、やる気、勤務態度などによる評価よりも、明確な業績の達成度に重点を置いて評価を行うことである。この方法は、従業員のモラールを向上させ、自分の能力を高めようというインセンティブを与えるとともに、独創的なアイデアを生み出すことが可能な土壌をつくることにつながる。また、これを報酬や昇進などに結びつけることによって**ペイ・フォー・パフォーマンス**を徹底させることができ、収益とコストをバランスさせることができるのである。

このように業績評価においては、動機づけにつながること、公平であること、さらにわかりやすいこと、会社の目標との整合性があることが重要である。

以下、業績評価の手法についてまとめていく。

❷ 業績評価の単位

業績評価を行うためには、評価されるグループに基本的な事業の権限を与えることと、定量的に評価・測定できる結果をフィードバックして、それに対する責任を持たせることが必要になる。

業績評価を行うためのグループ分けの方法には、2通りの考え方がある。1つは職能あるいは機能の違いによってグループ分けをする方法である。これは人事、財務、購買、製造、販売などの機能に応じて業績評価グループを設定し、そのグループごとに業績を評価していくものである。一般的には、企業の規模がそれほど大きくなく、トップダウンで会社が動いている場合にはこの方法が有効といわれている。しかし、職能あるいは機能によって区分した場合、各グループの業務が専門化するため、各グループレベルでは会社全体の動きがわかりづらくなり、中央集権的になりやすい、また各業務の違いが大きくなるために公正な評価基準を設定することが難しいといった欠点がある。

もう1つは、製品・サービス別あるいは地域別などのように、事業として一定のまとまった単位に対して責任を持たせる方法である。たとえば製品別の事業単位（事業部）の場合には、それぞれの製品に対するマーケティング、企画、製造、販売のすべてを各事業部が担当し、すべての権限と責任を負うことになる。また全国的な規模で事業を行っている大企業においては、製品別のほかに地域別の事業単位を採用する場合もある。このような地域別の単位が有効だと考えられるのは、地域ごとにマーケティング戦略を変えたり、あるいは地域ごとに顧客の特性に違いがあり、まとまって活動したほうが効率が良いような場合である。実際には多くの企業がこのような事業グループ（製品・サービス別、地域別）を業績評価単位として採用している。

このような業績評価で重要なのは、責任とともにそれに見合うだけの裁量をそれぞれの評価単位に与えることである。これによって従業員のやる気を刺激することができ、また社員が事業の川下から川上までの仕事を経験することが可能となり、将来の経営幹部の育成にも効果が期待できる。このような単位別組織の代表例が「事業部制組織」であるが、これはけっして事業部に限ることではなく、事業部を束ねた事業本部から事業部の中の課単位といった小さなものまで、さまざまな種類が考えられる。

また、業績評価単位は、組織の成長ステージや経営環境等の変化に合わせて変えていくべきものである。たとえば独立採算の代表例といわれた松下電器産業の事業部制も、1933年にスタートして以降、数回の変更を行っている。当初の変更は、事業部間の連携が必要となる新製品が多くなってきたため、ある程度大きなグループにまとめて、組織の連携ができるようにしていこうという方向のものであった。しかし、結果としては事業部単位の力が強すぎたためグループの権限と責任が不明確となり、再度組織の変更を行ってきている。

このように業績評価単位は業績評価のためだけにあるのではなく、会社経営の組織論的な面からの影響を大きく受けるものであるため、経営環境の変化を含め、その構築は総合的な視点から考えていくことが必要である。

❸……………………業績評価の基準

業績評価の基準としてはいろいろなものが使われている。その中で過去比較的多くの日本企業が重視してきたものは売上高である。しかし、規模よりも収益力を重視するという流れの中で事業部門の業績評価の基準として重要性が増してきたものが**貢献利益**である。貢献利益とは売上高から各部門のコストであることが明確なコストである部門個別費を差し引いて計算した利益のことで、各部門が全体の利益にどれだけ貢献したのかという意味で貢献利益と呼ばれている。業績評価を行う際には、このような数字について、前年度比較、予算実績比較、他部門との比較をしていくことが一般的である。

それではここで、事業部別損益計算書をもとに、事業部、事業部長の業績の評価基準について考えていこう。

まず各段階の利益は以下のものを意味している。

●限界利益

変動費の管理や製品の組み合わせ、また製品の価格設定の良否を示す指標である。商品や製品のブランド力や変動費のコストダウンの効果などが表れている。

●管理可能利益

事業部長が管理可能な費用だけを差し引いた利益金額である。

●貢献利益

事業部の直接的な業績を表す利益である。管理可能利益から事業部のコストであることが明確であって、事業部長が管理することができない管理不能費を差し引いて計算した利益金額である。

●純利益

本社費用の事業部への割り振り分である本社共通費を配賦した後の利益であり、事業部の利益とは直接関係なく全社的な利益を計算するための利益である。

事業部制組織を採用している場合に、事業部長の経営意識を高め、組織を活性化させるという観点からは、この事業部別の損益計算書の各段階の利益の中で、どれをベースに業績評価をすればよいのだろうか。

全社的な利益、あるいは事業部としての直接的な利益を各事業部長に意識させるためには、「貢献利益」「純利益」を評価の対象とするという考え方もある。しかし、一般的には、事業部の評価と事業部長の評価とは切り離して考え、事業部長の業績評価には、事業部長が管理可能な費用だけを差し引いて計算した「**管理可能利益**」が望ましいと考えられている。

これは、管理不能な費用についてまで責任を問われると、個人の評価としては適切なものでなくなる可能性があり、モチベーションを下げる可能性があるからである。さらに優秀な管理者であればあるほど業績の悪い事業部のリーダーを担当させられる可能性があり、その場合に、もともと業績の良い事業部のリーダーと比較して評価が不利にならないようにするためには、管理可能な利益で評価すべきであるということもある。このように、事業部長の業績評価は「管理可能利益」をもとに行い、事業部の評価は、「貢献利益」あるいは「純利益」によって行うことが望ましい。

なお、多くの企業では、事業部の評価については、本社経費をいろいろな方法で各事業部に配賦して、純利益で評価している場合が多い。これは、各事業部に本社経費を埋め合わせる役目を負っていることを認識させること、各事業部が本社費に対して関心を持つことによって本社費の増大に対するチェックにもなること、目標利益率の水準を全社と事業部とでほぼ一致させ、イメージしやすくすること、などが理由として挙げられる。

最近は、全社レベルでの目標としてROEやROAを掲げる企業も多くなっている。このような中で全社の目標と部門の目標や個人の目標とを一致させるためには、前述のように各部門をインベストメントセンターとして位置づけ、ROEやROAで評価していくことが望ましい。そのためには各部門に収益・費用などのフロー項目（P/L項目）だけではなく、売掛金や在庫などのストック項目（B/S項目）までを割り当てていくことが必要となる。さらに、使っている資産や資金の量に応じた社内金利や資本金を各部門に割り当てる方法も考えられる。

このような方法は、売掛金、在庫、といった各事業部のオペレーションの状況が直接反映されるようなB/S項目については各事業部に権限と責任を持たせるほうがより効率の良い事業運営を行うようになる可能性が高まること、また、B/S項目を各事業部に割り当てて独立した1つの企業に近づけることによって、各事業部が自立心を持つようになり、業績管理も明確になるというメリットがある。しかし、このような資本効率を重視した評価基準を採用する場合には、投資の権限もある程度現場に委譲していくことが望ましい。

さらにROEやROAをサポートする指標として、売上債権回転率、在庫回転率、固定資産回転率などを使うことも考えられる。

また、それぞれの会社の状況に合わせて、財務数値以外にもいろいろな非財務

図表3-8 事業部制における損益計算書とその評価（例）

項目	事業部A	事業部B	全社
ⓐ売上高	×	○	△△
ⓑ変動費	×	○	△△
ⓒ限界利益（ⓐ－ⓑ）	×	○	△△ ◄……現場業績
ⓓ管理可能費	×	○	△△
ⓔ管理可能利益（ⓒ－ⓓ）	×	○	△△ ◄……事業部長業績
ⓕ部門固有管理不能費	×	○	△△
ⓖ貢献利益（ⓔ－ⓕ）	×	○	△△ ◄……事業部業績
ⓗ共通本社費			△△
ⓘ純利益（ⓖ－ⓗ）			△△ ◄……全社業績

数値を利用することも考えられる。具体的には生産高、設備稼働率、品質検査合格率、納期遵守率、代金回収率、出勤率、在庫量、クレーム件数などである。これらは、BSC（第3部第4章）、またKPIを業績評価のツールとして使うことでもある。

なお、ROEやROAを重視することによって効率が強調されると、新製品開発や、利益額は大きいが利益率が若干低いプロジェクトが捨てられるおそれがある。そのような欠点を補う意味で、EVAのような金額で表される**残余利益**の考え方を使う方法も考えられる。

この方法では以下のように計算を行う。

残余利益 ＝ 部門利益 － 資本コスト（金額ベース）

ここで部門利益としては、「金利差引前税引後利益」を使う。一方資本コストとしては、企業を運営していくために必要な資本のコストとして、事業に投入している資産に全社ベースのWACC（加重平均資本コスト）などを掛け合わせて計算していくこととなる。

経営環境の変化が速くなる中で、各部門や本社がいろいろな動きを素早く把握して早めに対応することが重要になっている。したがって、財務管理を強化して、タイムリーな月次決算を行い、現場に情報をフィードバックしていく仕組みも重要である。

4 部門別業績評価のための仕組み

部門別の業績評価を行うための仕組みにはいろいろなものがあるが、ここではそれを簡単にまとめていく。

◉社内金利制度

社内金利制度とは、事業部の業績評価を公正に行うために、各事業部の資金の使用量に応じて金利を負担させる制度のことである。

つまりこの方法は、利益を、それを獲得するために投入している資金のコストを差し引いたうえで計算していくものである。このような仕組みを採用することによって資本効率を重視していくことは、結果としてROE、ROAといった総合的な収益力の向上にもつながっていく。なおこの場合、各事業部に割り当てる借入金（資金の使用量）は、各事業部の総資産から借入金を除く流動負債と純資産を差し引いて計算する場合が多い。

適用する利率としては、

❶財務部の実効金利に合わせて決める

❷市中金利の動きに合わせて決める

❸企業の方針に基づいて政策的に決める

などの方法があるが、❶は財務部の運用の巧拙が事業部の業績に反映されてしまうのであまり望ましくなく、❷❸から選択しているのが一般的である。なお、財務部をプロフィットセンターと位置づける場合には、❷❸が適当である。

◉社内取引価格（Transfer Pricing）

社内取引価格とは、社内の事業部門間の製品や商品の取引価格のことである。一般に、各事業部の評価を適切に行うためには、各事業部をそれぞれ1つの会社のように考えて、部門間の製品や商品の移動について取引価格を設定し、各部門をプロフィットセンターとして位置づけて利益をもとに評価していくことが望ましいと考えられる。この場合、製品や商品の取引価格をどう決めるのかによって各部門の利益や業績評価は大きな影響を受けることになる。

一般に、社内取引価格は、原価と市場価格の間の適当な価格で設定されている。しかしその水準によって、各事業部の行動に変化が出てくる可能性がある。具体的に、その影響を販売部門と製造部門の間の社内取引価格を前提にして考えてみよう。

製造部門から販売部門への社内取引価格が原価に近い水準で低めに設定されている場合には、販売部門が有利となり、全社の利益はほとんど販売部門の利益と同じになるので、販売部門の努力次第で会社全体の利益が決まるようになる。一方、社内取引価格が市場価格に近い水準で高めに設定されている場合には、販売部門は自社内部から購入するメリットを感じなくなってしまう。したがって、製造部門のコストに一定の利益を加えた、市場価格よりはそれなりに低い社内取引価格をベースにして販売部門に利益拡大の目標を与えるようにしたほうが、会社全体としてはより高い利益を獲得する可能性がある。

しかし、社内だからといって、どんなに価格が高くても、また品質が悪くても、無条件に取引を行うことは、各事業部を強くしていくという面からはあまり望ましくない。したがって、基本的には取引価格については事業部間の交渉に任せ、交渉がまとまらない場合には他社に販売したり、他社から仕入れたりすることができる制度を採用し、それぞれが独立した企業のように活動していくことが望ましいと考えられる。このように、社内取引価格の問題は、外部からの購入や外部への売却を自由に認めるかどうかと密接に関係している。そして、これを認めることにすると、企業内の競争が促進され、独立採算と自立の傾向が強まることになる。

しかし、社内の部門間での取引価格の交渉は、多くの場合、事業部間の競争を促す半面、交渉に時間や手間がかかったり、徒労感やむなしさを感じたり、事業部の利益のために会社全体の利益が犠牲にされることも予想される。しかしその場合も、各部門の自立を促すためには、部門間でのある程度の軋轢は致し方ないものとして前向きにとらえるとともに、全社的な戦略という視点から必要な場合だけ、トップ・マネジメントが調整する仕組みを活用していくことが望ましい。

一方、外部からの購入については、製造部門の量産効果などまで考えると全社的にはマイナスになる場合もある。したがって、社内で生産した場合との違いを量産効果、品質、サービス、支払い条件、配達の迅速さといった面から比較し、総合的に検討する必要がある。さらに、取引交渉に時間や手間がかかるようであれば、一定期間の取引価格をあらかじめ決めておいて、定期的に見直しをする方法も考えられる。

◉本社共通費

本社共通費とは、全社をコントロールしている総務部、財務部、経理部、人事部などの費用のことである。このうち、どの事業グループのために使ったのかが明確な費用については、各グループに割り振ることによって各グループの損益に反映させることが望ましい。

しかし、明確でない費用については各グループに割り振る方法と割り振らない方法が考えられる。この割り振りをするかどうかは、各事業部の独立採算と自立をどこまで求めるのかといった方針にも関係してくる。

割り振る方法は、全社ベースで利益を上げるためには、各事業部にも本社共通費を割り振ることによって、独立採算でも利益を確保し、自立することを求めていくことを前提としている。一方、割り振らない方法は、各事業部との直接的な関連がわからない費用を何らかの基準で割り振ってしまうと、かえって割り振り方法に対する不公平感が出たり、企業グループ全体としての一体感が弱くなるため、それを避けることを前提としている。

ただ、一般的には多くの企業で、本社共通費を各部門に可能なかぎり割り振っていき、そのうえで各事業部の利益を計算する方法が採用されている。その理由としては次の2つの点が挙げられる。

①各事業部に本社共通経費を認識させる
②目標利益の水準を全社と事業部で一致させ、イメージしやすくする

具体的な割り振り方としては、各部門が受けたサービスの程度によってABCなどの手法を使って配賦する方法と、各部門の規模に応じて配賦する方法がある。前者では、経理部門の経費を伝票処理件数によって配賦する方法などが考えられ、後者では、売上高、人員数、人件費、総費用などを基準として配賦する方法が考えられる。ただ一般に、後者を採用している場合が多い。なお、本社共通費を細かく分けてそれぞれ別の基準で配賦することは手間がかかるので、状況に応じて判断する必要がある。

◉社内資本金制度

社内資本金制度とは、会社の資本金を各事業部に割り当てる制度のことである。これは各事業部にバランスシートを割り当てることによって、損益だけでなく投入した資本、あるいは資産に対する投資効率を重視させることを目的としたものである。また、割り当てられた資本金をもとに、毎年の事業部の利益を内部留保として加え、事業部の純資産の部を集計し、ROEなどで各事業部の業績評価を

図表3-9 事業部バランスシート

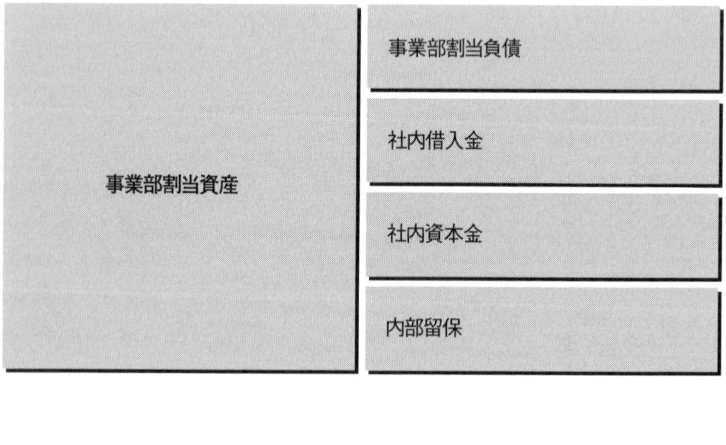

行うこともある。

なお、各事業部に資本金を割り当てる方法には以下のようなものがある。

- 各事業部の総資産の金額をベースにして割り当てる
- 総資産から流動負債を差し引いた金額の比率で割り当てる
- 各事業部の売上高をベースに割り当てる

これ以外に、VBM（価値創造経営）の考え方を各事業部に導入するような場合には、有利子負債と株主資本の合計を各事業部に割り当てて、それにWACCを掛け合わせて資本コストを計算し、それと税引後営業利益などの業績とを比較するという方法も考えられる。

なお、社内資本金制度と社内金利制度は、事業部制組織を導入している比較的多くの企業で採用されている。

❺……………………評価のステップと留意事項

個々の従業員の評価は、次のようにPlan-Do-Check-Actionのサイクルに従って行っていくことが望ましい。

①特定の業務目標の確定
②その目標を達成するための、個々の従業員に対する期待レベルの設定と確認
③実際の業務遂行
④業務の評価
⑤従業員との面談による評価内容の伝達と改善策の検討

具体的な評価の方法としてはいろいろなものがあるが、そのうち代表的なものは以下のとおりである。

❶評価点方式

業務のいろいろな点について5段階などで評価する方法である。

❷重要事項記載法

上司が部下の業務の中で特別なことがあったときに、それをそのつど記録に残しておき、それによって評価する方法である。

❸目標管理法

あらかじめ設定した業務目標の達成度によって評価する方法である。

このうち日本では、❸の目標管理法（MBO：Management By Objective）を

採用している企業が多い。

しかし、いかに精緻な評価システムをつくったとしても、評価はヒトが行うものであるために、以下のような問題点を含んでいるので、注意が必要である。

●客観性の欠如

具体的な業務に関連性が深く、定量的な要素の強い項目の評価は客観的に行いやすいが、仕事に対する態度、ロイヤルティ、個性といった定性的な項目については客観的な測定が難しく、評価者の主観や恣意性が入り込む余地が大きい。

●偏見

たとえば**ハロー効果**といって、ある項目についての評価が強い印象となって他の項目の評価にも影響を与えてしまうことや、**至近実績偏見**といって、同じような行動でも新しいもののほうが強い印象を与えることなどがある。さらに、性別、学歴、年齢といった部下のバックグラウンドによっても差別的な偏見が入ることもある。

●平均化傾向

実績に差があったとしても、ほとんどの部下が仕事に前向きに取り組んでいるような場合には、心情的に大きな差をつけたくないと思う結果として、評価が平均点付近に集中する傾向が出てくる。

❻……………………評価のフィードバック

評価は、その結果を当人にフィードバックすることによって、本人が他人の目を通してあらためて自分の長所・短所を明確に認識し、長所を伸ばしたり、また欠点を補うことに利用することができる。最近は評価結果を本人にフィードバックする会社が増えてきている。これは、自らが自分のキャリアプランを考えながら進んでいくことの重要性が高まってきており、自己分析のデータの1つとして評価結果のフィードバックが重要になっているためと考えられる。

また、業績評価の結果は以下のような面でも活用することができる。

❶業績評価の結果は、従業員の能力を最大限に発揮させることができるような昇進や再配置のための基礎データとして活用することができる。

❷業績評価を通じて個々人の得意あるいは不得意な分野が明確になるため、得意分野を伸ばし、不得意分野を克服するためのインセンティブを与えることが可能になる。また、個人の得意・不得意分野の積み上げによって、組織全体の強みと弱みもわかるようになるため、組織強化のための対策も立てやすくなる。

❸学歴、職歴をはじめとする入社前の経歴や経験と会社での活躍が関連している場合には、評価結果を採用活動にフィードバックして、効果的な採用活動にも利用することができる。

さらに、フィードバックをもとに新しい目標を設定し、さらに良い成果を達成するといった好循環を通して、経営効率の改善に結びつけることもできる。

また、業績評価とは人の査定と育成を同時に行うことでもある。業績評価の結果は従業員を強く動機づける一方で、その方法や内容によっては失望させることもある。したがって、従業員の潜在的な能力を高め、発揮させるような業績評価システムを構築することが重要である。

4 モチベーションとインセンティブ

ヒトという経営資源は、能力は同じでも、インセンティブをどう与えるかによって、その能力の発揮レベルに差が出てくる。したがって、企業が限られた経営資源を使って組織としてのアウトプットを高めていくためには、それぞれの従業員のモチベーションを最も刺激するインセンティブを与えるような仕組みをつくることが重要になる。

ここでは、そのような仕組みをつくるための前提となる、人のモチベーションとインセンティブについて、簡単にまとめていく。

❶ モチベーション

人のモチベーションは、大きく3つに分けることができる。

❶金銭的動機

生活のベースとなる金銭を得ようとするもので、最も一般的で根本的な動機である。

❷社会的動機

集団へ帰属することによって安心感を得たり、一定の価値観を共有できる集団の中で社会生活を営みたいという動機と、その集団の中で評価されたいという動機のことである。

❸自己実現動機

学習、成長、社会的な使命感といった、自己をいろいろな形で実現していきたいという動機のことである。

一般に、人は上記のような動機の中の1つだけを持っているのではなく、人により重要度に差はあるが、それぞれの動機を組み合わせて持っている。

❷……………………モチベーション理論

人が働くモチベーションについてはいろいろな理論があるが、その代表的なものについてここで簡単にまとめていく。

◉マズローの欲求５段階説

A.H.マズローは、人間の欲求を、生理的欲求、安全欲求、社会的欲求、尊厳欲求、自己実現欲求の5段階に分け、各段階での欲求が満たされると、次の段階の欲求を持つようになると結論づけている。

❶生理的欲求

衣食住など、人が生物として生きていくための基本的な欲求のこと。具体的には、人間として生活するために必要な給与を得るために働くことである。

❷安全欲求

危険から身を守るといった、安全に対する生理的、また物理的な欲求のこと。具体的には、安全な職場環境で働きたいということである。

❸社会的欲求

集団に所属して、良好な人間関係を得たいという欲求のこと。

❹尊厳欲求

他人から高く評価されたい、大きな成果を上げたい、責任や権限を持ちたい、といった欲求のこと。

❺自己実現欲求

自分の持つ可能性を見つめ、それを最大限に発揮することによって、自分なりに最高の姿を実現したいという欲求のこと。この段階では、他人の評価に関係なく、自分自身で考えた目標に対して、納得のいく成果をどれだけ出せるのかが最も重要だと考えるようになる。

これに従うと、「人は自分の能力に対して高い評価を求め、自分の潜在的な能力を高めたいという自己実現欲求を持っており、組織がそれに応えるようなインセンティブを与えていくことが望ましい経営管理である」ということができる。

❸……………………インセンティブ

社員のやる気、つまりモチベーションを刺激するためのインセンティブは、大きく5つに分けることができる。

❶金銭的報酬

これは、最も具体的でわかりやすいインセンティブであるが、高いコストを伴うことになる。また、ある一定レベルを超えると効果が少なくなり、これだけに頼りすぎると、他社からより高い報酬を提示された場合には転職してしまうおそれがあるなど、底が浅いインセンティブでもある。

❷評価

社員の行動や結果を評価することである。具体的には地位や権限、あるいは名誉などを与えたり、ほめたりすることであるが、これによって社員のエネルギーを引き出すこともできる。

❸組織と個人との価値観の共有

社員が会社の経営理念や経営者の経営哲学に共鳴できるように、その理念や哲学を明確に設定して、それを社員に対して十分に知らせることである。また、そのような理念、哲学に共鳴するような人を採用することによって、会社全体の使命感を高めることもできる。

❹自己実現の場の提供

教育や仕事の内容、また責任や権限の与え方によって、組織の中で社員が自分なりに達成感を持って仕事ができるような場を設定することである。このような場を提供することによって、社員の積極的に働こうという意識を高めることができる。

❺職場の仲間との人間関係やリーダーの魅力などの人的要素

人間関係が円滑な場合には、安心感や余裕を生むことになるので、組織への帰属意識や活力を高めることにつながる。

このような企業が社員に与えるインセンティブについても、個人のモチベーションと同じように1つだけを提供するのではなく、企業によって上記の5つをいろいろなパターンで組み合わせている場合が多い。

なお、組織としてのアウトプットを高めていくためには、できるだけ多くの社員を長期的に刺激することが必要であるが、そのためには金銭的報酬や評価などの短期的で目に見えるインセンティブだけに頼るのではなく、それ以外のインセンティブも強調していくことが必要である。また、企業の経営者やマネジャーは、社員がそれぞれの動機にどのような序列をつけているのかをよく理解したうえで、効果的なインセンティブを与える必要がある。

❹…………………………報奨

報奨は、個人が企業に対して提供したサービスの対価として、企業から個人に対して支払うものである。企業が業績を上げていくためには、それぞれの社員のモチベーションに合ったインセンティブを提供することができるようなシステムをつくる必要がある。具体的には、金銭的な報奨と非金銭的な報奨とを組み合わせることによって、水準、組み合わせ、評価などをもとに決めていく必要がある。

◉報奨の3要素

報奨を決める際に考えなければならない要素が3つある。

❶報奨水準

報奨水準（レベル）は、人材の流動性が高いほど重要な意味を持っている。同様の仕事であれば、給与の高いほうを選択したいというインセンティブが働くからである。また報奨水準は、会社として負担する人件費を決めることにもつながる。

❷報奨の項目の組み合わせ

これは、給与あるいは福利厚生といったベネフィットとして、どのようなものを提供するのかということであるが、これによって従業員に対するインセンティブが変わってくる。また、企業としても組み合わせによってコストが変化することになる。

❸報奨支払いと評価

評価と報奨は、公正に結びついていなければならない。

◉報奨の形態

報奨には、経済的なものと非経済的なものがある。そのうち、経済的なものには、給与やボーナスなどの直接的なもの（ペイ・フォー・パフォーマンス）と、保険や教育に対する補助などの間接的なもの（**福利厚生**：**フリンジ・ベネフィット**）がある。一方、非経済的なものとしては、社員の行動や結果を評価し、地位を与えたり、表彰などによって名誉を与えること、また自己実現の場を提供することなどが考えられる。

なお、経済的な報奨の具体的な内容は以下のとおりである。

●給与

業務評価に基づいた通常の報奨方法であり、評価結果に基づいて、資格（等級）と考査結果のマトリックスによるテーブルなどで給与を決定していくことになる。このような評価をもとに給与や昇進などを決定している企業が比較的多いが、評価とともに、能力、年功、経験なども考慮されることもある。

●福利厚生

有給休暇や連続休暇制度、安全や健康についての諸制度、教育や住宅などについての補助、年金制度などがある。また、最近はいろいろな福利厚生システムの中から自分で欲しいものを選び、パッケージを決めて報奨を受け取ることのできる**カフェテリア・コンペンセーション**という形態を採用している企業もある。その一方では、福利厚生制度をなくし、すべて給与やボーナスとして支給していく企業も出てきている。

●インセンティブ・システム

以前は「出来高払い」といわれていたものである。現在ではいろいろな形態のものがあるが、代表的なものとして、プロフィット・シェアリングとストック・オプションがある。

◉プロフィット・シェアリングとストック・オプション

プロフィット・シェアリングは、従業員が利益向上に努力するように、ある期間の一定の利益（率）を従業員に配分することを決めておくことである。

一方、ストック・オプションとは、一定数の株式をある一定の価格（ストック・オプションの権利を与えたときの時価）で将来買い取ることのできる権利を与えるもので、マネジャーや役員に対するインセンティブ・システムとして代表的なものである。

ストック・オプションは優秀な人材を企業につなぎ止めたり、現在の報奨を上げなくても、将来株価が上がれば報奨が得られるという面で、やる気のある人材のスカウト手段としても使える可能性がある。

たとえば任天堂では、2008年時点で、取締役に対する報酬を固定部分と業績連動部分に分け、業績連動部分については連結営業利益と連動させることにしている。具体的には、連結営業利益の0.2%を業績連動給与の総額（6億円が上限）とし、それを役職別のポイントをもとに割り振るという仕組みを採用している。これによって、連結営業利益の拡大に向けて経営陣が努力するような体制をつくっている。

なお、パフォーマンスの測定については、厳密なシステムをつくればつくるほど評価の融通性がなくなったり、評価が短期的になりやすく、従業員が長期的な視点を失う傾向が出てくるなどの問題が生じる可能性がある。さらに、事業部の業績に比重をかけすぎると、会社全体といった視点から乖離しがちになり、個人業績を偏重すると、チームプレーを重視せず組織としてのまとまりに欠けるおそれが出てくるという問題もある。

また、インセンティブの仕組みは、日々の従業員の行動にも影響を及ぼすことになる。

このように、さまざまなトレードオフ条件を考慮したうえで、インセンティブ・システムを構築する必要がある。

【参考】アウトソーシングとは

アウトソーシングとは、経営効率を高めるために、外部の企業に社内業務を委託していくというマネジメントの手法である。日本では、1990年代後半から活用されてきている。社内の間接業務をある特定の部門あるいは子会社に集中させ業務の見直しを図り、標準化していくツールであるシェアードサービスと共通点があるが、アウトソーシングは外部に委託することであり、業務の見直しや標準化を、アウトソーシングを受託する先が行う点が違っている。

アウトソーシングのメリットとしては、

❶アウトソーシングを受託する**アウトソーサー**の作業効率の高さや低コスト構造によって、コスト削減につながる

❷アウトソーシングによって浮いた経営資源を、戦略的により重要な業務に集中的に投入できる

❸固定費を変動費化することによって、身軽で利益の変動が少ない、リスクの低い事業モデルを構築できる

❹専門性の高いアウトソーサーに任せることで業務の品質が向上し、サービスの幅が広がる

といった点が挙げられる。

アウトソーシングの対象になるのは一般的に、定型化ないし共通化できるような業務や、高度な専門性が必要で習熟と維持にかなりのコストがかかるような業務である。

具体的には、カフェテリアプランの採用など福利厚生や教育研修・給与計算といった人事関連分野や伝票処理などの経理分野、IT企業に基幹システムの管理運用部門をまとめて依頼するといった情報システム分野、物流業務を外部に任せるといった物流分野など、間接業務について行われることが多い。これ以外に、生産プロセスを外部企業に依存する「ファブレス」の形態も、アウトソーシングの1つである。

なお、アウトソーシングを成功させるためのポイントの1つは、アウトソーサーの選択と良い関係の保持である。アウトソーサーの選択にあたっては、一般に提供を受けるサービスの品質と自社の状況をよく把握しているかといった自社との関係が重要といわれているが、それに加えて価格・実績・信頼性などもよく考えて慎重に行うべきである。選択した後の契約にあたっても、細かく見積もりをとって契約内容を詳細まで詰めておくと同時に、契約前から契約後まで一貫してしっかりとしたコミュニケーションをとることが望ましい。

最後に、アウトソーシングの注意点についてまとめておく。

1つは、社内のどの業務をアウトソーシングの対象にするのかをよく考えることである。具体的には、業務プロセスと戦略をしっかりと考えて、競争優位の構築あるいは維持の面から社内に保持しておいたほうが良い部分は、対象にしないことが重要である。ファブレスメーカーの中には、生産業務を外部に委託してしまったため、コストダウンが非常に実行しにくくなってしまっている例もある。

2つ目は、実行後のトラブルを避けるために、しっかりとした理解とアウトソーサーとの密接なコミュニケーションをとっていくことである。アウトソーシングにまつわるトラブルの多くは、品質、納期、料金といった契約内容に関連するものが多いようである。このようなことを避けるために、アウトソーサーとの連携はしっかりと行っていくべきである。特にトラブルが多いといわれる情報システム分野では重要である。

【参考】シェアードサービス

シェアードサービスは、社内または企業グループ内で分散して行われている業務、特に間接業務を、ある社内部門または子会社に集中し、業務の見直しを行って標準化していくというマネジメントの手法のことである。1980年代初めにアメリカのGEが導入したのが始まりといわれており、日本でも1990年代末頃から三菱商事、住友商事、東京ガス、オムロンなどで導入されている。

シェアードサービスの目的は、大きくは「コスト削減」と「利益獲得」である。このうちコスト削減は、シェアードサービスを採用する中で業務の見直しを行うことによって、無駄を省き効率的な業務プロセスに変更することによって実現できるものである。利益獲得は、サービスを外部の企業に提供し、売上高・利益を追加で獲得することによって実現できるものである。加えて、専門担当者の育成、業務の品質向上、内部統制強化、情報の一元化といった目的も挙げられる。

一般的にシェアードサービスの導入に向いているのは、事業が多角化していて、分権化された組織形態を採用しており、事業部ごとに間接部門があり、またグループ会社が多いような企業グループである。このような企業グループでは、間接業務を集中させ、業務の見直しを行い、標準化を図ることで、かなり大きなコスト削減が図れる可能性が高いからである。

なお、業務の集中化は、まず親会社の業務を集中化し、その後規模の大きな関係会社や地理的に近い企業を取り込み、そのうえでそれ以外の企業を対象としていくといったステップで行われることが多い。また、定型的な業務をシェアードサービスの対象とし、一方で戦略的な業務は対象外とするケースが多いようである。ただ、性質の違ういろいろな業務を1つの組織にまとめすぎると、新たな間接コストが発生したり、求心力の問題が出てくる可能性があるので注意が必要である。さらに、業務の見直しにあたっては、その業務がそもそも必要か、また必要であったとしても効率的に行われているのか、といった視点から見ていくことも重要になる。

シェアードサービスを採用している組織が、前述のような利益の獲得を目的としてサービスの外販を行う場合がある。外販はある意味でアウトソーサーになってアウトソーシングされた業務を受託することでもあるが、一般に競合企業が多いことが多く、競争力の保持が難しいこと、またカスタマイズしたサービスが要求されてコストが高くなり、採算が悪化することが多いことなどから、実際にはあまり行われていないようである。

しかし、シェアードサービスの導入や業務の中で獲得したノウハウの提供といったコンサルティング業務で利益を上げている例はある。

最後に、シェアードサービスを導入する場合の組織の形態についてまとめていく。具体的には、次のような2つのパターンに分けることができる。

●本社の一部に業務を集中する

これは、シェアードサービスの組織を本社の一部門として立ち上げるものである。一般的にはコストセンターとして位置づけられ、外販はせずに企業グループの業務を集中して行うことによってコスト削減を目的とすることが前提となっている組織である。

この形態のメリットとしては、①大きな組織変更が必要なく、社内の抵抗も少ない、②目標をコスト削減で統一しやすい、③外販をしなければ利益獲得のプレッシャーがなく、標準化が促進される、といった点が挙げられる。

一方、デメリットとしては、①従来の業務を引き継いでスタートするため、徹底的な標準化などが難しい、②シェアードサービス部門の業績測定が難しい、といった点が挙げられる。

●子会社に業務を集中する

これは、シェアードサービスの組織を子会社として立ち上げるものである。一般的にはプロフィットセンターとして位置づけられ、企業グループの業務を集中して行うことによってコスト削減を目的とすると同時に、場合によっては外販による利益獲得も目指すことが前提となっている組織である。

この形態のメリットとしては、①徹底したコスト低減や業務の効率化が行いやすい、②本社のスリム化につながる、③シェアードサービス部門の業績測定が行いやすい、④外販による利益獲得に適している、といった点が挙げられる。

一方、デメリットとしては、①新設すると、投資額が大きくなる、②従業員のモラールが低下する可能性がある、③本社などからの継続した値下げ要請やカスタマイズに消極的になり、各部門とのコンフリクトが発生する、といった点が挙げられる。

これ以外にも、グループが異なる数社で業務を集中するために、新たに企業を立ち上げるケースもある。この形態のメリットは、①各社の業務のエッセンスをまとめることで、より質の高いアイデアが生み出せる、②他社の業務をベンチマークとして活用することができる、といった点である。しかし、社内のノウハウが外部の企業に公開されてしまう、といったデメリットもあるので、対象とする業務と連携する企業の選択については慎重に行う必要がある。

このように、シェアードサービスを導入する場合の組織の形態にはいくつかあり、それぞれメリットとデメリットがあるので、どれを選択するのかについてはよく検討する必要がある。

第2章
損益分岐点分析とコントロール

1 損益分岐点分析とは何か

損益分岐点（Break Even Point）とは、損失が出てしまうのか、あるいは利益を出すことができるのかの分岐点、つまり最終的な利益がちょうどゼロになるような状態（採算点）のことである。

損益分岐点の売上高が低ければ、少ない売上高でも黒字を出すことができるので、その事業はリスクも少なく、比較的余裕があるということができる。たとえば、取り扱い商品の種類や売上高の規模がほとんど同じX社、Y社があり、X社の損益分岐点売上高が5億円、Y社は10億円であったとすると、X社のほうが少ない売上高で黒字を出すことができるという意味で利益体質の良い会社ということができる。

また、「原価」、売上高や生産高といった「操業度」、「利益」の3つの関係から、操業度が変化すると原価や利益がどのように変化するのかを分析することを**CVP**（Cost・Volume・Profit）**分析**というが、損益分岐点分析は代表的なCVP分析のツールの1つということもできる。

損益分岐点分析は、市場調査の結果などをもとに次年度の売上高予測が出てきた場合に、その売上高で目標利益を達成するためにはどこまでコストダウンをする必要があるか、また次年度のコスト予算が決まった場合に、そのコストで目標利益を上げるためにはどれだけの売上高が必要なのかというように、目標利益を獲得するために必要な売上高や費用削減の目標値の計算に利用することができる。また、会社全体の分析だけでなく、いろいろな事業や店舗などの損益構造を分析したり、事業別あるいは店舗別の財務目標の設定にも活用できるのである。

2 変動費と固定費

損益分岐点を計算するためには、まずすべての費用（売上原価、販売費、一般管理費）を変動費と固定費に分ける必要がある。

変動費とは、一定の生産能力や販売能力のもとで、生産量や販売量などの操業度に応じて（比例して）変化する費用、つまり生産・販売が1ユニット増加するごとにそれに対応して増加する費用である。メーカーの場合には材料費、小売業の場合には商品の売上原価、販売手数料、運送費などが含まれる。

固定費とは、操業度の変化にかかわらず変化しない費用、つまり生産量や販売数量がゼロでも発生する費用であり、機械のリース料、設備の減価償却費、従業員の給与や役員の報酬などが含まれる。一般的には、小売業では変動費の比重が高く、メーカーでは固定費の比重が高いといわれている。

また、これ以外にも、両者の中間的な性格を持つ準変動費、準固定費というような費用もある。

準変動費とは、電話代や水道料金などのように、操業度がゼロでも基本料金などとして一定金額が発生し、その後操業度に比例して増加していくような費用である。**準固定費**とは、一定の操業度までは変化せず、ある操業度を超えると増加し、また変化しなくなるといった費用のことである。一般的には準変動費は変動費に、準固定費は固定費に含めている場合が多い。

さらに固定費については、短期的には固定費であっても、2〜3年といった期間で考えると一部変動費となり、長期的にはすべての固定費は変動費となってし

図表3-10 費用の種類

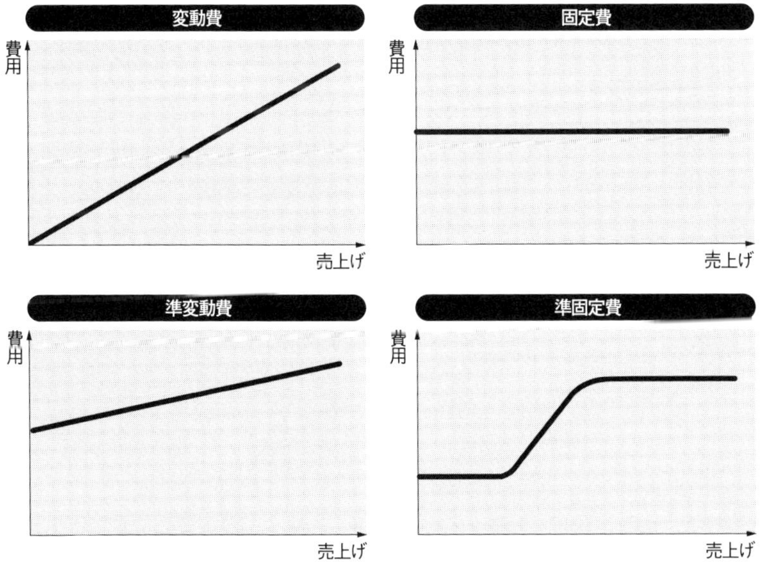

まう。

このように、意思決定を行う際には、費用をその意思決定の期間によって変動費と固定費に正確に分類していくことが必要である。ただ、損益分岐点分析では通常短期的な分析を前提としているので、短期的な操業度の変化による区分で問題ない。

3 変動費と固定費の区分方法

変動費と固定費を区分する方法にはいろいろなものがあるが、ここでは代表的なものについて簡単に解説する。

一般に、変動費と固定費を正確に区分することは難しい。たとえば日本企業の人件費については、ボーナスや残業代は変動費に近いと考えられるが、通常の給与は固定費に近い。また、契約の仕方などによって段階的に費用が増加していくものなど、変動費と固定費が混在しているような場合も多い。

損益分岐点分析は変動費と固定費の区分が基礎になっており、この区分を誤ると分析結果が異なってしまうので、ある程度慎重に行う必要がある。ただし、変動費と固定費の区分を丁寧かつ細かくやりすぎても、時間がかかり、結果もあまり違わないこともあるので、費用と効果を考えて区分方法を決めていくことが必要である。

◉勘定科目法

勘定科目法は、勘定科目別に、変動費か固定費かを決めていく方法である。勘定科目によっては、変動費と固定費の両方の要素が混ざり合っている場合も多いので、勘定科目ごとにどちらの比重が高いのかによって、ある程度割り切って変動費と固定費に区分していくことが必要である。

◉回帰分析を利用する方法

過去の売上高と費用の関係から回帰分析を行い、

$$Y(\text{各費用}) = AX(\text{売上高}) + B$$

といった1次方程式を作成することによって、費用を固定費と変動費に区分する方法である。

図表3-11 回帰分析法

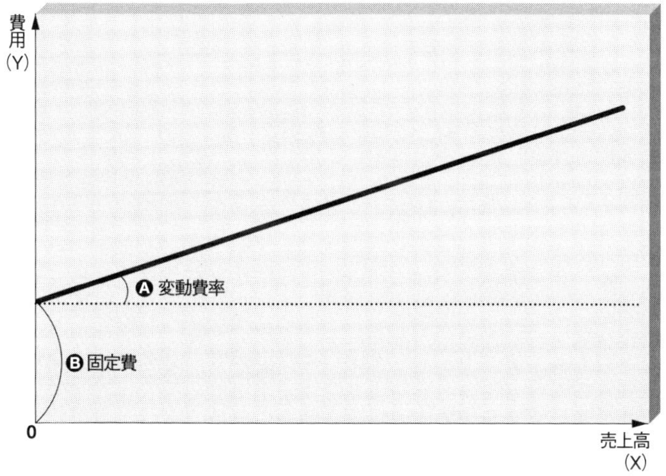

この場合、Aが変動費率、Bが固定費になる。エクセルなどの表計算ソフトには、過去の売上高と費用の推移をもとに上記のような各費用と売上高との間の関係を表す一次方程式を作成するような機能が含まれているので、簡単に計算をすることができる。その場合、企業の費用構造は徐々に変化しているので、使用するデータはできるだけ新しいもの、つまり年度決算よりも直近の月次決算を使うことが望ましい。なお、季節変動がある場合には、月次決算の利用は慎重に行う必要がある。

上記の2つの方法を比較すると、勘定科目法のほうが一般的には望ましいと考えられている。なぜなら、費用の変動費と固定費への区分は、損益分岐点分析、あるいは変動費のみで製品原価を計算する直接原価計算を目的として行われることが多いが、その結果をもとに、状況を改善するためのコストダウン具体策を検討することが多い。そうしたとき、変動費率XX%、固定費XXX円といった全体としての結果しかわからない回帰分析法よりも、変動費と固定費の内訳項目が明確になる勘定科目法のほうが利用しやすいからである。

4 損益分岐点分析の活用

❶ 損益分岐点分析の計算方法

それではここで、変動費と固定費を使って**損益分岐点売上高**の計算方法を考えていこう。

まず、変動費、固定費については、売上高と費用と利益の関係から以下のような関係が成り立つ。

売上高 − 変動費 − 固定費 ＝ 利益……（a）

売上高から変動費を差し引いた利益のことを限界利益（Marginal Profit）というので、

売上高 − 変動費 ＝ 限界利益……（b）

となる。ここで（a）の「売上高−変動費」を「限界利益」に置き換えると、

限界利益 − 固定費 ＝ 利益

となる。損益分岐点売上高とは、「利益＝0」のときの売上高であるから、

限界利益 ＝ 売上高 × 限界利益率 ＝ 固定費

が損益分岐点売上高では成り立つことになる（ただし、限界利益率＝限界利益÷売上高）。したがって、

$$損益分岐点売上高 = \frac{固定費}{限界利益率}$$

となる。

さらに、これを使って、一定の**目標利益**を達成するための売上高も計算することができる。つまり目標利益を達成するためには上記の計算式において、

限界利益（売上高 × 限界利益率）− 固定費 ＝ 目標利益

が成り立っていなければならないので、

$$目標利益達成売上高 = \frac{固定費 + 目標利益}{限界利益率}$$

として計算できるのである。

また、将来不測の事態によって売上高が減少したとしても利益を出すことができるか、といった会社の利益の安定性を見るために、損益分岐点売上高と現在の売上高の比率を計算することがあるが、この比率を**損益分岐点比率**という。これは以下のように計算し、比率が低ければ低いほど経営が安定していることになる。一般的には、70%以下であれば超優良企業、80%以下であれば優良企業といわれており、現在の売上高が損益分岐点での売上高を下回っている赤字企業では100%を上回ることになる。

$$損益分岐点比率（損益分岐点の位置）= \frac{損益分岐点売上高}{現在の売上高}$$

また、損益分岐点比率が低い企業は、PL訴訟やリコールといった不測の事態によって一時的に大幅な売上高の減少があっても、損失を最小限に食い止め、場合によっては利益を出し続けることができるような利益構造となっていることを意味しており、その面ではリスク対応能力が高いということができる。このように、損益分岐点比率を下げることはリスク・マネジメントの一種と考えることもできる。

それでは、下記の例で、営業利益がゼロとなるような損益分岐点売上高を計算してみよう。

［単位：千円］

売上高	1,500,000
売上原価	950,000
売上総利益	550,000
販売費および一般管理費	460,000
営業利益	90,000

なお、売上原価全額と販売費および一般管理費のうち220,000千円は変動費とし、販売費および一般管理費のうち240,000千円は固定費であるとする。

この損益計算書を変動費と固定費の区分によって作成し直すと、

［単位：千円］

売上高	1,500,000
変動費	1,170,000（変動費率 78%）
限界利益	330,000（限界利益率 22%）
固定費	240,000
営業利益	90,000

となる。

なお、損益分岐点分析を行う場合の損益分岐の利益としては、営業利益、経常利益、当期純利益などいろいろな利益を使うことが考えられるが、会社の事業について損益分岐点分析を行う場合には、営業利益を基準にすることが望ましい。ただし、財務などの通常の活動も含めたうえでの損益分岐点分析を行う場合には、経常利益を使うこともある。この場合には、営業外収益と営業外費用とを相殺した営業外損益の金額を固定費と考えることが多い。

では、この企業の営業利益を基準にした損益分岐点売上高を計算してみよう。

損益分岐点売上高 ＝ 固定費 ÷ 限界利益率
＝ 240,000千円 ÷ 0.22
＝ 1,090,909千円

これを見ると、損益分岐点売上高は現在の売上高1,500,000千円を下回っており、黒字が出る水準で、問題はないということができる。次に余裕度を見るために損益分岐点比率を計算してみよう。

損益分岐点比率 ＝ 損益分岐点売上高 ÷ 現在の売上高
＝ 1,090,909千円 ÷ 1,500,000千円
＝ 72.7%

これを見ると、この企業の損益分岐点比率は80%を下回り黒字のレベルとなっており、一般的な優良企業の水準は確保していることがわかる。

それでは、上記で説明してきた損益分岐点を**図表3-12**に示してみよう。

まず縦軸に費用、横軸に売上高をとり、同じ金額単位の目盛りをつける。次に縦軸と横軸のまん中の線、つまりどちらからも45度の角度にある直線を引く。なお、原点を0としていく。そうするとこの45度の直線の上では、たとえば三角形0DFは二等辺三角形となり、0D＝DFというように必ず「売上高＝費用」が成

り立っていることになる。

次に費用を表す直線を引く。まずこの企業の固定費は240,000千円であるが、この固定費をA0と表すと、これだけの費用は売上高がゼロでもあるいは増加しても同じだけ発生するので、横軸と平行にAから引いた直線が各売上高の水準での固定費を表すことになる。

次に変動費については、Aから売上高の増加に対応して増加していく変動費を表す斜めの線ABを引く。そうすると、直線ABが固定費と変動費を加えたこの会社の各売上高に対応する総費用を表すことになる。

そうすると、売上高＝費用を表す直線と、総費用を表す直線とがC点で交差することになる。このC点がこの会社の損益分岐点を表していることになる。したがって、このC点から垂直に線を引いて横軸と交わった点が損益分岐点売上高である1,090,909千円を表していることになる。

ここで、現在の売上高である1,500,000千円をこの図の上に記載してみる。この点から縦軸に平行に垂直線を引くと、DE線の部分が費用総額となる1,410,000千円を示しており、この費用を超えたEF線の部分が利益90,000千円を表すことになる。

図表3-12 **損益分岐点**

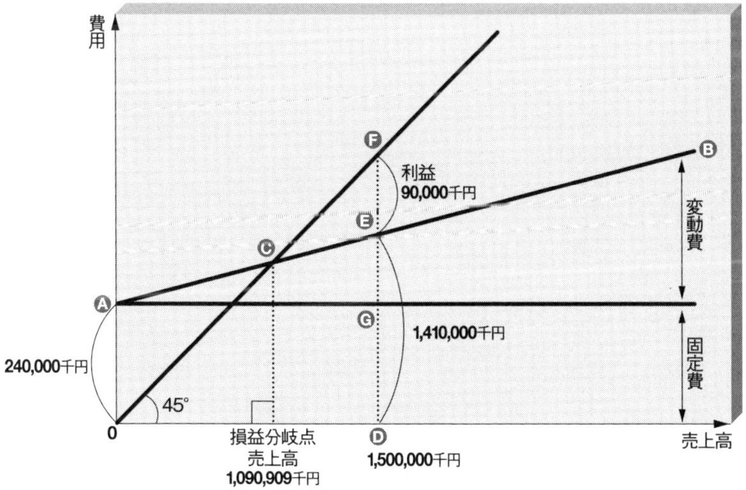

つまりこの図から見ると、損益分岐点売上高を上回る売上高0DつまりDFを確保した結果として、固定費DGと変動費GEを加えた総費用DEを差し引いた差額であるEFだけの利益が出たということがわかるのである。

❷ 損益分岐点分析の利用方法

企業が利益を増加させるためには、「売上高－費用＝利益」の式からわかるように、売上高を増加させるか、費用を減少させればよい。しかし、売上高を増加させるためには広告宣伝費などの費用を増加させなければならなかったり、原材料などの費用を減らそうとすると売上高が減少してしまうこともある。したがって、利益を増加させるためには、売上高と費用との関係を上手にバランスさせることが必要になる。

このように、売上高と費用の関係を分析して目標利益を獲得するための計画策定や、赤字体質から脱却するためのコストダウンや売上高の目標値を計算するといった場合に、損益分岐点分析を利用することができる。

つまり、将来の予想売上高に基づいて固定費、変動費の発生予想額を計算し、これに基づいて計算された予想利益が目標利益よりも低い場合には、売上高をどれだけ増加させればよいのか、あるいは費用をどれだけ減少させればよいのか、また、そのためには変動費と固定費をそれぞれどれだけ減少させればよいのか、というようにコストダウンの目標の計算に利用していくのである。

それでは、先ほどの例をもとに、利益計画のための目標数値を計算してみよう。

前述の企業が将来の経営環境の変化に対応していくために、設備を一部売却して製造工程の一部を外注化したり、海外からの原材料の調達を増やすことなどでコスト削減を積極的に行った結果、固定費については200,000千円まで、変動費については売上高変動費率を75%まで削減できたとする。このとき、利益については現在の約1.5倍の140,000千円を確保したいとすると、目標利益140,000千円を達成するために必要な売上高はどの程度になるだろうか。

先に説明した計算式を使って、

目標利益達成売上高 ＝（固定費 ＋ 目標利益） ÷ 限界利益率
＝（200,000千円 ＋ 140,000千円）÷（1 － 0.75）
＝ 1,360,000千円

となる。

これはコスト削減によって、売上高が140,000千円だけ減少しても、前期に比べて約1.5倍の140,000千円の目標利益を上げることができる体制になったことを表している。この結果、この会社では売上高目標が1,360,000千円と明確になり、この売上高を達成するための具体的な計画を立案するステップに入っていく。

逆に来期の売上高が、不況と市場の競争激化によって1,200,000千円まで低下することが予想されるときに、利益は現在よりも多い100,000千円を確保して増益を達成したい場合を考えてみよう。この目標利益を達成するためにはコスト削減が必要になるが、これを固定費の削減あるいは売上高変動費率の削減によって達成しようとすると、それぞれどの程度の削減を行う必要があるのだろうか。

まず固定費を削減する場合を考えてみる。この場合には、先に説明した計算式を使って、

来期予想売上高 ＝（削減後固定費 ＋ 目標利益） ÷ 限界利益率
1,200,000千円 ＝（削減後固定費 ＋ 100,000千円）÷ 0.22
264,000千円 ＝ 削減後固定費 ＋ 100,000千円
削減後固定費 ＝ 164,000千円

となる。

現在の固定費は240,000千円なので、この目標利益を固定費の削減だけで達成しようとすると、削減しなければならない固定費は76,000千円となる。

次に、変動費を削減する場合を考えてみる。この場合には、先に説明した計算式を使って、

来期予想売上高 ＝（固定費 ＋ 目標利益）÷（1 － 削減後変動費率）
1,200,000千円 ＝（240,000千円 ＋ 100,000千円）
÷（1－ 削減後変動費率）
1,200,000千円 ×（1－ 削減後変動費率）＝ 340,000千円
（1－ 削減後変動費率）＝ 28.33%
削減後変動費率 ＝ 71.67%

となる。

現在の変動費率は78%なので、目標利益を変動費率の低下だけで達成しようとすると、削減しなければならない変動費率は6.33%となる。

これは予想売上高と目標利益が明確になったことによって、コスト削減目標が

明確になったことを表している。

したがって、この企業ではコスト削減目標を固定費だけで削減しようとすると約76,000千円、変動費だけで削減しようとすると変動費率を6.33%削減しなければならないことになるので、これだけのコスト削減が可能かどうかを分析するステップへ入っていく。

またこの例では変動費だけ、あるいは固定費だけの削減を前提としているが、固定費と変動費の両方を削減することや、あるいは固定費の変動費化の中で変動費の増加分以上の固定費を削減することなど、目標利益を達成するためのコストの削減方法にはいろいろな組み合わせがあるので、状況に応じて使い分けることが必要である。

5 損益分岐点分析から考える企業の課題

❶……………………………利益を生み出す損益構造

昨今の激しい経営環境の変化の中で生き残っていくためには、為替の変動や技術革新競争などによって一時的に競争力が大幅に低下し、予期せぬ売上高の下落に見舞われたとしても、利益を出すことができる損益構造をつくり上げることが重要と考えられる。

そのためには、減価償却費、人件費といった固定費の削減がポイントになる。極端ではあるが、費用のすべてを変動費とすることができた企業では、限界利益がマイナスにならないかぎり、売上高の大きさにかかわらず利益を獲得することができる。しかし、費用がすべて固定費の場合には、売上高が固定費を上回らないかぎり利益が出ないのである。

したがって、経営環境の変化が激しいときには売上高が大きく変動したり、製品の寿命も短くなることが考えられるので、絶えず利益を出していくためには固定費の比重を下げ、変動費の比重を上げることが望ましいことになる。

これを、損益分岐点図表で表すと**図表3-13**のようになる。

この図を比較してもわかるように、固定費の削減とそれと同額の変動費の削減は売上高が変化しなければ同じインパクトであるが、売上高が減少すると、売上高の減少に連動しない固定費削減のほうが効果が大きくなる。その逆に売上高が

図表3-13 変動費のみ、固定費のみの場合の損益分岐点

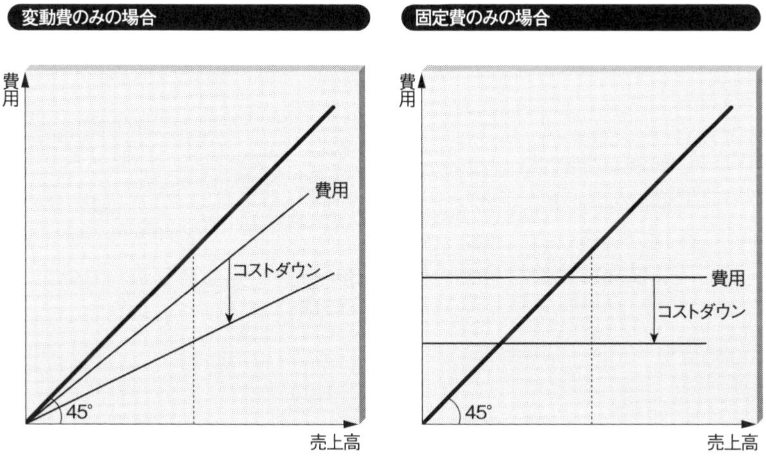

増加すると、売上高の増加に連動する変動費の削減のほうが効果が出てくる。したがって、売上高の予測が難しい場合には、売上高が減少した場合のリスクを極力減らすという面から、固定費削減を重視するほうが有利と考えられるのである。

さらに、売上高が大きく変動しても利益を絶えず出すことができる、つまり変化に柔軟に対応できる企業になるという意味からも、固定費を極力減らすことによって損益分岐点比率を下げることが有利と考えられる。

それでは変動費と固定費の比重が違う場合を考えてみよう。

変動費の比重が高く、固定費の比重が低い場合には、販売数量が変化したときの損益のブレが小さく、売上高が減少しても利益はそれほど減少しない。しかし、その逆に、変動費の比重が低く、固定費の比重が高い場合には、販売数量が変化したときの損益のブレが大きく、一定の売上高を超えると利益がたくさん出ることになる。

したがって、不況時には売上高の減少が予想されるので、売上高が減少しても利益が出せる、また利益があまり減らない体質にするために、変動費の比重を上げるほうがよいということができる。逆に、景気が良く売上高の増加が予想され

る場合には、売上高の増加をできるだけ利益の増加に結びつけるために、積極的に設備投資をしたり、競争優位につながるような業務を社内で行う体制にすることによって、変動費の比重を下げ、固定費の比重を上げるのがよいということになる。このように会社の置かれている経営環境や業種、成長ステージなどを考慮して、変動費と固定費の比重を適切な水準にバランスさせることが必要なのである。

しかし、一般に、費用の総額を減らすことはなかなか難しく、変動費と固定費はトレードオフの状態にある場合が多い。つまり、変動費が少なくなると固定費が増加し、固定費が少なくなると変動費が増加することが多いのである。また、材料費、販売費および一般管理費の中の交際費、交通費、広告費といった変動費の削減は「経費節約」という目的を掲げ、実行に移すことで、比較的簡単に実行することができる。しかし、固定費の削減は、減価償却費であれば、償却を一度に行い終了させるか、設備を売却するかのいずれかが必要になり、正社員の人件費であれば、退職金を増額するなど退職者を優遇するようなシステムを設定する必要があり、なかなか実行に移せないことも多い。したがって、固定費のアップにつながる可能性がある設備投資や従業員の採用は、慎重に行うことが望まれる。

また、装置産業といわれる鉄鋼業、鉄道業、通信業などでは大規模な設備投資が必要なため、必然的に固定費の比率が高くなる。したがって経営環境の変化が激しいときにはNPV法やIRR法（第1部第4章）などの手法を利用して設備投資対象を厳選することが特に重要になると考えられる。

❷……………………外注化（Out-sourcing）の活用

これまで説明してきたように、激しい環境変化の中で利益を確保して生き残っていくためには、設備投資を極力行わずに生産を外部の工場に委託したり、正社員数を最低限に絞り込み、定型的な業務はできるだけ外部に委託していくことなどが望ましいと考えられる。つまり、会社の強みである競争優位の維持強化のために社内で所有していたほうがよいものだけを会社の所有として、残りはできるだけ外注化を図り、変動費の比重を上げていくのである。

たとえばメーカーであれば、研究開発機能と必要最低限の本部管理機能だけを自社で行い、購買、生産、物流、販売といった機能は極力外注化していく。このような外注化のことを、外部の資源を利用するという意味で**アウトソーシング**（Out-sourcing）という（228ページ）が、これを上手に利用することによって損益構造を強化することが1つの選択肢と考えられる。実際に**ファブレス企業**、つまり工場を持たないメーカーとして好業績を上げている企業もある。これは、売上高が変動しても利益を出し続けられるような財務体質をつくり、設備投資や資金調達のために必要な時間を短縮して事業の立ち上げを早くし、持たないことを強みとして環境変化に柔軟に対応するというベンチャー企業的な戦略という面でも効果があると考えられる。

ただし、アウトソーシングを実施する場合、自社で行っている業務のうち、自社の競争優位性あるいは強みに関わる部分とそれ以外とを慎重に区分して、強みの部分は自社内で行うような体制にすべきである。なぜなら、製造現場の技術力やコスト競争力に優位性がある企業が製造をすべて外注化してしまうと、技術力やコスト競争力の強化が難しくなってしまうからである。誤ったアウトソーシングは、企業体質をかえって弱めてしまうおそれがあることに注意する必要がある。

❸ 費用総額の削減

損益分岐点を下げるためには、費用の総額を削減することが必要になる。その場合も、変動費と固定費の比重を考えながら削減していくことが必要である。変

図表3-14 | 収益構造改善と損益分岐点の引き下げ

	販売数量の増加	販売単価のアップ
売上高の増加	●販売拠点の増設、販売チャネルの活用 ●営業マンの能力増強 　営業マンの増員・教育 　目標管理・業績評価制度の導入 ●効率的な販促活動 ●新市場・新製品の開発	●製品構成の改善 ●販売単価の引き上げ 　新製品の開発 　値引の縮小・返品の圧縮 ●販売管理情報の整備 　顧客情報
	損益分岐点の引き下げ／収益構造の改善策	
費用の圧縮	●原材料費の節減 　購買先・購買方法の再検討 　外注・買入部品の購入単価見直し 　製品開発における設計見直し ●動力費の圧縮投資 ●販売チャネル・販促費の圧縮 ●物流拠点の再整備と物流費の圧縮 ●商品購入単価の節減	●人件費の抑制・圧縮 　従業員の能力向上対策 　女性従業員の戦力化 　外注・下請け、パートの積極活用 ●省力化・合理化投資 ●遊休・不要資産の売却 ●間接部門の合理化
	変動費率のダウン	固定費の圧縮

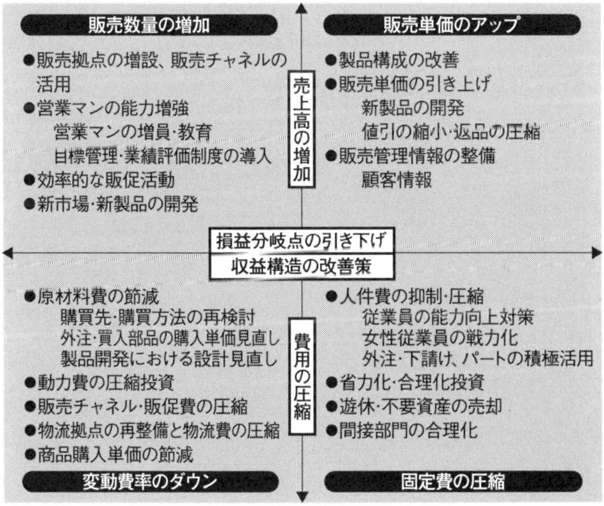

出所：松田修一（1999）をもとに著者作成

動費と固定費に含まれる各項目を個別に検討し、それぞれの削減の可能性とともに相対的な関係を分析して、極力変動費の比率を高めながら、総額としての費用を減少させていくことが必要である。

具体的には**図表3-14**のような削減策が考えられる。

6 損益分岐点分析の注意ポイント

損益分岐点分析を行う場合には、次の2点に注意する必要がある。

❶変動費と固定費の区分は難しいことが多い

変動費と固定費は、人件費ひとつをとっても残業代や賞与のように変動費的なものと給与のように固定費的なものとが入り混じっており、正確に区分することは難しい。

しかし、損益分岐点分析は費用が変動費と固定費に区分可能であることを前提としているので、手間と効果を考えてある程度の精度で割り切らなければならないこともある。したがって、その結果は唯一の正解というわけではなく、区分の仕方によって違ってくるおそれがあることには注意が必要である。

❷販売数量が変化すると、変動費の比率が変化してしまうことがある

販売数量を増加させるために販売単価を値引きすることによって変化させたり、販売数量の増加に伴って単位当たりの変動費が原材料の大量購買による値引きなどによって変化することがある。このような場合には、売上高が変化すると変動費率が変化してしまう。したがって、販売数量の大きな変化が予想される場合には、変動比率の見直しを行う必要がある。

7 直接原価計算（Direct Costing）とは何か

直接原価計算（Direct Costing）とは、これまで見てきた変動費と固定費という考え方を利用した原価計算のことである。具体的には、変動費を個々の製品に割り当てて**製品原価**とし、固定費についてはその総額をまとめて発生したときの費用、つまり**期間原価**として集計していく。

この方法によると、通常は変動費になる直接材料費、直接労務費といった製品との関係がよくわかる**直接費**と、リース料、減価償却費、機械などの修理費、工場の維持費といった製品との関係がわかりにくい**間接費**の中の変動費のうち、当期に販売された製品に対応する部分だけが売上原価に集計されることになる。このように直接原価計算では、費用を変動費と固定費に区別することによって、変動費だけが売上原価となり、完成品の製造量や販売量に関係なく発生する固定費、たとえば工場の管理部門の人件費、工場の設備の減価償却費などは、発生したときの費用、つまり期間原価として集計されることになる。

一方、伝統的原価計算では、売上原価に含まれる費用は、変動費、固定費という区別に関係なく、完成品の製造原価に含めるべきか否か、つまり製造のための費用か否かという点で判断される。この方法を変動費、固定費といった区分に関係なく全部のコストによって原価計算をしていくという意味で、**全部原価計算**（Full Costing）と呼んでいる。財務諸表の作成には、この全部原価計算が使われている。

それでは、直接原価計算には、どのようなメリットがあるのだろうか。

まず、直接原価計算を採用すると、販売費および一般管理費も変動費と固定費に区分することによって、「売上高－売上原価（変動費部分）－販売費および一般管理費（変動費部分）」によって計算される限界利益が明確に計算できるようになる。したがって、損益分岐点分析で利用するような限界利益率や変動費と固定費のバランスなどの損益構造が明確になり、製品別あるいは事業別の利益計画、利益分析や業績評価が簡単に行えるようになる。

また、製品原価［たな卸資産（在庫）］が変動費のみで計算されるため、変動費の削減の効果が明確にわかるようになり、数量と変動費が連動するようになるため、在庫管理のためにわかりやすいデータが得られる。さらに固定費についても、期間費用としてまとめて認識することができるので、費用の発生形態に合わせた管理が行え、費用の削減のためにわかりやすいデータが得られることになる。

しかし直接原価計算では、変動製造原価だけで製品原価を計算することになるので、たな卸資産原価が固定製造原価の分だけ少なくなり、たな卸資産（在庫）が増加したり減少したりすると、全部原価計算とは違った利益が集計されることになる。

直接原価計算は、世界的に外部に公表する財務諸表に使用することを認められていないが、いろいろな意思決定や管理に利用することができるのである。

8 直接原価計算と全部原価計算

ある製品の製造状況が以下のような場合に、全部原価計算、直接原価計算による損益計算書を比較してみよう。

販売価格：	10,000円／個
直接材料費：	2,300円／個
直接労務費：	1,500円／個
製造間接費（変動費分）：	800円／個
製造間接費（固定費分総額）：	12,400,000円
販売費および一般管理費（変動費分）：	1,100円／個
販売費および一般管理費（固定費分総額）：	4,550,000円
期首製品数量：	0個
当期生産数量：	5,000個
当期販売数量：	4,000個
期末製品数量：	1,000個

[全部原価計算の場合]

売上高		40,000,000…(1)
売上原価		
期首製品たな卸高	0	
当期製品製造原価	35,400,000…(2)	
合　計	35,400,000	
期末製品たな卸高	7,080,000…(3)	28,320,000
売上総利益		11,680,000
販売費および一般管理費		8,950,000…(4)
営業利益		2,730,000

(1)　10,000円×4,000個

(2)　(2,300＋1,500＋800＋12,400,000／5,000)×5,000個

(3)　(2,300＋1,500＋800＋12,400,000／5,000)×1,000個

(4)　1,100×4,000個＋4,550,000円

[直接原価計算の場合]

直接原価計算は、財務諸表の作成には利用できないため、現時点ではあくまでも社内管理のために利用されている。

そのため、いろいろな集計方法があるが、その中の代表的な例をもとに記載すると以下のようになる。

売上高		40,000,000…(1)
変動売上原価		
期首製品たな卸高	0	
当期製品製造原価	23,000,000…(2)	
合　計	23,000,000	
期末製品たな卸高	4,600,000…(3)	18,400,000
製造限界利益		21,600,000
変動販売費および一般管理費		4,400,000…(4)
限界利益		17,200,000
固定費		
固定製造原価		12,400,000
固定販売費および一般管理費		4,550,000
営業利益		250,000

(1)　10,000円×4,000個
(2)　(2,300+1,500+800) ×5,000個
(3)　(2,300+1,500+800) ×1,000個
(4)　1,100×4,000個

2つの結果を比較してみると、全部原価計算の営業利益の金額のほうが2,480千円多くなっている。この違いは、期末製品たな卸高の違い（7,080千円－4,600千円＝2,480千円）に一致している。つまり、全部原価計算では期末製品たな卸高を変動費と固定費の両方を含めて計算しているが、直接原価計算では変動費のみで計算し、固定製造原価についてはすべて発生した期の費用としていることによる差額である。

このように、直接原価計算と全部原価計算の結果は、全部原価計算の場合に製品たな卸資産（在庫）に含まれる固定製造原価の金額だけ差が出てくるのである。このケースでは、期首製品たな卸高がないと仮定しているが、もし期首製品たな卸高がある場合には、これに対する固定製造原価の金額も2つの計算方法による

営業利益の差に影響を与えることになる。

一般的には、以下の関係が成り立つこととなる。

・販売量＝生産量（製品在庫に変化がないとき）
直接原価計算の営業利益＝全部原価計算の営業利益

・販売量＞生産量（製品在庫が減少したとき）
直接原価計算の営業利益＞全部原価計算の営業利益

・販売量＜生産量（製品在庫が増加したとき）
直接原価計算の営業利益＜全部原価計算の営業利益

なお、直接原価計算を利用するにあたっては、前述した損益分岐点分析についての注意点に加え、生産量＝売上高を前提としているが、実際には生産量と売上高は一致しないこともあり、その相違部分が利益に影響を与える可能性があることに注意が必要である。

【参考】製品原価と期間原価

ここで、製品原価（Product Cost）と期間原価（Period Cost）の意味について確認しておこう。

製品原価とは、製品の原価として集計されていくコストのことをいう。

製品原価として集計されるということは、工場の生産ラインで徐々に加工作業が行われていく中で加工途中にある場合には「仕掛品」、完成すると「製品」というように、いったんたな卸資産（在庫）の金額として集計されて「資産」になり、実際にそれが売れた段階で売上原価という費用になることを意味している。

期間原価とは、たな卸資産（在庫）の金額としては集計されずに、発生したときに一度に全額が費用となるコストのことをいう。

したがって製品原価はコストが発生するタイミングと費用となるタイミングに差が出ることになるが、期間原価ではこのようなタイムラグがない。

なお、製品原価と期間原価という点から考えてみると、直接原価計算は製品の製造に関連するコストの中で変動費だけを製品原価に含め、固定費については期間原価とする方法であり、全部原価計算は製品の製造に関連するコストはすべて製品原価に含め、それ以外の製品の販売あるいは物流などの費用については期間原価とする方法である。

9 直接原価計算の利用法

前述のように、売上高から変動費を差し引いた段階の利益のことを**限界利益**という。また、限界利益の売上高に対する比率のことを**限界利益率**といい、売上高が一定額増加したときに、そのうちどれだけが利益の増加に結びつくかという比率を表している。

したがって、市場の伸びや競争状況などに違いがなく、同じ努力、つまり同じだけ経営資源を投入すれば同じ売上高が得られるような製品の間では、限界利益率の高い製品の販売に力を入れると利益が最も多くなるということができる。

しかし、限界利益あるいは限界利益率を利用した分析は、あくまでも企業内部のコスト構造を中心とした分析である。したがって、それに加えて、販売のしやすさに関係する市場拡大の可能性や競合製品に対する競争優位性の程度など、企業外部の状況も検討して、総合的に判断することが必要である。

◉直接原価計算をプロダクト・ミックスの検討に利用する（製品別利益率の分析）

数種類の製品あるいは商品を製造あるいは販売している会社が、限られた資源（ヒト、モノ、カネ、情報）をそれぞれの製品にどのような割合で投入していくのが有利か、また将来どの製品を主力製品に育てていったらよいのか、といった意思決定を行う場合にも、変動費と固定費を使った分析を利用することができる。

たとえば、Z社は3種類の製品A、B、Cを販売しているとする。まず次ページの表①の製品別損益計算書を見てみよう。

売上高と営業利益の金額では製品Cが最も多くなっているが、営業利益率では製品Bが高くなっている。ここで、3つの製品の市場の伸びや競争状況などに違いがなく、同じ努力、つまり同じ量の経営資源を投入すれば同じ売上高が得られるとすると、この資料からはZ社は営業利益率が最も高い製品Bに経営資源をできるだけ投入することが有利というように見える。

それでは次に、費用を変動費と固定費に分解した表②の製品別損益計算書を見てみよう。

これを見ると、限界利益率では製品Aが最も高くなっている。したがって、外部環境が同じであれば、この資料からはZ社は限界利益率が最も高い製品Aに経

●表①

	A	B	C	計
売上高	150 (100%)	100 (100%)	200 (100%)	450 (100%)
売上原価	105 (70%)	60 (60%)	130 (65%)	295 (66%)
売上総利益	45 (30%)	40 (40%)	70 (35%)	155 (34%)
販管費	36 (24%)	25 (25%)	50 (25%)	111 (25%)
営業利益	9 (6%)	15 (15%)	20 (10%)	44 (9%)
売上高順位	2	3	1	
営業利益順位	3	2	1	
営業利益率順位	3	1	2	

●表②

	A	B	C	計
売上高	150 (100%)	100 (100%)	200 (100%)	450 (100%)
変動費	60 (40%)	50 (50%)	120 (60%)	230 (51%)
限界利益	90 (60%)	50 (50%)	80 (40%)	220 (49%)
固定費	81 (54%)	35 (35%)	60 (30%)	176 (40%)
営業利益	9 (6%)	15 (15%)	20 (10%)	44 (9%)
限界利益率順位	1	2	3	

営資源をできるだけ投入することが有利ということができる。

この結論は、製品別の損益計算書をもとにした結論とは違っている。ただ前述の営業利益率の比較では売上原価と販売費および一般管理費の一部が固定費であるために、売上高が変化すると営業利益率が変化することになってしまい、売上高の増加額によっては営業利益率の順位が変わってしまう可能性がある。一方、限界利益率で比較すると、売上高が変化しても変化しないので、会社全体の利益を最大化するために経営資源を投入すべき製品を求める基準としては望ましいことになる。したがって、限界利益率を基準に、これが最も高い製品Aに力を入れるのがよいという結論になるのである。

ただし、これはあくまでも同じ努力で同じ売上高を上げることができるという前提での結論であることに注意する必要がある。つまり、市場の状況を分析した結果、製品Aは市場が成熟しており売上高は横ばいだが、製品Cは市場が急拡大しており大幅に売上高が増加する可能性があるような場合には、限界利益率が低くても製品Cを拡販していくという結論もありうる。このように、限界利益率を戦略またはマーケティングの視点も加えながら利用していくことが重要である。

変動費と固定費を利用した直接原価計算の手法によって、会社は製品戦略についての重要な情報を得ることができるのである。

【参考】直接原価計算を採用する意味

企業で一般的に使われている全部原価計算は、製造部門の業績を適切に表すことができない場合がある。

たとえば、製造部門を1つの事業部にして、販売部門への出荷を売上高、出荷した製品の製造原価を費用として製造部門の利益を計算している場合を考えてみよう。この場合、製造部門の利益を高める1つの方法は、販売部門に出荷することができなくても、とにかく可能なかぎり製造することである。そしてたな卸資産（在庫）が余ったら、保管しておくのである。こうすると、大量に製造することによって、製造部門の固定費（通常は製造間接費のほとんどは固定費の可能性が高い）の製品1個当たりへの割り振り額が少なくなり、製品1個当たりの原価は減少していく。一方で販売部門への1個当たりの出荷価格は生産量が増えても変化しない。したがって、製造部門の製品1個当たりの利益が増大し、結果として利益の総額も増加することになる。しかし、この場合、売れなかったたな卸資産（在庫）を大量に保有することになるので、将来的に売れないと不良在庫となって大きな損失につながってしまう。しかし、今期の業績だけを考えると、大量に生産して1個当たりの固定費負担分を減らすことが望ましいことになる。

これはある意味、数字の魔術である。このような問題を避けるためにはどうしたらよいのであろうか。1つの方法は、直接原価計算を採用することである。この場合、直接原価計算を採用すると、変動費だけで製造原価を計算することになるので、生産量を増やしても1個当たりの変動費は変わらないため、1個当たりの利益は変化しない。また、固定費はすべて毎年の費用となるため、販売数量が同じであれば、生産量が変わったとしても絶えず同じ利益が出ることになる。したがって、大量に生産すればするほどたな卸資産（在庫）がいくらたまろうが利益は増加する、といった誤解を招くような事態は避けられることになる。このように、直接原価計算は、企業の実態をより正しく集計するという意味でも活用する意義がある。

なお、このような問題は、たな卸資産（在庫）の量やキャッシュフローの金額を業績評価の対象とすることによっても避けることができる。

第3章
予算管理によるコントロール

1 予算管理とは何か

企業は、理念やビジョンを掲げ、それに基づいて目標を設定し、さらにそれを達成するために全社戦略や事業戦略を立案して実行に移していく。これらの計画をまとめたものが**中長期経営計画**である。しかしこれだけでは、具体的にどのように活動していったらよいのかが明確にならない。したがって、中長期経営計画をベースにして、中長期の目標利益額やROE、ROA、EVA、売上高利益率といった数値目標を設定し、さらにそれを短期レベルの**利益計画**に置き直し、それに基づいて活動することが必要になる。

この短期の利益計画を実行するために、**予算**が立てられることになる。つまり、短期の利益計画を実行に移していくための具体的で総合的な計画表が、予算なのである。具体的には、利益目標を達成できるような売上高や費用の金額を全社ベースで設定し、それを社内の各組織に割り当てていくことによって作成されていく。

このように考えると、中長期経営計画は予算の前提であり、予算はそれを実行するための、短期の具体的な実行計画ということができる。したがって、予算は中長期経営計画と密接な関係を持っており、それとの整合性を持つ必要がある。

予算を正しく設定し、確実に実現できるようなシステムを構築し、運営していくことを**予算管理**というが、アメリカの予算管理の権威といわれたG.A.ウェルシュは、予算管理を「計画」「調整」「統制」の3つのステップに分けている。

「計画」は、設定した目標をどのようにして達成していくかという、実際の活動計画を決めていくことである。具体的には、目標を達成できるような売上高、費用、利益といった数値目標をまとめた予算を作成することを意味する。

「調整」は、計画をつくっていく段階で、工場の生産余力や販売促進活動の優先順位などから生産量や販売量の見直しを行い、それに応じて費用の割り当てを決めるなど、予算の決定に向けて企業内部で調整作業を行うことである。つまり調整は、予算を企業全体としてだけではなく、各部門レベルで実行可能なものに練り直す作業のことである。最近はこの調整が、予算を社内の各部門や個人レベルで、お仕着せではない自分の目標として設定し、従業員の動機づけにつなげていくという面から重視されている。

さらに「統制」は、予算に基づいて実際に活動した結果を実績として集計し、

図表3-15 予算管理のイメージ

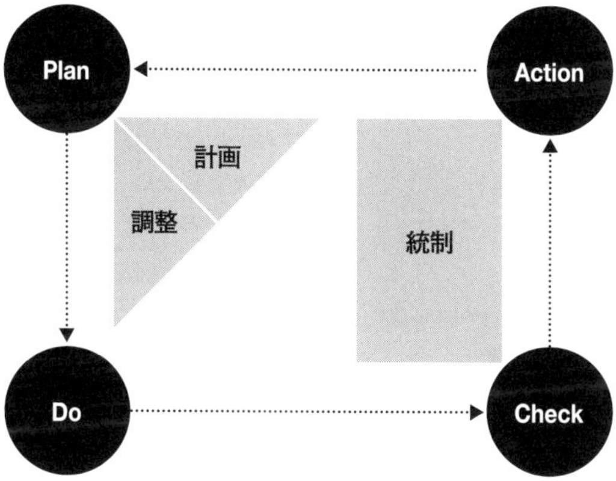

当初の予算と比較して分析を行い、その結果をそれぞれの現場にフィードバックすることによって、戦術や行動の修正といった必要なアクションに結びつけていくことである。

このように考えると予算管理は、Plan（計画と調整）、Do（実行）、Check（統制）、Action（統制）といった管理システムのサイクルに結びつけて考えることもできる。

予算管理を効果的に行うためには、次のような前提が必要と考えられている。

❶トップ・マネジメントから現場の担当者に至るまで全社員が予算管理の必要性を認識し、積極的にその運営に参加するような態勢を整えること（理解と教育）

❷予算管理ができるような、全社的な組織管理体制を確立すること（組織体制）

❸規模に適した管理会計制度を整備し、予算管理のための予算、実績、両者の差異などの情報処理システムを構築すること（データシステム）

❸では、会計データの集計が組織の権限や責任の区分に対応して行われていること、集計されるデータが管理者にとって管理可能なものであることの2点が重要である。

2 予算管理と企業の状況

予算管理は、環境変化の激しさ、企業規模、採用している経営戦略、国の違いなどによって、その程度や重要度に次のような違いが出てくる。

製品のライフサイクルが短いなど経営環境の変化が激しい場合、長期的な視点での経営管理、つまり中長期経営計画などをベースにした経営管理は難しくなる。そのような場合には、長期の経営計画を環境の変化に対応させるために、弾力的な経営管理を行っていくことが必要になる。つまり、環境の変化を考えて必要に応じて予算の修正を行い、状況によっては予算外の支出を認めたり、ある程度の予備費を設定しておいたり、一定のルールを満たせば費目間の流用を認めるなど、柔軟な予算管理を行うことが必要と考えられる。

企業規模との関係では、企業規模が小さければ、経営者が現場と接点を持つ機会も多く、データなどを使わなくても日々の現場とのコミュニケーションによって、ある程度企業の全体像を把握できる可能性が高い。しかし、企業が大規模化すると、経営者と現場のコミュニケーションが希薄になり、データによって企業の状況を把握する必要性が高まる。さらに、業務が複雑になってくると、権限や責任がだぶってしまったり、一部が抜け落ちてしまうおそれも出てくる。したがって大企業では、与えられた権限と責任を企業の目的達成にいかに結びつけていくかという点から、各部門あるいはグループの目標を明確にし、予算管理の仕組みを確立していく必要性が高くなる。また、最近環境の変化に素早く対応するために分権的な組織を採用する企業が増えているが、分権的組織では権限を委譲するのに合わせて数値データを使ったしっかりとした管理が求められるため、予算管理の重要性がより高くなる。

経営戦略との関係では、「5つの力」による業界分析の結果、競争が激しく競争優位を築くことが難しい業界と判断された場合や、コスト・リーダーシップ戦略やコスト集中戦略を採用する場合には、コストの把握やコストダウンがより重要となるため予算管理の重要性がさらに増していく。

国別では、アメリカ企業は予算管理を短いサイクルで厳密に行う傾向があり、予算を月次までブレークダウンして設定し、これを実績と比較して毎月予算統制を行っている企業が多い。一方、日本およびヨーロッパの企業は、アメリカ企業に比べると予算管理をやや長いサイクルで柔軟に行う傾向があり、実質的な予算統制を四半期あるいは半期ベースで行っている企業も多いようである。

さらに、最近は株主重視の傾向の中で、上場公開企業に対する正確で迅速な**ディスクロージャー**の要求が高まっている。したがって、精度の高い業績予想を作成し、環境変化を迅速に把握して対応していくという面からも、予算管理の重要性は高まってきている。

3 予算管理の目的と意義

❶ 予算管理の目的

予算を作成する目的は、計画を設定し責任を明確にすること、社内で実行可能な予算とするために経費の割り当てなどの調整と目標の伝達を行うこと、予算達成に向けて従業員を動機づけ、業績評価を行うこと、の3つにまとめることができる。

それぞれの内容は、次のとおりである。

❶計画を設定し、責任を明確にする

予算は、全社ベースの利益計画を部門ごとに売上高、費用、利益という項目に分解して割り当てたものであり、これによって各部門の責任者の目標と責任が明確化される。また、割り当てる段階でヒト、モノ、カネ、情報をはじめとする経営資源の効率的な配分を考えることになるので、戦略の確認や一部の見直しにも生かすことができる。

❷社内の調整と企業の目標伝達

予算を作成していく段階で社内の限られた経営資源を有効に配分し、トップの意向と現場の状況や意見とのバランスをとり、各部門責任者の目標の積み上げが全社の目標となるように整合性を持たせる、といったさまざまな社内調整を行うことは、社内の意思統一に結びついていく。つまり、設定された予算は、各部門責任者が会社から何を期待されているか、また何をすれば全社目標が達成できるかを明確にするという意味で、会社と各部門とのコミュニケーションの役割を果たしているとも考えられる。

ただ、予算を正しく設定するインセンティブがないと、甘めあるいは厳しめの数値を設定したり、売上高や費用などの各部門への割り当てに社内の力関係が影響するおそれもある。予算が恣意的で不平等なものにならないように、調整段階での割り当ては公平かつ平等なものにすることが必要である。

❸動機づけと業績評価

予算編成には各部門の担当者が参加することが多いが、これによって自分で設定した目標という意識が高まり、目標達成への動機づけが図られる。また、予算は、経営者が会社の状況を適切に把握するための業績評価の基準として使うこともできる。

❷……………………予算管理の意義

予算管理は、経営者にとっては、

❶編成過程で前提となる会社の基本方針や経営環境をよく考えるようになること

❷予算を設定することによって各部門管理者に予算の範囲内で権限を委譲し、自らは経営に専念することができるようになること

といった2つの面から意義があると考えられる。

また、管理者にとっては、

❶目標設定に参加することによって、全社目標達成のために何をすればよいのかが明確となること

❷他の部門に対する理解が深まること

❸業績評価基準がわかり自己分析ができるようになること

といった3つの面から意義があると考えられる。

4 予算の設定方法

❶……………………予算の設定ステップ

予算の代表的な設定方法には、経営陣がトップダウンで一方的に各部門の予算を決める方法（**割当予算**）と、現場の各担当者が自主的に予算を設定し、それを集計することによってボトムアップで会社全体の予算を設定していく方法（**積上予算**）がある。

「割当予算」は、トップの意向は反映されるが、現場の意見が無視され、予算が「ノルマ」と感じられてしまうおそれがあり、部門管理者がトップに対して不満や不信感を持ったり、なかなか動機づけにつながらないこともある。

「積上予算」は、現場の実情が反映される半面、トップの意向をあまり反映できないために、各現場の予算の合計が会社全体の利益計画と乖離してしまい、現場の担当者がプレッシャーを感じないような甘い予算となってしまうおそれがある。

したがって、効果的な予算を設定するためには両者を併用する「**折衷法**」が望ましいと考えられる。まずトップが利益計画に基づいた予算の大枠の方針を設定し、次にその方針に基づいて各現場で予算原案を作成して、これを積み上げたものと全社の利益計画とが一致するように**予算委員会**などの組織で調整し、最終的な予算を設定していくのである。一般的には、下半期に入って少し経った頃に予算の大枠の方針が出され、現場とのやり取りを経て、決算期末までに予算編成が終了することが多い。

予算委員会は各部門の責任者と経理部長から構成され、経理部長が委員長となっているケースが比較的多いが、社内調整や予算の最終決定を迅速に行い、全社で尊重される予算にするためには、経営トップ自らが委員長になるのが望ましい。

図表3-16 予算の設定方法

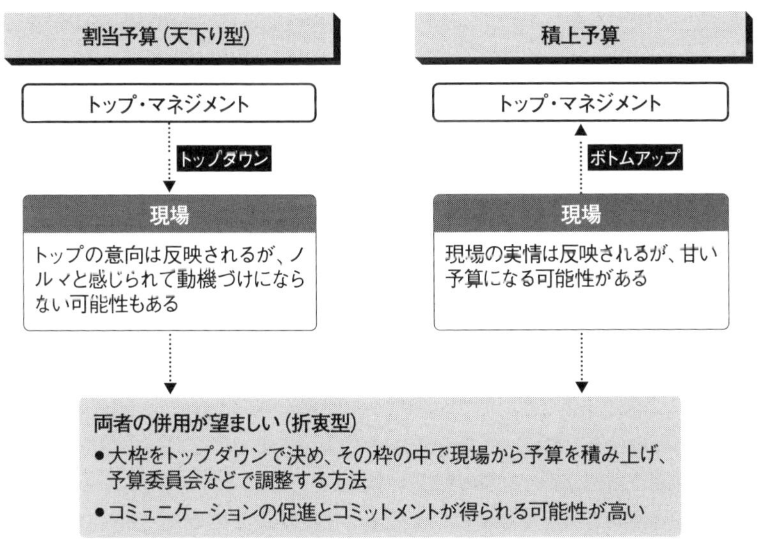

最近では、予算の設定段階にできるだけ現場の担当者を参加させ、予算目標の達成への動機づけを行うことが重要と考えられている。こうした参加型の予算編成のメリットには、

❶編成作業に参加することによって自分の予算という意識が高められるとともに、各部門管理者間のコミュニケーションも促進され、さらに仕事のやりがいや責任感も高められること

❷参加者から社内の状況についてのさまざま情報を吸い上げることができ、実態を反映した予算を立案することができること

の2つがある。

ただし、参加型の予算編成を行う場合には、その編成の仕組みを整えるとともに、役員の威圧感によって発言しにくいといったことがないように、参加しやすい雰囲気づくりが大切である。また、予算を報奨や昇進などに結びつけて、やりがいを高めることも必要である。

❷……………………予算の修正

設定した予算が、経営環境の大きな変化によって現実と大きくかけ離れてしまい、不適切な予算となってしまうこともある。

このような場合には、予算を見直し、一定のルールの中で修正を行うことが必要となる。実際、年度がスタートした後に経営環境の変化などがあれば、1〜2回程度修正を加える例が多い。このような修正された予算のことを**修正予算**、あるいは**実行予算**という。しかし、あまり安易に修正を行わないように、修正をする場合の基準を明確にしておくことも必要である。

❸……………………予算の設定システム

予算の設定システムとして特徴的であり、一部の企業が予算編成の中で活用している変動予算とゼロベース予算についてまとめていく。

◉変動予算（Flexible Budgeting）

変動予算とは、売上高などの操業度などの変化に応じて、予算金額を変化させていく予算のことである。具体的には費用を固定費と変動費に分け、固定費は操業度の変化に関係なく一定金額として設定し、変動費は操業度の変化に応じて設定していく。予算設定の段階では操業度のレベルに応じた費用をシミュレーショ

図表3-17 変動予算による予算設定

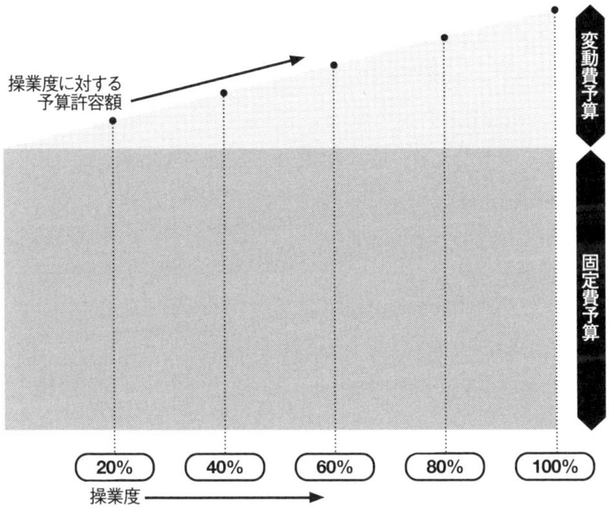

ンするのに使われ、統制段階では操業度のレベルに合わせて実績数値を分析するための基準として使われる。

変動予算は、状況に応じて弾力的にコストをコントロールするという意味では有効なものであるが、売上高や操業度が確定するまでは予算が決まらないという課題があるため、それほど多くの企業では使われていない。しかし、売上高の予測が難しく変化の激しい業種では、それなりに使う意義はある。なお、予算を早めに確定させる面からは、予算の修正の頻度を上げる方法もある。また、変動予算は、実際には製造間接費の予算設定の方法として使われている場合が多い。

◉ゼロベース予算

ゼロベース予算とは、名前のとおり、いろいろなプロジェクトの計画を前年の実績などに関係なくすべてゼロから目的別に作成し、それぞれの内容を検討して優先順位を付け、この順位に従って予算枠で足切りを行い、採用された計画に関係するものだけを予算として設定していくというものである。

一般に、予算は前年の実績をベースにしてその何%増といった形で設定されることが多い。しかし、それではコストの上昇を避けることができず、また本当に必要なものだけに支出をすることが難しいため、その欠点を埋め合わせる方法として考案されたものである。もともとは1969年にテキサス・インスツルメンツの管理スタッフであったピーター・ピアー氏によって考え出されたもので、ジミー・カーター氏がジョージア州知事時代に州の予算設定に採用し、アメリカ合衆国大統領となった際には連邦政府の予算設定にも導入したことから有名になった。経済の低成長と国家あるいは州の財政悪化を背景として、一時アメリカの多くの州政府で使われた。また、ゼロックス、原子力発電機事業が東芝に買収されたウエスティングハウスなど多くの企業で導入された実績もある。

この方法の長所としては、以下の3つが挙げられる。

❶経営トップの戦略目標を予算にはっきりと反映させることができる

❷毎年優先順位を決め、これに従って予算が決められていくので、経営環境の変化などに対して柔軟かつ機動的に対応できる

❸プロジェクトを毎年ゼロベースで検討するので、環境やニーズの変化があってもいったん採用したプロジェクトは継続してしまう、あるいは新規のものはなかなか採用してもらえない、といった組織の硬直化を防ぐことができる

一方、短所としては、予算編成業務の手間がかなり増大することが挙げられる。

このように、ゼロベース予算は、環境変化への柔軟な対応やコスト削減といった面では望ましい方法であるが、短所も踏まえたうえで採用することが必要である。一般的には、販売促進費や研究開発費といった会社の方針で決まるような費用の設定には適した方法と考えられるが、それ以外の多くの費用についても何年かに1回ゼロベースで考えてみる、という利用方法も考えられる。

◉その他の手法の活用

予算編成の具体的な作業には、損益分岐点分析や直接原価計算の手法を利用することができる。

損益分岐点分析の考え方は、いろいろな売上高、費用を前提にした利益の試算をはじめとして、会社全体の予算数値のシミュレーションに活用できる。また、直接原価計算は、製品ごとあるいは部門ごとの売上高に応じた費用や利益の予測に活用できるので、全社ベースでの予算を個々の部門あるいは製品に展開していく場合に利用することができる。

❹……………………予算の厳格度とバイアス（スラック）

予算数値の厳格度はどの程度にすべきであろうか。具体的には「現実的な目標

数値」「きつい目標数値」「ゆるい目標数値」の3つが考えられる。「現実的な目標数値」は達成できる見込みが高い目標数値であり、「きつい目標」は達成が不可能ではないが、かなり難しいと考えられる目標数値である。さらに、「ゆるい目標」は、努力せずに現在の延長上で達成できてしまうような目標数値のことである。

一般的には、現実的な目標数値ときつい目標数値の中間あたりに該当する、現実的な範囲で最も難しいと考えられる目標数値を予算として設定することが最高の業績につながると考えられている。また、その場合に発生する少額の不利差異は、動機づけや統制という面から考えると、予算目標が適切であったことを意味しているともいわれている。

また、予算を設定する際には、収益を過小に見積もったり、費用を過大に見積もることによって、予算を達成しやすくする**バイアス**（**正のスラック**ともいう）や、その逆に収益を過大に見積もったり、費用を過小に見積もることによって、楽観的な予算を作成するバイアス（**負のスラック**ともいう）が発生することがあるので注意が必要である。たとえば予算を達成しやすくするバイアスは、将来の目標数値の上昇や支出予算の削減を避けるために発生することが多い。バイアスは予算の計画あるいは統制の意義を低下させることになるので、できるだけ排除すべきである。

なお、バイアスを避けるためには、正確な予算を設定することに対してインセンティブを与える仕組みを整えたり、経営幹部が現場の実情をある程度把握したうえで予算設定に関与することで、正確な予算を設定するように誘導していくことが必要である。

5 予算の種類

予算としてはいろいろなものが考えられるが、実際には次のように大きく3つに区分して設定していく場合が多い。

1つ目は、損益計算書の各項目についての予算である売上高予算、売上原価予算、販売費および一般管理費予算、営業外損益予算などの**損益予算**（**業務予算**）である。

2つ目は、現金の出入りを中心とした資金繰りについての現金収支予算、借入返済予算などの**資金予算**である。

3つ目は、設備投資に関係する設備予算、研究開発や有価証券などの投資に関係する投資予算などの**資本予算**である。

損益予算と資金予算は、1年といった一定の期間の中で経常的、反復的に行われる活動に関する予算であるため、経常予算と呼ばれることもある。これに対して資本予算は、設備投資をはじめ、5〜10年あるいはそれ以上の長期の戦略的な意思決定に関連するものであるため、経常予算とは区分して考える必要がある。

これら以外にも、予算を期間予算と継続予算（ローリング予算）に区分することもある。**期間予算**は、1年間といった一定の期間についての予算であり、**継続予算**は、常に予算を更新し、終了した期間と同じ期間分の予算を追加で作成することによって、常に一定期間の予算を設定していくものである。

予算を設定する場合の順序としては、一般に比較的多くの財務数値が売上高に連動する傾向があるので、その年度の目標利益や目標利益率をもとに、売上高予算から設定していくことが多い。そのうえで、売上原価に関連する製造予算、販売費予算、一般管理費予算、それ以外の損益予算、資金予算、資本予算と順を追って作成していく。そして、予算を前提とした1年後の見積（予想）貸借対照表

図表3-18 **総合予算の体系図**

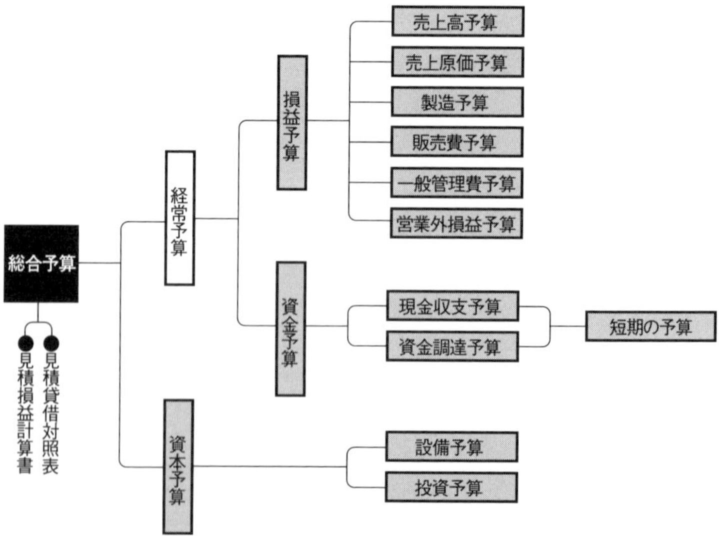

(B/S）や見積損益計算書（P/L）を作成する。これをもとにROEやROAをはじめとする経営指標を試算し、予算を達成することで経営目標が達成できるかどうかを確認していくのである。

なお、予算の種類は、業務内容や、どこまで予算管理を細かくするのかといった会社の方針の違いなどによって変化するので、各企業でそれぞれの状況に合わせてオーダーメードで作成することが望ましい。

❶……………………損益予算

損益予算は、**損益計算書（P/L）**の各項目についての予算であり、売上高予算、売上原価予算、製造予算、販売費および一般管理費予算、営業外損益予算などから構成されている。主な内容と設定方法は下記のとおりである。

◉売上高予算の設定方法

売上高予算を設定する際には、製品やサービスの種類ごとに販売数量の予測と販売単価の予測とに区分して、市場や競合の動向などを分析する「外部環境分析」、過去の売上高の推移や生産能力といった社内の状況などを分析していく「内部環境分析」、さらに「経営方針との整合性」という3つの観点から総合的に考える必要がある。

外部環境分析では、人口、世帯数、所得水準、年齢、嗜好などから市場の動向を把握し、さらに競合製品やサービスの動向などの情報も入手して、将来の売上高の予測を検討していく。内部環境分析では、過去の売上高の周期的、季節的な変動、あるいは新製品の計画や生産能力などをもとに、将来の売上高の予測を検討していく。経営方針との整合性については、経営計画の段階で決められた目標利益などを達成できるような売上高予算となっているかを確認する。

この3点について営業部門担当者、マーケティング担当者、経営幹部などの複数の意見をもとに検討したうえで設定していくことが望ましい。

また、売上高予算は、地域別、顧客別、製品別、担当者別といったように、必要に応じて細分化して設定することも考えられる。

◉製造予算の設定方法

製造予算は、数量ベースでは売上高予算の中で販売数量の予測が決まると、期末在庫数量の予想を設定することによって自動的に決まることになる。なぜなら、利益計画から売上数量が決まり、また期首在庫数量はすでにわかっているため、

図表3-19 利益ツリーの例

期末在庫数量の予想を設定すると、以下のような計算式から製造予算のベースとなる製造予定数量が自動的に計算できるからである。

製造予定数量 ＝ 予想販売数量 － 期首製品在庫数量 ＋ 期末製品在庫数量

製造予定数量は、売上高予算に対して十分な製造量か、製品をはじめとする在庫が適正な水準か、生産能力から見て適切な生産水準か、といった点に留意して設定する必要がある。

次に、製造予定数量をもとに、直接材料費、直接労務費、製造間接費の3つに分けて製造予算を設定していく。このうち、どの製品の製造に使われたのかが明確な直接材料費の予算は、製造予定数量に製品単位当たりの材料消費量を掛け合わせて予定材料消費量を求め、これに予定単価を掛け合わせて計算していく。これをもとに、直接材料費の購買予算も設定していくことになる。どの製品の製造に使われたのかが明確な直接労務費の予算は、製造予定数量に製品単位当たりの直接作業時間を掛け合わせて予定直接作業時間を求め、これに予定賃率を掛け合わせて計算していく。

なお、製造間接費については、変動予算として設定する場合もある。

◉販売費および一般管理費予算の設定方法

販売費および一般管理費の予算は、売上高、売上原価と目標利益をもとに、目標利益を達成するための上限金額を算出することからスタートすることが望ましい。この上限金額の範囲で費用項目ごとに予算を設定していくのである。

まず、広告宣伝費など会社の方針によって決まる販売促進費については、市場動向や競争状況などをもとに、目標の売上高を確保するためには、何にどの程度のコストをかけるべきかを考え、過去の状況なども参考にしながら予算を設定していく。

次に、物流費などの販売履行費については、販売数量に比例して発生する場合が多いので、予定販売数量をもとに予算を設定していく。また、総務部あるいは経理部など管理に関連するコストについては、固定費的な性格が強いので、前年の実績などから金額を見積もっていく。

●販売促進費の予算

具体的には、広告宣伝費、展示会費用、交際費、旅費、ダイレクトメール費用などが該当する。こうした**販売促進費**は、効率という観点だけで管理するのは、必ずしも適切ではない。販売促進費とは、認知度やイメージを高めることによって販売数量を伸ばしたり、価格を維持するなどの効果を生み出すことを目的としたコストだからである。

したがって、予算を設定する場合には、売上高予測を参考にしながら、市場の規模、顧客の特徴、競争状態、広告や販売促進に対する顧客の反応、利用可能な広告媒体や販売促進の手段などを総合的に考え、過去の売上高や予想売上高に対する比率、競合企業の広告費や販促費の支出額などを基準として、予算の総額を決めていくことが必要になる。

また、販売促進費の予算数値は、必ずしもきつい目標数値がよいとは限らず、結果のチェック（統制）についても、計画された販売促進活動が質量ともに予定どおり実行されて想定した効果が出ているかどうかにポイントを置いていくことが望ましいと考えられる。

●販売履行費の予算

具体的には、荷造費、運送費、保管費、売上記録費用などのことである。販売履行費は、売上高や販売数量に比例する場合が多く、業務を単純化して効率的に行うことを目的とするコストである。したがって、販売促進費とは違って「能率」という尺度で、厳しい予算管理の対象とすることが望ましい。

◉研究開発費予算の設定方法

研究開発費は、一般に、その成果が不確実で成功確率も低いため、アウトプットとインプットの比率といった効率という視点で管理することが難しい費用である。また、競合企業の動向に応じて弾力的に対応していく必要があること、研究者が長時間特定のプロジェクトに拘束される傾向が強いこと、研究者が成果の採算性よりも学問的成果を重視する傾向が強いため、評価や動機づけの方法が難しいことなど独特の特徴もあり、この面からも予算管理が難しい費用ということができる。

研究開発費の管理は、研究開発プロジェクト自体をどう管理するのかという面と、研究開発費をどう管理するのか、という2つの面で考えていくことが必要である。

研究開発プロジェクト自体の管理については、研究開発プロジェクトの評価と選択の方法、プロジェクトの時間や進行状況の管理、人材の確保と教育システム、研究者の動機づけ、研究成果の維持と保全などの管理といった点が重要である。

研究開発費の管理については、研究開発プロジェクトの適切な評価と選択が重要となる。具体的には、基礎研究や事業化研究といった研究開発の種類ごとに予算管理を行ったり、環境変化や競合他社の動きに遅れないように予算管理を弾力的に行っていくことが重要と考えられる。たとえば、販売促進費と同じように、状況に応じた予算の修正、一定の予算項目間での流用の認定、予備費の効果的な活用といった措置も必要と考えられる。

さらに、販売促進費と同様に計画を重視し、差異分析などを中心とした統制はあまり強調しないことが望ましい。良い成果は研究者の活動にかかっているので、研究者の動機づけをいかに行うかも重要なポイントである。

◉営業外損益予算の設定方法

営業外損益の予算については、資金予算の中で、資金調達や運用について設定した計画をもとに、それに伴って発生する収益と費用を見積もって設定していくことになる。

❷……………………資金予算

資金予算は、現金の出入りを中心とした資金繰りについての予算であり、具体的には**現金収支予算**、**資金調達予算**などから構成される。

◉資金計画表の作成

資金予算は、**資金計画表**として、資金の出入りを営業活動、投資活動、財務活動に区分してまとめていくことが多い。このうち、営業活動には売上債権の回収計画や仕入債務の支払計画、投資活動には設備投資計画、財務活動には借入や返済、増資や配当の計画などがそれぞれ記載されていく。

また、キャッシュフローと利益は基本的にタイムラグはあるものの密接に関係しているので、資金予算と損益予算とは密接な関係があることになる。したがって、両者の相互関連性が保たれているかをチェックすることも必要になる。

◉資金予算の管理のポイント

資金予算の編成を含め、資金をマネジメントしていく際のポイントは、余剰資金をあまり多くせずに資金効率を高めることと、資金不足が生じないようにすることの2つである。

資金効率を高めるとは、ビジネスに必要な資金をできるだけ低コストで調達し、投資効率のよいものに投入し、余剰資金はあまり持たないようにすることを意味している。

また、資金不足が生じないようにするためには、支払うときにそれだけのお金があること、つまりあくまで瞬間風速である支払いに備え、支払うタイミングと金額をしっかり押さえて、必要な時期に必要な資金を準備できるようにしておくことが重要である。

【参考】立ち上げ期の企業、赤字の企業について

立ち上げ期にある企業や赤字の企業では、資金的に少しでも余裕を持てるような資金予算を作成することが重要である。なぜなら企業の倒産は、資金繰りの悪化が原因となっている場合が多いからである。立ち上げ期に一定期間赤字であっても、資金さえあれば乗り切ることができる。逆に、黒字でも、資金がなければ倒産の危機に直面することになる。**黒字倒産**を避けるために、しっかりとした資金計画を立てることが重要である。

また、赤字、特に事業からのキャッシュフローが赤字となっている場合には、その状態から脱却することを第一の目標とすることが必要である。ゼロあるいは少しでも黒字となれば、当面資金繰りに追われることなく前向きの課題に向けて時間を使うことができるからである。

◉資金調達予算の編成のポイント

❶調達の種類

資金調達は、純資産としての調達、負債としての調達の2つに大別できる。それぞれの調達の代表的な手段は、以下のとおりである。

純資産：増資（株主割当、第三者割当、公募）
負債　：借入（金融機関、取引先その他、当座借越）
　　　　社債発行（国内、海外、転換社債）
　　　　その他の調達（リースの利用など）

❷資金調達を行う場合に考慮すべきポイント

資金調達を行う場合には、以下の5つのポイントを考慮して、最も適したものを選択する必要がある。

●Flexibility（柔軟性）

これは、将来、資金調達をどの程度柔軟に行うことができそうか、ということである。この柔軟性は、現時点で行う資金調達にも密接に関係している。

株式による資金調達は、株価が変動したり、市場取引の活発さも変化するので、一定の金額をいつでも調達できるような手段とはなかなかいえないものである。それに比較すると、借入金や社債といった負債による資金調達は、一定の財務的な安定度がある企業であれば、一定の金額をほぼいつでも調達できるような手段と考えられる。したがって、借入金や社債による資金調達をいつでも実行しやすい状況にしておくことが、**Flexibility（柔軟性）**が高い状況といえる。

具体的には、増資を先行させて純資産比率を高め、借入金や社債による資金調達を行いやすくしておくことが、一般的にFlexibilityが高い状況であるといえる。

●Risk（リスク）

借入金や社債を増やしすぎると、倒産リスクが高まるほか、株主が重視するROEも分母が小さくなる結果として変動しやすくなる。したがって、その面からは、負債としての資金調達を増やしすぎないようにしたほうがよいことを意味している。

●Income（利益）

株主の立場から考えると、借入金や社債の金利を上回る儲けが出るビジネスがあれば、借入金や社債によって調達した資金で事業を行うほうが、追加の資金をまったく出さずに儲けることができるから望ましいということになる。つまり、この面からは、ある程度借入金をてこ（レバレッジ）として使っていったほうがよいことを意味している。

●Control（支配力）

株式を発行すると、各株主の議決権の比率が変化し、株主総会での発言力が変化する可能性があるので、それにも注意が必要であることを意味している。

●Timing（タイミング：時期）

いつ資金が必要なのか、いつ資金調達をするとコストが安いのかなど、資金調達のタイミングにも注意が必要であることを意味している。

その他、格付けの状況や規制、銀行との関係など、企業ごとに重要だと考えられるポイントを考えていくことも必要になる。

【参考】持株比率と資本金の大小の意味

❶持株比率と法律、会計

●会社法

会社法では、「3分の1」「2分の1」「3分の2」の持株比率に注目する必要がある。株主総会の決議が、3分の2を超える株主の賛成がなければ決議できないもの（**特別決議**）と、2分の1超の株主の賛成があれば決議できるもの（**普通決議**）の2段階に分かれているためである。

特別決議は、定款の変更や、合併、重要な営業の譲渡や譲り受けなど、会社の方向に大きな影響を及ぼす可能性があるものについて要求されている決議であり、普通決議はそれ以外の一般的な決議である。つまり、決議する内容の重要度によって、決定するのに必要な賛成株主の議決権の比率に差をつけようというものである。

したがって、3分の1超の株式を取得すると、残り全員の株主が賛成しても特別決議ができないので、重要な方向転換に対しては「拒否権」があるということになる。上場公開企業では、3分の1超の議決権を所有して拒否権を持つことに大きな意味がある場合が多い。2分の1超の議決権を所有している場合には、通常の意思決定は自由にできるという意味で、「支配権」があることになる。3分の2超の議決権を所有している場合には、特別決議、普通決議を含めすべての意思決定を自分の意思で行えるという意味から「完全な支配権」があるということもできる。

●会計

会計では20%と50%の持株比率に注目する必要がある。

20%以上の株式を所有していると、グループ全体の業績を表す連結決算に、当期純利益のうち持株割合に対応した部分だけを反映する**持分法**を適用することが必要となる。したがって、株式保有企業は利益に無関心ではいられなくなり、ある程度経営に影響力を及ぼそうとしてくる可能性が高くなる。

一方、50%を超える株式を所有していると、連結決算に売上高、費用、資産、負債などがすべて含まれるため、グループ企業の業績が自社の連結決算の業績にそのまま反映されることになる。したがって株式保有企業は、経営により深く支配力を及ぼそうとしてくる可能性が高くなる。

なお、上記に加えて、40〜50%の株式を所有して役員の過半数を派遣していたり、借入金の半額を超える金額を融資して実質的に支配をしている子会社は連結する、15〜20%の株式を所有して役員を派遣するなど一定の影響力を及ぼすことができるような会社に対しては持分法を採用する、といった**実質基準**も採用されている。

このように、持株比率が20%、50%を若干下回っても持分法、連結法が採用されることがあるので注意が必要である。

❷資本金の大小と法律、税務

●会社法

会社法では、資本金5億円以上ないしは負債200億円以上の会社を「**大会社**」とし、それ以外の会社と区分している。このうち、大会社では会計監査人（監査法人、公認会計士）の監査を受ける義務が発生するので、手間とコストがかさむことになる。

●税法

消費税法では、資本金が1000万円以下の場合は消費税の扱いが優遇されたり、法人税法では資本金が1億円以下の場合には交際費損金算入枠が多くなり、法人税の税率が一部軽減されるといったメリットがある。

このように一般的に、資本金は必要以上に大きくせず、少なくしておくほうがいろいろな優遇措置があり、有利である場合が多いと考えられる。現在、会社法では、1円の資本金でも会社を設立することができるようになっている。事業を運営するために一定の資本金が必要な場合もあるが、こうした点を考慮して資本金を適切な水準にしておくことも1つの選択である。

◉資金繰表

資金繰表とは、毎日、毎週、毎月の資金、すなわち現金の収入と支出のフローを対比して、その時点や期間での状況を把握するための表である。また、現金主義、つまり現金ベースでの損益計算書ということもできる。

図表3-20 資金繰表(例)

[単位:千円]

				7月	8月	9月
総合経常収支	経常収支	収入	現金売上	24,500	19,000	24,000
			売掛金回収	45,000	38,000	42,000
			受取手形入金	0	0	0
			その他	300	200	100
			小計	69,800	57,200	66,100
		支出	現金仕入	5,000	4,500	6,800
			買掛金支払	32,000	37,000	29,000
			支払手形決済	0	0	0
			経費支払	25,000	21,000	21,000
			借入金利息	5,500	5,500	6,000
			社債利息	0	0	0
			その他	0	34	0
			小計	67,500	68,034	62,800
		経常収支過不足		2,300	-10,834	3,300
	設備関係収支	収入	固定資産売却収入	0	0	0
			その他	0	0	0
			小計	0	0	0
		支出	固定資産購入支出	1,000	500	10,000
			保証金	0	0	0
			その他	0	0	0
			小計	1,000	500	10,000
		設備関係収支過不足		-1,000	-500	-10,000
	総合経常収支過不足			1,300	-11,334	-6,700
財務収支		収入	増資	0	0	0
			借入増加	0	10,000	0
			社債発行	0	0	0
			補助金、助成金	0	2,000	0
			その他	0	0	0
			小計	0	12,000	0
		支出	借入金返済	2,000	2,000	2,000
			社債償還	0	0	0
			その他	0	0	0
			小計	2,000	2,000	2,000
	財務収支過不足			-2,000	10,000	-2,000
総合資金収支過不足				-700	-1,334	-8,700
月初現金預金残高				15,000	14,300	12,966
月末現金預金残高				14,300	12,966	4,266

❶事前入手情報

資金繰表を作成する際には、以下の3点について事前に情報を入手しておくことが望ましい。

- 経営環境の特徴と売上高や利益などの業績の推移
- 売上債権の回収条件や仕入債務の支払条件（業界固有の条件がないか）
- 運転資本の推移（売掛金、受取手形、在庫、支払手形、買掛金の残高の推移）

❷作成のポイント

資金繰表を作成する際には、下記のポイントにも注意が必要である。

まず、売上高、仕入金額の推移から、季節変動が激しい業種か否かをチェックすることが必要である。変動が激しい場合には一時的に資金ショートを起こすおそれがあるので、注意が必要である。

さらに、売上高あるいは仕入金額の推移と、収入あるいは支出の推移をチェックして、全体としての収支バランスがとれているかを確認する。

設備投資については、多額になる場合が多いので、経常収支あるいは財務収支で十分カバーされているかを確認する。

財務収支については、経常収支あるいは設備等の収支の差額をカバーできているかどうかという観点でチェックしていく。特に、設備等の収支が設備投資のために多額のマイナスとなっている場合には、長期の安定的な資金でまかなうことができるかどうかを確認することが必要である。

❸経常収支比率

経常収支比率とは、企業の通常の活動から得られる収入と支出である、経常収入と経常支出の比率のことである。

経常収支比率 ＝ 経常収入 ÷ 経常支出

この指標が長期的に100％を下回っている場合には、資金不足の状態が継続していることを表しており、利益を計上していても要注意である。また、この比率が大きく減少した場合には、経営環境などに大きな変化が起きている場合が多いので注意が必要である。

❸……………………資本予算

資本予算は、設備投資や有価証券などの投資についての予算のことであり、具体的には設備予算や投資予算などから構成されている。

資本予算は、設備投資をはじめ、1年間で考えられるようなものではなく、5〜10年あるいはそれ以上の長期の戦略的な意思決定に関連するものであるから、社長を中心とする経営幹部の承認のもとで作成していくことが望ましい。一般に、原案を経営企画室や設備投資の担当部門、財務部門などで作成し、執行役員の決裁を経て、取締役会の決議で承認していくことが多い。また、投資規模に応じて、稟議制度によって決裁する方法をとる企業もある。

設備投資は、いったん実行すると中止をすることが難しく、固定費あるいは間接費の増加につながる場合が多いため、慎重に行うことが望ましい。また、経営環境、各部門の機械装置などの増設や改善状況、補修などの必要性に関する資料、年度決算への影響などを考慮しながら検討していくことが必要である。

投資予算では多額の資金が必要となる場合が多いので、現時点あるいは投資後の資本構成や資金調達の方法、財務比率の変化などにも注意する必要がある。

6 予算統制の方法

予算統制とは、予算に基づいて実際に活動した結果を実績として集計し、当初の予算と比較して分析を行い、その結果を各現場にフィードバックすることによって、戦術や行動の修正など必要なアクションにつなげていくことである。基本的には、実績が予算とほぼ同じ結果となることが望ましいが、実績をいろいろな角度から分析するという意味で、実績と予算の比較に加えて、市場の変化を考慮して分析したり、前期比較や同業他社比較を行うことが望ましい。

予算統制の方法としては、次の2つが考えられる。

1つは、現場が自主的に統制を行う方法であり、もう1つは予算統制の担当部門が第三者として統制を行う方法である。前者はチェックが甘くなるおそれがあり、後者では責任追及に重点が置かれてしまうという欠点があるので、両者を上手に組み合わせていくことが必要である。

また、以前は「統制」が予算の中で最も重視される傾向にあったが、現在は「計画」や「調整」の段階で早めにコントロールをしていこうという傾向が強くなっている。あまり統制を強調して予算オーバーの原因を追及するよりも、統制の結果わかったことをその後の計画と調整に反映させていったり、予算実績比較の結果を外部の環境に影響を受けやすい売上高の実績とも関連づけて管理していくことが望ましいからである。

予算統制を早めに行い、その結果をいろいろなアクションに素早く結びつけていくためには、実績値を早めに把握すること、つまり早く月次決算を行える体制をつくり、早めに予算と実績の差異が集計できるようなシステムをつくっていくことも重要になる。

なお予算統制には、実際の活動が終了した後に行う**事後的な統制**以外に、活動開始前に部門や管理担当者ごとに何をどのように達成していくかを前もって検討し認識してもらう**事前統制**、実際の活動の途中で予算目標が達成できるように誘導していく**期中統制**がある。事前統制は、担当者を予算編成に参加させることでモチベーションを高める効果があり、期中統制には動機づけの効果とともに、途中段階での差異分析やその改善による予算達成を促す効果がある。

7 予算実績差異分析

予算実績差異分析とは、予算数値と実績値を比較し、その差額を計算することで、予算を基準として実績値がどのような結果になっているのかを集計して、その理由を分析することによって現在の経営上の問題点を見つけていくことである。

したがって、予算実績差異分析は、Plan－Do－Check－Actionの経営管理サイクルの中ではCheckの部分に該当するものである。予算実績差異分析は多くの企業で行われているが、結果を十分に活用している例はあまり多くはない。

また、予算実績差異分析の結果を業績評価に利用することは、企業目標の達成に向けてそれぞれの役割を果たした社内のすべての人々の努力の結果に対して、ある種の価値判断を行うことでもある。したがって、価値判断、すなわち業績評価の方針を明確にして、会社の理念やビジョン、目標とすり合わせをしておくことが重要である。

なお、予算実績差異分析の結果を各現場にフィードバックする場合には、以下のような5つの点を考慮することが必要である。

❶報告結果を組織や管理責任に合わせてまとめていくこと
❷問題点だけをまとめるなど、できるだけ単純で理解しやすいものとすること
❸建設的で、利用者の必要性に合わせたものとすること
❹重要な点については正確な表現とすること
❺迅速に作成し、提供すること

さらに、予算実績差異分析やその結果のフィードバックである予算統制を効果

あるものとするためには、以下のような点にも注意する必要がある。

- 予算の設定段階で、各部門の管理者を参加させ、自分で設定した予算という意識を持たせる
- 目標利益の割り当てを納得できるものとする
- 各管理者の責任と権限を明確にする

それではここで、経営管理に有効と考えられる予算実績差異分析の具体例をみていこう。

X社は食品加工機械を製造しているメーカーである。同社のXXX1年3月期の損益計算書は以下のとおりであった。

[単位：百万円]

	予算（計画）	実績
売上高	2,603（100%）	2,857（100%）
売上原価	1,430（ 55%）	1,578（ 55%）
売上総利益	1,173（ 45%）	1,279（ 45%）
販売費および一般管理費		
販売費	282（ 11%）	238（ 8%）
研究開発費	195（ 7.5%）	168（ 6%）
一般管理費	428（16.5%）	462（ 16%）
小計	905（ 35%）	868（ 30%）
営業利益	268（ 10%）	411（ 15%）

◉アプローチ1——単純比較による予算実績差異分析

この結果についてコメントするとしたら、どのようになるだろうか。

たとえば、予算と実績を単純に比較してコメントするとしたら、次のようなコメントが考えられる。

「売上高が予算以上に伸びたが、製造コストは売上高比率でほぼ予定どおりで済んだために、売上総利益ベースでは予算を上回る良好な結果となった。また販売費および一般管理費については、一般管理費は若干予算をオーバーしたものの、販売費と研究開発費が予算を下回ったため、総額としては予算以下となり、営業利益ベースでも予算の約1.5倍と大変よい結果となった」

このように単純に売上高、費用、利益の実績と予算の差異を計算し、それをもとに分析する方法は、よく見受けられる。しかし、これは市場全体の規模、会社

の市場占有率、販売価格、さらに費用構造などが変化しない、という前提に基づいたものである。したがって、前提が少しでも変化してしまうと、その変化の影響が差異の中に含まれてしまうため、単純な差異の分析では実情がわからないという欠点がある。

それでは、実態を反映した、より詳しい分析を行うためにはどのようにしたらよいのであろうか。

ここで、いくつかの追加情報を入手できたとする。X社では、M1という従来型の機械と、M2という改良型の新型機械を製造しており、2つの機械についての情報と費用についての追加情報は下記のとおりであったとする。

	M1	M2
販売価格（1台当たり）		
平均予算販売価格	550万円	950万円
平均実際販売価格	470万円	1,020万円
製造原価（変動製造コスト、1台当たり）		
平均予算製造コスト	250万円	390万円
平均実際製造コスト	255万円	410万円
販売量（製造量も同じとする）		
予算販売数量	240台	135台
実際販売数量	215台	181台
食品加工機械業界の規模（台数ベース）		
予算規模	3,000台	900台
実績規模	1,890台	1,510台
X社のシェア（台数ベース）		
計画シェア	8%	15%
実績シェア	11.4%	12%

製造固定費と販売費および一般管理費についての追加情報　［単位：百万円］

	計画（予算）	実績
製造固定費	303	288
販売費	282	238
研究開発費	195	168
一般管理費	428	462

◉アプローチ2——経営環境や企業の状況を反映したより詳しい予算実績差異分析

では、左ページの追加情報を使って、より詳しい差異分析を行っていこう。このアプローチでは、次のようなステップで分析を行っていく。

❶利益に影響するような重要な要因をリストアップする
❷計画と実績の利益の変化を、これらの重要な要因に分解してみる
❸他のすべての要因を一定として、ある要因だけを変化させることによって、それぞれの要因が利益に対してどの程度のインパクトを与えるのかを計算する
❹わかりやすい要因から分析を始め、徐々にいろいろな要因を加えていき、適当な要因が見つからなくなった段階で作業を終了する

この方法では、予算と実績の利益差異を、収益差異（販売価格差異、販売数量差異）と原価差異（価格差異、数量差異）とに分解し、さらにそれぞれの差異を市場数量差異、市場占有率差異、製造原価差異、販売費差異、固定費差異などに分解していく。

そして、それぞれの差異の発生原因を追求して、利益改善策の検討や経営環境に適応するための戦略の変更あるいは意思決定に役立てていくのである。

図表3-21 戦略的差異分析

重要な要因	1	2	3	4	5
市場規模	計画値	実績値	実績値	実績値	実績値
シェア	計画値	計画値	実績値	実績値	実績値
販売価格	計画値	計画値	計画値	実績値	実績値
コスト	計画値	計画値	計画値	計画値	実績値

損益計算書					[単位：百万円]
売上高	2,603	2,987	2,902	2,857	2,857
変動費	1,127	1,263	1,243	1,243	1,290
限界利益	1,476	1,724	1,659	1,614	1,567
固定費	1,208	1,208	1,208	1,208	1,156
営業利益	268	516	451	406	411

2の場合の計算	売上高	＝ 1,890台× 8% ×5,500千円 ＋ 1,510台×15%× 9,500千円
	変動費	＝ 1,890台× 8% ×2,500千円 ＋ 1,510台×15%× 3,900千円
3の場合の計算	売上高	＝ 1,890台×11.4%×5,500千円 ＋ 1,510台×12%× 9,500千円
	変動費	＝ 1,890台×11.4%×2,500千円 ＋ 1,510台×12%× 3,900千円
4の場合の計算	売上高	＝ 1,890台×11.4%×4,700千円 ＋ 1,510台×12%×10,200千円
	変動費	＝ 1,890台×11.4%×2,500千円 ＋ 1,510台×12%× 3,900千円

(注) 台数については小数点以下四捨五入して計算している。

X社のケースでは、重要な要因としては、市場規模、シェア、販売価格、コストといった点が考えられる。

それぞれについて計算したのが前ページの**図表3-21**である。その結果から、利益1億4300万円の増加は、以下のように分析することができる。

市場規模の変化によるもの	+248百万円
M1	−267
M2	+515
シェアの変化によるもの	− 65
M1	+192
M2	−257
販売価格の変化によるもの	− 45
M1	−172
M2	+127
変動製造コストの変化によるもの	− 47
固定費の変化によるもの	+ 52
製造固定費の変化によるもの	+ 15
販売費の変化によるもの	+ 44
研究開発費の変化によるもの	+ 27
一般管理費の変化によるもの	− 34
合計	+143

このように、アプローチ2では、より詳細なデータを入手することができる。この結果をもとにすると、たとえば次のようにコメントすることができる。

「今期の利益が増加したのは、市場規模が増加したこと、特にM2の市場規模の増加に依存している部分が大きい。しかし、M2のシェアは低下させてしまっているので、必ずしもM2の販売が順調とはいいきれない。一方で市場規模が縮小しているM1では、シェアを拡大させている。このM1について販売努力は認めるが、1歩踏み込んで考えると、これは、将来性のあるM2の市場でもっと力を入れるべきなのに、衰退期にあるM1に力を入れすぎた結果とも考えられ、そうすると当社のマーケティング戦略に問題点があったとも考えられる。

また、販売価格の面では、M2は予定よりも高い価格での販売ができたが、M1では予定を下回ってしまっている。これも市場の変化と結びつけて考えると、市場が急拡大中のM2の価格を上げ、市場が縮小し、衰退商品とも考えられるM1で価格を下げてしまっている。この点も市場の状況からすると、価格戦略は逆のほうがよかったとも考えられるので、十分に検討する必要がある。
また、販売費と研究開発費については、計画よりも少ない金額で済んでいるため、表面的には望ましいが、その理由が仮にM2の拡販のために必要なマーケティング戦略を実行しなかったこと、あるいはM2のバージョンアップのための研究開発のスピードを遅らせたことにあるとすると、必ずしも望ましいとはいえないことになる」

このように、より詳しい差異分析を行うことによって、戦略の良否などについても貴重な情報を得ることができる。
さらにこのように考えると、差異については、有利つまり利益に対するインパクトがプラスの場合には絶えず望ましい状態を意味しているわけではなく、その逆に不利つまり利益に対するインパクトがマイナスであった場合も、絶えず状態が良くなかったことを意味しているわけではない。「有利」「不利」は、上記のように戦略と結びつけて分析してみる必要がある。

しかし、以下の点には注意する必要がある。
今回のケースでは、X社の2つの製品はまったく市場が違うものとして差異を計算しているが、もし2つが同じ市場で競合する製品であるとすると、顧客から見ると2つの製品は代替品となってしまう。そうすると販売量にトレードオフが出てくるため、どちらを販売するかで、どの程度利益に影響があったのか、という**マーケティング・ミックス**についても分析する必要がある。つまり、2つの製品が同じ市場において競合する製品と考えられる場合には、それぞれの製品の平均的な利益の貢献度合いを示す「製品配合差異」を計算する必要が出てくるのである。

8 まとめと最近の動向

予算実績差異分析の結果は、業績評価に利用することが多いので、その分析の方法は経営管理、特に戦略をモニターし、実行状況を確認していくという面から重要なものである。また、差異分析を行うことによる実績達成に向けたプレッシャーといった心理的影響も無視できない。したがって、このプレッシャーを良い方向に結びつけるため、事後的で後ろ向きの分析よりも、建設的で動機づけにつながるような分析をしていくことが望ましい。

また業績評価は、会社あるいはその事業単位の戦略の方向に合わせて行う必要がある。経営戦略が異なれば、組織の構成員には異なった行動が要求されるが、構成員は業績評価の方針に合わせて、その中で評価されるように行動するからである。つまり、ある経営戦略を成功させるためには、その戦略に合った業績評価を行うことが必要である。そして差異分析を戦略の方向と結びつけて行っていくことも重要である。

なお、予算管理の中でBSC（第3部第4章）を活用するという考え方もある。これは財務数値だけではなく、非財務の数値についての予算を設定し管理していこうというものであるが、これも予算管理の中でより現場の状況に踏み込んで、戦略との連携を重視していくという面からは、1つの選択肢である。

◉Beyond Budgeting Model

Beyond Budgeting Modelは、日本語では**脱予算モデル**、あるいは**超予算モデル**と呼ばれており、既存の予算管理システムに対する批判をもとに、それを改善するための考え方として発表されたものである。具体的には1998年1月にイギリスで設立された**BBRT**（Beyond Budgeting Round Table）が、従来の予算管理システムを廃止したいくつかの企業の事例をもとに提示してきている。

BBRTが挙げている従来の予算管理システムに対する批判は、以下のような点である。

- 予算は、その策定に膨大な時間とコストをかけている割には価値を生み出していない
- 予算は、環境変化に対する柔軟で機動的な対応を妨げることがある。つまり、予算を設定する時期が、実際の予算期間のかなり前になっていることが多いため、実際の状況と違う前提で作成されてしまうことがある
- 予算が報酬と結びついている場合には、真実の情報を提示するインセンティブが少なくなり、予算数値が社内政治によって歪められたり、不正につながる可能性もある。たとえば、達成しやすい甘い予算にするような政治的な動きが出てきたり、予算がもう少しで達成できそうであれば押し込み販売などの不正が行われる可能性が出てくることがある
- 予算によって短期的なつじつま合わせに関心が行ってしまい、長期的な視点から組織能力を高めるための努力を行わなくなってしまう

このような予算管理システムの問題点を解決するために、BBRTは以下のよう

なポイントからなる**変化適応型プロセス**を提示している。

❶目標設定

目標を、各部門が最高な状況のもとで生み出すことができる成果として、客観的かつ意欲的（ストレッチしたもの）に設定していく。さらに、目標設定は評価や報酬と切り離す。これによって、目標が内部の交渉によって決まるといった歪みを避けることができる。一方で、評価や報酬は、事前に決めた固定的な数値ではなく、同業他社や社内の他の事業部、あるいはその事業部の過去の業績をベンチマークすることによって決めていく。これによって、環境の変化などが反映されることになる。

❷評価と報酬

組織全体、グループ、チームなどをベースに、事後的な相対評価、つまり同業他社や社内の他の事業部、過去の業績との比較によって評価を行い、報酬を決定していく。これによって、環境の変化や各部門やチームの実情などを反映した評価や報酬の決定が行えるようになる。

❸計画の策定

1年間の事業年度単位で固定的な計画を作成するのは、戦略を実行するサイクルや、経済やビジネスのサイクルに必ずしも合致していない。したがって、絶えず一定期間の計画を作成していく**ローリング方式**を採用することによって、計画の更新頻度を高め、計画の精度を高めていく。その結果、環境変化に対応した計画が策定でき、絶えず顧客や株主への価値提供に関心を持ち続けることができるようになる。

❹資源配分

KPIなども活用しながら、環境変化に合わせて資源を再配分することによって無駄をなくしていく。

❺調整

顧客のニーズに対応するために、組織横断的な活動がスムーズに行われるようにする。

❻業績測定と評価

効果的な統治の仕組みをつくるとともに、一連のそれぞれ相関関係のあるKPIを活用しながら管理を行っていく。

なお、Beyond　Budgetingの考え方の出発点となった予算管理システムに対する批判は、予算管理システムの計算構造そのものではなく、その運用方法に関するものが中心である。企業の環境変化が激しくなる中で、伝統的な予算管理が有効でないケースが出てきており、それに対応する仕組みを考える必要があるということを意味していると考えられる。

したがって、ここで説明した変化適応型プロセスは、環境変化が激しく、不確実性が高い事業を行っている企業で導入する意義が大きいと考えられる。

第4章
バランスト・スコアカード

1 バランスト・スコアカードとは何か

バランスト・スコアカード（Balanced Scorecard：BSC）は、1992年にハーバード・ビジネススクールのR.S.キャプラン教授と経営コンサルタントのD.P.ノートン氏によって生み出された管理会計のツールである。

もともとは毎年の業績を評価するツールとして発表されたが、その後、戦略を実行していくために具体的に何をすべきかを計画し、実行し、その結果を集計し分析して、次の計画に生かしていくという戦略的マネジメントシステムへと発展してきている。

❶ 4つの視点

BSCでは、財務、顧客、内部ビジネスプロセス、学習と成長という4つの視点

図表3-22 バランスト・スコアカード（BSC）の例

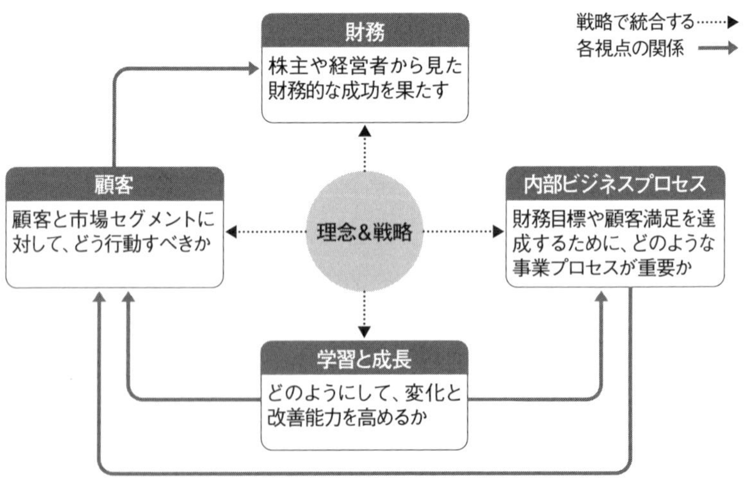
戦略で統合する
各視点の関係
財務
株主や経営者から見た財務的な成功を果たす
顧客
顧客と市場セグメントに対して、どう行動すべきか
理念&戦略
内部ビジネスプロセス
財務目標や顧客満足を達成するために、どのような事業プロセスが重要か
学習と成長
どのようにして、変化と改善能力を高めるか

出所：Kaplan and Norton (1996) をもとに著者作成

をベースに業績評価や経営管理を行っていく。

財務の視点は財務的に成功するためには株主に対してどのように行動すべきかを、**顧客の視点**はビジョンを達成するためには顧客に対してどのように行動すべきかを意味している。さらに、**内部ビジネスプロセスの視点**は株主と顧客を満足させるためには、どのようなビジネスプロセスに優れていなければならないのかを、**学習と成長の視点**はビジョンを達成するために、どのようにして変化や改善の能力を維持する必要があるのかを意味している。

そして、4つの視点それぞれについて、戦略を具体的な目標に分解して置き直した**戦略目標**、その戦略目標がどの程度達成されているかを測定するための**評価指標**、それぞれの評価指標の数値である「目標値」、その目標値を達成するための具体的な計画である「実施項目」を定めていく。

また、4つの視点には因果関係があり、それぞれの視点の「戦略目標」や「評価指標」は戦略の実行を中心に原因と結果という関係を持つことが必要とされている。つまり、「財務の視点」は最終的な財務面の業績の成果を表したものであり、その他の3つの視点はその財務的な成果を生み出すための原因、つまり具体的な行動指針を表しているという関連性を持つことが必要なのである。

図表3-23 4つの視点の戦略目標の例

財務の視点
- 株主価値の上昇
- 市場における地位の向上
- 持続的成長
- 収益性の向上
- 原価低減
- 原価構造の改善
- 生産性の向上
- 資産の有効活用

内部ビジネスプロセスの視点
- 製品の革新性の向上（品質、スピード）
- 業務の卓越性（コスト、スピード、品質）
- 顧客親密度

顧客の視点
- 顧客数の増加
- 顧客満足度の向上
- 顧客1人当たりの年間売上高の増加
- リピート購買率の向上
- 新規顧客の開拓
- 顧客収益性の向上

学習と成長の視点
- 従業員の意識
- 能力の開発
- ナレッジマネジメント
- 製品開発能力の向上
- 営業能力の革新

すなわち、4つの視点は「財務の視点」を頂点にして、それを高めるためには顧客との関係を表す「顧客の視点」の指標を高めていくことが必要になり、そのためには企業の業務の状況を表す「内部ビジネスプロセスの視点」の数値がよい状態にあることが必要であり、さらにそうなるためには組織のモチベーションの状態を表す「学習と成長の視点」の数値がよい状態にあることが必要である、といった因果関係を持つ必要があるのである。また、この順序は、企業の短期的な業績に関連する視点から、より長期的な業績に関連する視点へという関係も意味している。

❷……………………評価指標

たとえば、ある企業が、株主が期待する以上の儲けを生み出すことが重要であると考えて、財務の視点の指標としてEVAを採用し、さらにEVAを高めるためには現状では売上高の拡大が特に重要だと考えられるので、売上高成長率も財務の視点の指標として採用したとする。そのうえで売上高を拡大するためには、現在の状況下では、主要顧客との関係を強化して彼らにより多く購入してもらうことが最も重要であり、また主要顧客の多くは注文に対する丁寧で素早い対応を求めているとする。さらに、そのようなニーズに対応するためには、主要顧客ごとに担当する従業員を決め、定期的に接点を持つことで顧客との親密度を高めることが重要であるとする。

このような場合には、たとえば顧客の視点では「主要顧客との関係の強化」、内部ビジネスプロセスの視点では「顧客対応の品質とスピードの向上」、学習と成長の視点では「従業員の維持と能力開発」といった点が、それぞれ戦略目標になると考えられる。さらに、それぞれの戦略目標の達成状況を評価するために、顧客の視点では「主要顧客への訪問回数」「主要顧客から見た自社のランキング」、内部ビジネスプロセスの視点では「主要顧客からの連絡に対応するまでの時間」「製品の品質」「注文から発送までのリードタイム」といった評価指標が採用されていく。また、学習と成長の視点では「顧客対応および商品知識についての研修の受講率」「従業員の定着率」などの評価指標が採用される。このように、因果関係を考えながら各視点の具体的な戦略目標を検討し、その戦略目標の達成状況を測定するのに最も適切な評価指標を選択していく。

つまり、BSCは、4つの視点ごとに、戦略の実行を中心とした因果関係をもとに、評価指標を戦略目標と関連づけて選択していくのである。そして、それぞれの評価指標の数値をモニターすることによって、長期的な視点から戦略の実行状

図表3-24　4つの視点の評価指標の例

財務の視点
- EVA
- ROE
- ROA
- 売上高利益率
- キャッシュフロー
- 成長性
- マーケットシェアの増加

内部ビジネスプロセスの視点
- リードタイム
- 納期
- 品質
- 不良品率
- 歩留まり
- 生産性
- クレーム対応時間
- 顧客対応時間

顧客の視点
- 顧客満足度指数
- 新製品の売上高割合
- 納期厳守
- クレーム発生件数
- 特色のある商品が売上高全体に占める割合
- 主要顧客が売上げ全体に占める割合
- 主要顧客から見た当社のランキング
- 提携協調関係にある顧客数

学習と成長の視点
- 新製品開発に要する時間
- 新製品の売上高比率
- モラールサーベイ
- 社員の提案件数
- 従業員定着率
- 従業員満足度

況を可視化することができるようになる。

BSCを利用することによって、その構成要素となる評価指標を適切に決めることができると、EVAあるいは売上高といった財務指標を高めるためのポイントが何であるかが明確になり、結果として日々行うべき活動が明確になる。目標とする顧客がだれであるのかがはっきりとわかり、さらに顧客に対してどのような活動を行い、顧客との関係を改善するために内部ビジネスプロセスをどう改善しなければならないか、といったことが明確になるため、財務指標の改善へ向けた企業活動が明らかになるのである。さらに、それぞれの評価指標の数値目標を各部門や個人に与えることによって、戦略の実行へ向けて組織全体を動かしていくことができるのである。

評価指標は**成果指標**と**パフォーマンス・ドライバー**の2つに区分することができる。成果指標とは、以前から評価指標として使われてきた売上高、原価、損益などのことであり、事後的な結果を測定するものである。パフォーマンス・ドライバーは、成果を生み出す要因である業務の原動力を測定するものである。つまり、成果指標は遅行指標であり、パフォーマンス・ドライバーは先行指標となる。

通常、財務の視点の評価指標は成果指標となり、それ以外の3つの視点の評価指標はパフォーマンス・ドライバーとなっている。そしてBSCは、パフォーマンス・ドライバーを管理しようとするところに特徴があると考えられる。

またBSCは、戦略に合わせて作成していくものであるため、すべての企業に一律に適用できるような定型的なものではなく、市場環境、競争環境、製品戦略によって異なる。さらに、BSCの評価尺度の数については、15〜20程度が一般的である。

なお、BSCの名称の中にある「バランス」という言葉には、短期目標と長期目標のバランス、財務的業績評価尺度と非財務的業績評価尺度のバランス、遅行と先行の業績評価指標のバランス、さらに外部的視点と内部的視点のバランス、株主、顧客、サプライヤー、パートナー、従業員といった異なるステークホルダー間のバランス、導入される組織の間のバランスといった意味があるといわれている。

2 具体的な導入ステップ

BSCは1990年代はじめに発表され、アメリカをはじめ日本でも採用する企業が徐々に増えている。2000年前後に行われたいくつかの調査によると、アメリカでは大手企業の約半数がBSCを導入しており、日本でも東証一部上場企業の10〜20%がBSCを何らかの形ですでに導入しているという結果が出ている。

それではここで、具体的な導入ステップについてまとめていこう。

❶基本方針の確定と推進体制の構築

まず、業績をさまざまな側面に分解し、それらのバランスをとりながら業績目標を設定して管理するというBSCの大原則について、社内のコンセンサスを形成する。また、同時に、どの組織階層まで導入するか、評価と報酬を連動させるか、導入スケジュールをどうするか、といった業績管理の大きな方針を決定する。その際に、社内の推進体制として経営企画部門、人事部門、経理部門、場合によっては情報システム部門からなるクロスファンクションチームをつくっていく。さらに導入のリーダーとして社長あるいは全社経営担当役員が就任し、必要に応じてコンサルタントを活用していく。

❷BSCの設計

次に、一部の組織でBSCを作成してみる。その事業年度の売上高、利益予算、重点施策などが記載された組織別の年度方針書を出発点とし、これをクロスファンクションチームで検討してBSCの4つの視点に分解し、因果関係を考えながら成果指標とパフォーマンス・ドライバーを設定していくのである。

❸組織BSCの吸い上げと修正

導入する組織の組織長に対してBSCによる業績評価の趣旨説明を行い、各組織に対してBSCの第1次案の作成を依頼する。この第1次案を作成する段階で出てくる悩みや混乱については、クロスファンクションチームが一緒に解決していくようにする。そのうえで各組織が作成した第1次案を比較検討し、全社の年度方針と各組織のBSCとの整合性、数値や施策の網羅性や重複などについて検討する。そして、修正した案を各組織にフィードバックし、必要に応じて相互に連携を必要とする組織を集めて、BSCが整合していない個所について議論を行っていく。

❹報酬との連携の仕組みの設計と運用インフラの整備

❸と並行して、業績評価の結果をクロスファンクションチームがどのように活用していくのか、検討していく。たとえば、組織の業績を組織長の業績考課と一体化するか否か、一体化する場合はどのようなステップで行うのか、業績考課を報酬と連動させるのか、連動させる場合には具体的にどうするのかといった点について詳細に検討していく。

なお、従来の方式とBSCによる方式を一定期間併用したうえで、BSCによる方式に移行することもある。

❺運用および横展開

BSCの導入効果を測定し、導入するために必要とした経営資源（手間ひま、時間、エネルギー）を比較していく。初期の効果としては、戦略の実行状況を可視化できるようになった点を強調することが多い。さらに、2〜3期、継続的に運用する中で効果を確認し、一段下の組織階層や別のグループ企業に広げていく。

3 導入事例

それでは、BSCの代表的な導入事例であるモービルと、日本企業では代表的な導入事例であるリコーの事例についてまとめていく。

❶……………………モービルの事例

モービル（現エクソンモービル）は、北米精製営業部がコモディティを大量生産することに適している「中央集権型組織」から顧客志向の「現場への権限委譲型組織」へと変革するという新しい戦略を採用し実行するために、BSCを導入した。

モービルが設定した戦略ビジョンは「これまでにない価値を顧客に効率的に提供し、アメリカにおける最高の一貫精製・販売会社を目指す」というものであった。まず、「財務の視点」について、同社は使用資本利益率（ROCE：Return On Capital Employed）を引き上げるという目標を掲げ、それを達成するために2つの収益拡大戦略と2つの生産性向上戦略を採用した。

次に、「顧客の視点」について、消費者市場のほぼ60%は付加価値を求めるセグメントであるという市場調査の結果に基づき、「差別化された価値提案」を採用するという決断を下した。

さらに、「内部ビジネスプロセスの視点」について、販売店のガソリン依存度を下げ、ガソリンの卸値を引き上げても利益が確保できるように、コンビニエンスストアなどで販売できる新製品や新サービスの開発などによって営業基盤をさらに強化することなどが目標として掲げられた。

「学習と成長の視点」では、マネジャーのリーダーシップ・スキルの訓練やプロセスの改善につながるような新技術の採用などが目標とされた。

さらに、各事業部では、上記の内容を視覚化した「戦略マップ」に基づいて当該業務に関する詳細なマップを作成した。

この結果、モービルの北米精製営業部は従業員全員が新戦略に向けて一丸となり、わずか2年足らずで大きな転換を遂げ、1995年からエクソンと合併する1999年まで利益率で業界トップの座を堅持した。実際、同事業部のROCEが6%から16%に上昇したことをはじめ、財務指標および非財務指標の双方が大きく改善されている。

❷……………………リコーの事例

リコーは、顧客と社会から信頼され常に新しい価値創造を行うことでトップシェアを確保し、業界に対する影響力を持ったグローバル優良企業になるという戦略を実行に移していくために、BSCを採用した。

経営戦略会議によってBSCの導入を正式に決定し、部門ごとに説明会を開催し、コンサルタントの協力も得て、まず試験的に一部の部門に導入して、それを各事業部門へ展開していくというステップで導入していった。

具体的には、ビジョンと戦略の明確化からスタートした。リコーでは、「21世紀の勝利者」をスローガンにして前述のような目標を設定し、それを実現するための3つの戦略として①企業価値増大を目指した経営の革新、②成長を目指した事業・収益構造の変革と技術力の強化、③キャッシュフロー・マネジメントの強化と低コスト体質の実現の3つを掲げていた。これをもとに単年度の全社方針を作成し、それを部門方針へブレークダウンし、これらの年度方針を各事業本部および事業部の戦略目標として、「5つ」の視点に置き換えていった。

なおリコーのBSCの特徴は、通常の4つの視点に加えて「環境保全の視点」が加えられている点である。これは、環境会計を導入するなど環境問題に真剣に取り組もうとしていることの表れと考えられる。

次に期初の目標値の決定とトップによる方針管理、診断を行うために、社長、専務、担当役員から構成される業績審議会を設置した。また、目標管理の考え方を重視し、目標達成度で評価することとした。具体的には、財務、非財務の視点を問わず、目標値を100%達成した場合は100点、95%以上の場合は90点、90%以上の場合は50点、90%未満の場合は0点と定めたのである。さらに、財務のウエートは、外売りが主体の事業部では70%、外売りがない事業部ではSBUレベルで60%、本社部門では10～20%、事業部のスタッフについては30%とし、かなり幅を持たせることとした。さらに、部門の業績評価を個人の賞与の一部と連動させている。

このようにBSCを導入した結果、①各部門が、戦略とこれを実現するためのオペレーションとの間のビジネスフローを明確に把握できるようになった、②経営上の問題ないし課題が明確になった、③目標達成度を正確に把握し、公正な業績評価を行う体制が整った、④部門間ならびに部門長間でのコミュニケーションが活発化し、情報の共有が促進された、といった成果が出ている。

なお、リコーがBSCの導入に成功した理由としては、以下のような点が指摘されている。

- BSCと共通点が多いJQA（日本経営品質賞）の受賞に向けて以前から社内でさまざまな施策に取り組んでおり、また過去から成果主義の報酬制度を採用していたため、BSCの社内への浸透がスムーズであったこと
- トップ・マネジメントの強力なリーダーシップがあり、加えて経営企画室の

フットワークがよく、クロスファンクションチームをまとめあげていく能力があったこと
- 成果指標よりもプロセス指標を重視するとともに、アメリカ型をそのまま導入するのではなく、あくまでもリコー版のBSCを目指したこと

4 戦略志向の組織と戦略マップ

R.S.キャプランとD.P.ノートンは、BSCを利用して戦略を管理しながら成功を目指す企業のことを「**戦略志向の組織体**」と呼んでいる。そして、その特質を「戦略」「集中」「組織」という3つの点からまとめている。

「戦略」は、戦略を中心として組織を位置づけ、BSCによって戦略を理解しやすく行動の指針となるように記述し伝達することが重要であるという意味である。次の「集中」は、BSCをナビゲーションとして利用し、組織のすべての資源と活動を戦略に向けて方向づけることが重要であるという意味である。「組織」は、

図表3-25 戦略マップの例

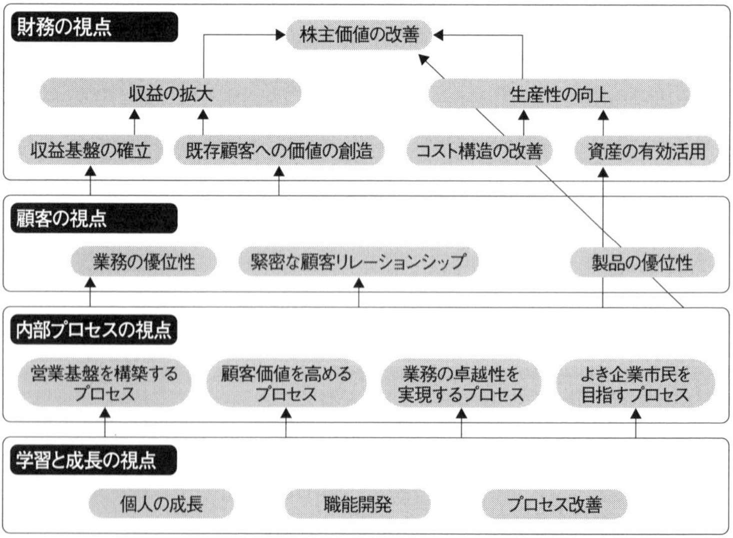

出所：Kaplan and Norton (2000) をもとに著者作成

全社員を以前とは根本的に異なった方法で行動するように活性化し、BSCによってビジネス・ユニット、シェアードサービス、および個々の社員との間の連携を確立することが重要であることを意味している。

さらに、BSCを使って戦略志向の組織体をつくり上げるための原則として、以下の5つを挙げている。

❶戦略を現場の言葉に置き換える
❷組織全体を戦略に向けて方向づける
❸戦略を全社員の日々の業務に落とし込む
❹戦略を継続的なプロセスにする
❺エグゼクティブのリーダーシップを通じて変革を促す

またキャプランとノートンは、BSCにおける因果関係や、ある組織が企業目標や経営資源を成果に結びつけていく動きを、共通したフレームワークに落とし込んでわかりやすく表した「**戦略マップ**」を提示している。

「戦略マップ」のテンプレートは**図表3-25**に示したとおりであるが、その内容についてキャプランとノートンは次のように説明している。

まず一番上には株主価値に直結する「財務の視点」が記載されている。そして、この基本戦略として①収益の拡大と②生産性の向上の2つを挙げている。そのうえで、①については、新市場、新顧客、新製品からの収益による「収益基盤の確立」と、既存顧客とのリレーションシップの強化による「既存顧客への価値の創造」を挙げている。また、②については、直接費と間接費の削減による「コスト構造の改善」と、一定の事業を行うために必要な運転資本や固定資本の削減による「資産の有効活用」を挙げている。また、一般的には、②のほうが早期に結果が表れると述べている。

次に、「顧客の視点」では、どのような価値を顧客に提供するのかが重要であるとして、①自社が提供する製品やサービス構成の特色、②顧客リレーション、③企業イメージの3つをはっきりと示すことが重要であるとしている。そして、顧客に対する価値提案に成功した企業における顧客へのアプローチのパターンを「業務の優位性」「緊密な顧客リレーションシップ」「製品の優位性」という3つの差別化要因として示している。

「内部ビジネスプロセスの視点」については、戦略を実行するうえで不可欠な4種類の組織活動を挙げている。①新製品や新サービスの導入と新規の市場顧客セグメントの獲得によって「営業基盤を構築するプロセス」、②既存顧客とのリレーションシップを深めることによって「顧客価値を高めるプロセス」、③サプライチェーン・マネジメントの強化、業務プロセスのコスト、品質、サイクルタイムの改善、資産の活用、能力管理の向上を通じて「業務の卓越性を実現するプロセス」、④社外のステークホルダーと有意義な関係を構築し、「よき企業市民を目指すプロセス」の4つである。

最後に、「学習と成長の視点」については、個人の成長、職能開発、プロセス改善の3つが挙げられている。さらに、「学習と成長の視点」は、従業員のスキルや能力、知識を意味する「人的資本」、情報システム、データベース、ネットワーク、ITインフラストラクチャーなどを意味する「情報資本」、企業文化、リーダーシップ、整合性、チームワークと知識共有を意味する「組織資本」という3つの無形資産と密接に関係しているとされている。その無形資産が成果を生み出すためには、戦略と整合していなければならないとする「整合性」、無形資産のすべての増強を支援するための統合プログラムが必要であるとする「統合」を重視する必要があるとしている。

キャプランとノートンは「戦略マップ」について、「戦略マップを作成すると、自社の戦略を全体的かつ体系的に俯瞰でき、さらに戦略の不備がわかり、経営陣が早期に是正措置をとることも可能となる。さらに、戦略マップをマネジメントシステムの基礎資料として活用すれば、成長に向けた事業目標を効率的かつ迅速に遂行するうえで大いに役立つはずである」と述べている。

また、戦略マップを活用するメリットとしては、一般に以下のような点が挙げられている。

❶戦略を1枚で俯瞰でき、常に全体を意識して個別の議論ができること
❷財務を中心とした短期の目標だけではなく、プロセス改革や人材育成などの中長期的な目標も記述できるため、中期経営計画の推進に適していること
❸戦略がストーリー化され、各戦略目標の位置づけが明確になり、重要な点の抜けに気づきやすくなること
❹戦略の絞り込みがなされること

5 BSCの発展と課題

BSCは1992年に発表されて以来、多くの企業で導入される中でさまざまな新しい考え方や利用法が提示されたり、導入するための課題も指摘されている。ここでは、それらについてまとめていく。

◉BSCの活用目的

これまでみてきたように、BSCはもともと業績管理のシステムとして生み出され、その後戦略的マネジメントシステムへと発展してきたものである。したがって、そもそものBSCの活用目的は業績管理システムと戦略的マネジメントシステムの2つである。しかし、それに加えてIR目的としての活用や、コミュニケーションツールとしての活用なども考えられている。

IR目的としての活用とは、評価指標の数値を、外部の投資家に戦略の実行状況を報告する1つの手段として活用していくことである。競争上で問題のある部分を開示してしまわないように注意する必要はあるが、将来の財務業績の予測に対する重要な情報を提供していくという面からは検討の余地はあると考えられる。

コミュニケーションのツールとしての活用は、経営陣や従業員のコミュニケーションの円滑化のためにビジネスの共通言語の1つとして活用していくものである。特に企業買収などの場合に、異なる企業文化、言語、業務経験、バックグラウンドを持つ組織や人材を統合するために活用する意義は大きいと考えられる。

◉4つの視点以外の視点の追加

BSCの4つの視点に他の視点を加えることもある。これは、4つの視点は企業がフォーカスしなければならない必要最小限の成功要因であるという考えに基づいたものである。

実際に加えられる視点としては、前述のリコーのような「環境の視点」のほか、「従業員の視点」「人的資源の視点」「プロセスとサプライヤーの視点」「再生ないし革新と開発の視点」「コミュニティーの視点」などがあるが、なかでも「従業員の視点」を加える例が多い。

しかし、4つの視点はかなり網羅的で関連性があり、それ以外の視点は加えないほうが望ましいという意見も根強い。さらに、社会的責任を意味するような視点については、そうした視点が加わると視点間や戦略目標の因果連鎖が把握しづらくなったり、最悪の場合には途切れてしまうおそれがあるほか、そのような視点は戦略的な行動設定というレベルを超えたものであって本来BSCにはなじまないという見方もある。

◉EVAとの関係

EVA（第1部第1章）では、業績管理をより具体的な数値目標に分解して行うために、評価指標であるバリュー・ドライバーを設定して利用していくことがある。しかし、実際に適切なバリュー・ドライバーを見つけ出すことはなかなか難しい。そのため、バリュー・ドライバーを探索するためのツールとして、BSCを活用することがある。つまり、BSCの「財務の視点」の中でEVAを採用し、それをもとに適切な評価指標を選択することによって、戦略の実行とともに企業価値の向上にも結びつけられるような評価指標を見つけていくのである。

このようにBSCとEVAは、もともとは別々の独立した管理会計のツールであるが、それを並行して使うことによって企業価値・株主価値の向上と戦略の実行が結びつき、2つの目的と因果関係のあるような業績評価指標を選択することができ、より適切な経営管理のシステムを構築することができると考えられる（この関係については、126ページの**図表1-26**を参照）。

◉BSC導入の課題

BSCを導入する企業が増加する中で、導入する際の課題も指摘されている。

キャプランとノートンは、戦略志向の組織体の創造を妨げる問題点として以下の3点を挙げている。

❶過渡期の問題

M&Aなどによって、それまで順調に実践されていたBSCが利用されなくなってしまうことである。

❷デザインの問題

成果指標の数が不適切である、パフォーマンス・ドライバーの選択が不適切である、また、その改善プログラムがない、戦略との整合性がしっかりとられていない、といったBSCのデザインの問題である。

❸プロセスの失敗

BSCを導入する際の組織のプロセスの問題であり、キャプランとノートンはこれが最も一般的な問題点であるとしている。

具体的には以下の7点を挙げている。

- シニア・マネジメントの関与が足りないこと
- あまりにも関係者が少ないこと
- スコアカードをトップのレベルにとどめてしまうこと
- 長すぎる開発プロセスとスコアカードを一時的現象として扱うこと
- BSCをシステムのプロジェクトとして扱うこと
- 経験のないコンサルタントを雇うこと
- BSCを報酬のためだけに導入すること

◉導入・活用の場合の注意点

BSCはもともとアメリカで生み出されたものであり、一般的に、アメリカ企業は戦略を明確に設定しているが、それを実行するところにやや課題がある場合が多いといわれている。したがって、アメリカ企業では、明確になった戦略の遂行状況を管理するためにBSCを導入する意義が大きい。一方、日本企業では、いったん戦略の方向性が明確になれば、その実行はスムーズに行われる場合が多いが、出発点となる戦略が明確に設定されていない場合があるといわれている。したがって、一部の日本企業では、BSCの導入よりも前に明確な戦略を策定することが必要になる。しかし、BSCの導入に合わせて改めて戦略を明確にしたうえで、BSCによってその実行状況を管理していくことの意義は大きいと考えられる。

また、BSCを作成にあたっては、評価指標が各部門や個人の行動に大きな影響を与えることになるので、戦略との因果関係をよく考えて適切なものを選択していくことが必要である。また、各指標の数値目標の水準についても、目標としての意味、達成可能性などを考えながら、適切なレベルに設定することが重要である。

第4部 ◉ 今後重要性を増す機能・分野の管理会計

第4部のはじめに

大きな環境変化の中で、日本企業はグローバルな視点でしっかりとした競争優位を確立した経営を行っていくことが強く求められている。このような視点で考えた場合に、今後、戦略的に重要と考えられる管理会計のテーマとして、次の3つが挙げられる。

第1に、販売費および一般管理費のコスト・パフォーマンスの問題である。日本企業は、原価企画が日本発のものであることからもわかるように、一般に製造コストの管理は高いレベルにあるといわれている。しかし、それと比較すると、販売費および一般管理費の管理については従来それほど注目されてこなかった。

これは、右肩上がりの経済の中で業績がある程度よかったこと、また物流費あるいは一般管理費をはじめとした全体としての高コスト状況を所与のものとして考えてきたことの結果とも考えられる。さらに、コストというと製造コストに関心が集中してしまい、販売費や一般管理費にまであまり強い関心が向けられなかったこともある。

しかし、販売費および一般管理費も、まさに売上高を上げるために必要不可欠なコストである。今後グローバル競争に負けないような企業となるために、この販売費および一般管理費の効果あるいは効率をできるだけ高めていくことが重要になる。特に、マーケティングと密接な関係がある販売促進費、共同物流などが注目されてきている物流費、ホワイトカラーの生産性などが話題となる一般管理費については、その効果や効率をしっかり測定したり、またそれを高めていくような仕組みが必要である。

第2は、研究開発費のコスト・パフォーマンスの問題である。多くの日本企業では従来から応用研究を中心として、積極的に研究開発を行ってきている。しかし、今後グローバルに競争していくためには、世界を意識した研究開発を行う必要がある。その場合には、研究開発の戦略をしっかり立案するとともに、その中でできるだけ効果の高い研究開発を行っていくことが重要となる。さらに、研究開発の成果を新製品の販売としてだけではなく、特許料などの形で獲得していくことも必要であろう。このように、研究開発コストについて、その効果をしっかり測定し、またそれを高めていく仕組みが必要である。

第3に、エンターテインメント・ビジネスの問題である。日本はアニメをはじめとしてエンターテインメント・ビジネスでは強い面を持っており、またデジタル化の流れの中で、ビジネスとしての将来性が非常に高いと考えられる。しかし、このエンターテインメント・ビジネスには、従来のビジネスとは違ったいろいろな特徴がある。したがって、その特徴に合わせてビジネスをどのようにコントロールしていくかが、その成功にも大きな影響を及ぼす可能性が高く、また重要だと考えられる。

＊

そこで第4部では、今後の日本企業にとって重要と思われるこの3つの機能や分野を、どのようにコントロールしていったらよいか考えていく。

まず第1章では、販売費および一般管理費について、販売促進費、物流費、一般管理費の3つを取り上げて、それぞれの内容と、どのようにコントロールしていったらよいのか、戦略とも結びつけながら考えていく。

次に第2章では、研究開発費について、その効果を高めるためにどのようなコントロールをしていったらよいのか、戦略の視点も入れながら考えていく。

そして第3章では、エンターテインメント・ビジネスについて、成功確率を上げるためにどのようなコントロールをしていったらよいか、戦略や仕組みとも結びつけながら考えていく。

第1章

販売費および一般管理費のコントロール

1 販売費および一般管理費の管理の必要性

販売競争の激化や顧客ニーズの多様化が進む中で、多くの企業が広告宣伝費をはじめとする販売促進費の増大に直面している。また、BRICs諸国やアジア・アフリカ各国などへの市場拡大による物流コストの増加や、企業規模の拡大や内部統制をはじめとするコンプライアンス体制の強化に伴う管理コストの増加も課題となっている。このような費用は販売費および一般管理費に含まれるが、こうしたコストの増加にはどう対応していったらよいのであろうか。

これまで多くの企業は金額の比重が大きい製造コストや仕入コストのコストダウンには熱心であったが、販売費および一般管理費については、金額の比重がそれほど大きくなく、コストダウンも難しいといった理由から、十分にそのコスト・パフォーマンスを検討してこなかった。しかし、コストは、製品あるいは商品そのもののコストだけではなく、企画開発してから顧客の手元に届け、保証期

図表4-1 販売費および一般管理費

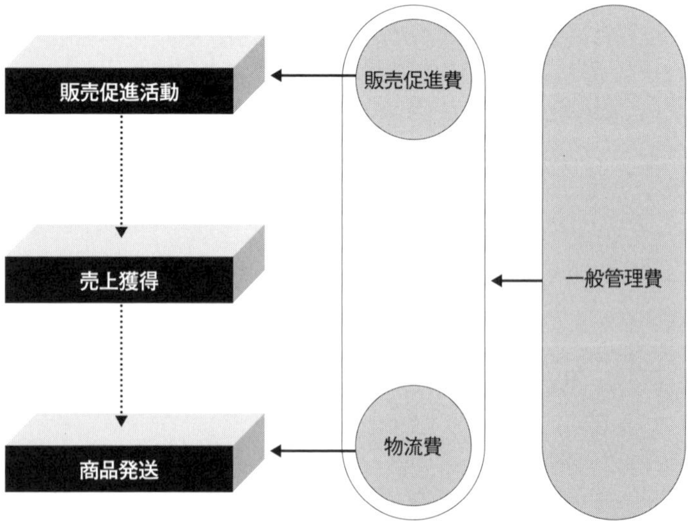

図表4-2 業種による販売管理費用の違い

［単位：百万円］

会社名	費用項目	金額	対売上高比率	売上高
日清食品（08年3月期）	研究開発費	3,446	0.9%	385,469
	広告宣伝費	12,168	3.2%	385,469
	物流保管関係費	22,092	5.7%	385,469
パナソニック（08年3月期）	研究開発費	554,538	6.1%	9,068,928
	広告宣伝費	200,890	2.2%	9,068,928
	物流保管関係費	159,418	1.8%	9,068,928
新日鉄（08年3月期）	研究開発費	33,415	0.7%	4,826,974
	広告宣伝費	N/A	N/A	4,826,974
	物流保管関係費	95,164	2.0%	4,826,974

間が終了するまでの全期間に発生する費用の総額である。今後、十分な利益を上げ、また一定のROEやROAを確保できるような効率的な経営を行っていくためには、これらの費用の効率や効果を高めることができるように、適切な管理を行うことが重要である。

ここでは、販売費および一般管理費を①売上高を獲得するための販売促進費用、②モノの流れに関連する物流費用、③企業をコントロールするための一般管理費用の3つに区分して、それぞれの内容と管理の方法についてまとめていく。

図表4-2は、業種による販売管理費用の構成比率の違いを具体的な企業をもとに比較して示したものである。

❶日清食品：技術の変化が激しくない業界で、単価が比較的小さい消費財を扱っているため、以下のような特徴がある。

- 技術の変化がそれほど激しくないため、研究開発費の比率は小さめである
- 消費財を扱うため、広告宣伝費の比率が比較的大きい
- 価格の割にかさばる製品のため、物流コストの比率が大きい

❷パナソニック：技術の変化が比較的激しい業界で、単価が比較的高い消費財や生産財も手がけているため、以下のような特徴がある。

●技術の変化が激しいため、研究開発費の比率が大きめである
●消費財も扱っているため、広告宣伝費も一定水準はある
●比較的かさばるものも扱うため、物流コストが一定水準はある

❸新日鉄：技術的に比較的安定している業界で、単価が高い生産財を手がけているため、以下のような特徴がある。

●技術の変化があまり激しくない業界のため、研究開発費はさほど多くない
●生産財であるため、広告宣伝費は記録されていない
●かさばり、重いものを扱うため、物流コストが一定水準はある

2 販売促進費の特徴と管理のポイント

販売促進費には、一般に次のような特徴がある。

❶販売促進費は、経営者の方針によって決まるポリシーコストである
❷環境や心理的な要因によって、その効果に違いが出てくる可能性が高く、機械的な管理が難しい
❸効果をできるだけ大きくして利益に結びつけることが重要であり、単なるコストダウンは意味がない
❹販売促進費は、一般に売上高との明確な相関関係が見つけにくいこともあるため、費用対効果の測定が難しい

このような特徴を考えると、販売促進費は、機械的な管理によって単にコストダウンを図るのではなく、支出金額当たりの売上高の増加といった効果を最大にすることを重視して管理していくことが望ましい。つまり、決められたコストで、どれだけ多くの売上高を獲得できたのかが管理のポイントとなる。

販売促進費の予算は、広告宣伝費をはじめとして、売上高の一定比率、同業他社や競合企業の投入金額、過去の金額、資金の制約などをもとにして決められている場合が多い。

しかし、売上高の一定比率をベースにする方法は、売上高が上昇したときには必要以上に増えてしまったり、その逆に売上高が下落したときには必要以上に減少して悪循環に陥ってしまうおそれがあるので要注意である。また、同業他社の対売上高販売促進費率をベースにする方法は、一般的に広告宣伝をはじめとした

販売促進には規模の経済が働くことを考えると、中堅企業が大手企業と同じ比率にしてしまうと効果が半減してしまうおそれがある。また、過去の販売促進費の金額をベースにする方法は、市場の変化が十分に考えられていないこと、資金の制約も戦略的ではないことから、それだけをもとにするのはあまり望ましくない。目標とする売上高や売上総利益を獲得するためには、これだけのコミュニケーション予算が必要だとか、これだけあれば目標売上高や売上総利益を達成できるといった視点から予算を考えていくことが必要である。

また、販売促進費は企業のマーケティング戦略によって左右される費用なので、結果を詳細に分析するよりも、予算設定などの計画段階でマーケティング戦略との整合性を考えながらコントロールしていくことが望ましい。

不況時には、一般に3K（広告費、交際費、交通費）が費用削減の対象となることが多いといわれている。しかし、広告宣伝をはじめとする販売促進については累積効果があるため、極端に圧縮すると、その後に再開したときに効果が出るまで時間がかかることもある。したがって、極端に増減させず、ある程度継続して使用していくことが望ましい。そうすれば、不況時に他社が広告費をはじめとする販売促進費を大幅に圧縮する中、逆にインパクトを強めることができ、金額についても値引き交渉に応じてもらえる可能性も出てくるため、より安いコストで同レベルの販売促進活動ができることにもつながり、逆にチャンスとなることも考えられる。

広告宣伝費は、その効果を測定することが難しい場合が多い。特にブランド品の広告宣伝やイメージ広告などは、支出と効果にタイムラグがある場合が多く、効果の測定も難しい。しかし、広告費についても何らかの管理を行うという面からは、マーケティング目標である売上高やシェアなどの拡大と広告費との関係をもとに、その効果を測定していくことも1つの方法である。

具体的には、販売促進費の増加が売上高の増加にどの程度結びついているのかを評価するために、販売促進活動を行っている販売部門をプロフィットセンターとして位置づけ、売上高からそれを獲得するために必要とした販売促進費を差し引いて、**貢献利益**を計算していく方法が考えられる。たとえば、特定の少数の顧客に対する販売促進費である交際費をコストとして認識させ、効果を高めていくには、交際費を差し引いた後の利益で業績評価を行うことも効果的である。この方法により、交際費が激減した企業もある。

また、顧客の認知度、イメージ、好感度などを数値化して、KPI（Key Performance Indicator）として採用することも有効である。ただ、その場合は、ターゲットとする顧客に対する効果を表す数値データを採用することが重要になる。このように、明確なマーケティング目標を設定して、それに関連する定量的な数値を管理していくのが1つの方法である。また、その結果を報奨や昇進などのインセンティブに結びつけていく仕組みも重要である。

管理する期間は、販売促進活動の効果がすぐに出るような生活用品などについては、短い期間に区切って管理していくほうが、やる気を持続させる面からも望ましい。しかし、ブランド品のように活動がすぐには販売に結びつかない商品の販売促進活動については、長い期間で管理していくほうがよい。

3 物流費の特徴と管理のポイント

物流とは、原材料や商品を購入して保管し、さらに梱包して輸送するという一連のモノの流れに関連する活動のことである。物流のポイントは、製品を効率よく市場や顧客に届け、また市場や顧客の情報を効率よく収集することにある。

最近、多品種少量の生産や販売が増加する中で、欠品のリスクが高くなっている。顧客を満足させるためには、顧客にとって最も都合のよい場所に、都合のよいタイミングで、最も望ましい状態の製品を届けることが必要である。そのためには、店舗にどの程度の在庫を保有すべきかということからスタートして、納品量、生産量、原材料の調達量を逆算して考えていくことも必要になる。

物流に関連する費用である物流費は、輸送する製品の重さや個数に比例して運賃が決まったり、梱包コストが数量に比例するなど、売上高や生産量と高い相関関係がある場合が多い。したがって、販売促進費とは違って、ある程度標準化が可能である。

こうした特徴を考えると、物流費については、一定の作業をいかに効率よく行うかという効率性の面から管理していくことが望ましい。したがって、物流部門は、コストダウンを目的とするコストセンターとして位置づけることが適している。また、物流費には、コストの維持を目的とした標準原価計算、コストダウンを目的としたABCあるいはABMを適用することも可能である。さらに、VEの手法などを使って、無理や無駄を省いていくことも考えられる。

しかし最近は、物流の役割が、欠品やミスマッチによる販売の機会損失をできるだけ減らすことにも及んでいることを考えると、単に効率だけではなく、最適化という観点も必要になっている。

物流コストの効率性を高めるためには、**共同物流**や物流拠点の見直しなどによって、輸送効率や保管効率を上げていくことも重要である。一部の日本企業が採用している**混載輸送**も効果が大きい。これはいくつかの企業が共同で物流システムをつくり、いろいろなものを同時に積載する方法で、各社独自の物流システムと比較して積載率がアップする可能性が高い。さらにコンテナや同じ仕様のパレットを使うことで、輸送しやすくすることも考えられる。

しかし、いかに素晴らしい物流の仕組みがあっても、正確な物流情報がスピーディに得られるような情報システムや、しっかりとした生産システムがなければ、欠品や在庫過剰といったことが起こり、宝の持ち腐れとなってしまうおそれがある。競争優位を築いてコストダウンを実現できるような効率的な物流システムを構築するためには、情報システムや生産システムなど、物流と関連の深い他の部門も強化していくことが必要である。

4 一般管理費の特徴と管理のポイント

一般管理費とは、企業を維持し、経営し、管理するための活動、つまり経営陣による経営や、スタッフ部門による財務、経理、総務、法務などの活動に関連する費用のことである。具体的には、そうした活動に関連する人件費、通信費、旅費・交通費、リース料などである。

一般管理費は、販売促進費とは違って売上高との関係があまり深くなく、また必ずしも物流費のように効率性を中心に管理することができない場合もある。しかし、売上高に直接貢献しないコストであることを考えると、一定の業務を効率よく行っていくという視点は必要である。一般管理費の水準をきちんとモニターしていくためには、売上高一般管理費比率、労働生産性といった指標を業界のリーダー企業や競合企業と比較するのも1つの方法である。

一般管理部門の労働生産性 ＝ 付加価値額 ÷ 一般管理部門の従業員数

【参考】労働生産性の分析

企業の活動が効率的に行われているかどうかを分析するために、インプットである経営資源の中のヒトに注目して、従業員1人当たりが生み出した付加価値を表す指標が労働生産性である。

労働生産性 ＝ 付加価値 ÷ 従業員数

労働生産性は、従業員がどの程度質の高い活動をしているのか、つまりヒトの活動の効率性を測定する指標である。これが増加している場合は、会社がヒトの面から質的な拡大をしているといえる。また、従業員1人当たり、どれくらい付加価値を生み出しているのかを表す指標ともいえるので、人件費とも深い関係を持っている。

労働生産性は、以下のように、1人当たり売上高と付加価値率に分けることができる。

労働生産性 ＝ 付加価値 ÷ 従業員数
＝ 売上高 ÷ 従業員数 × 付加価値 ÷ 売上高
（1人当たり売上高）　（付加価値率）

このように分解して考えることによって、労働生産性が変化した理由や同業他社との相違の理由がわかる。

【参考】付加価値の計算方法

付加価値の計算方法には、控除法、積み上げ法という大きく分けて2つの方法がある。

控除法は、売上高から他の企業が生み出した価値を差し引いて（控除して）計算する方法である。

具体的には、売上高から、売上原価に含まれている原材料費、外注加工費、水道光熱費、消耗品費、当期商品仕入高などを差し引いて計算する。これらはそれぞれ、原材料費は原材料を製造したメーカーからの購入価値であり、外注加工費は外注業者からの加工というサービスの購入価値、水道光熱費は水道局や電力会社からの水や電力の購入価値、消耗品費は金額的に小さい器具・備品などのメーカーや小売業者からの購入価値、当期商品仕入高はメーカーや卸売業者からの購入価値であり、自社で生み出した原価ではないと考えられるため、付加価値には含まれないと考えるのである。

また、たな卸資産がある場合には、それぞれに含まれる上記のようなコストについても、期首期末の増減分だけ調整する必要がある。

控除法は、次の計算式で付加価値を計算する。

付加価値 ＝ 売上高 －（原材料費 ＋ 外注加工費 ＋ 水道光熱費 ＋ 消耗品費
＋ 当期商品仕入高）± たな卸資産に含まれる前給付原価（外部
からの購入価値）の修正

一方、**積み上げ法**は、控除法とは逆に、企業が生み出した価値である費用や利益を加算して計算する方法である。具体的には、労務費・人件費、賃借料、公租公課（印紙代、事業税など）、支払特許料、純金融費用（支払利息－受取利息配当金）、利払後事業利益（営業利益－純金融費用＝法人税等＋配当金＋留保事業利益）を付加価値として集計していく。これらは外部から購入したものの価値ではないと考えられるものである。

積み上げ法の場合には以下の計算式で付加価値を計算する。

純付加価値 ＝ 労務費・人件費 ＋ 賃借料 ＋ 公租公課（印紙代、事業税など）
＋ 支払特許料 ＋ 純金融費用（支払利息 － 受取利息配当金）
＋ 利払後事業利益

利払後事業利益 ＝ 営業利益 － 純金融費用
＝ 法人税等 ＋ 配当金 ＋ 留保事業利益

「減価償却費」については、付加価値に含める考え方と含めないという考え方があり、上記のように含めないで計算した付加価値を**純付加価値**、減価償却費を含めて計算した付加価値のことを**粗付加価値**と呼んでいる。

粗付加価値は、有形固定資産は本来は外部のメーカーや建設会社などからの購入価値であるが、原材料費などとは違って、減価償却というある仮定に従って規則的かつ計画的に徐々に費用とされていくため、当期の外部からの購入価値ではないから付加価値に算入すべきであり、またその企業の活動を支えるとともに企業活動において利用するものである、という考え方に基づいている。

粗付加価値 ＝ 純付加価値 ＋ 減価償却費

このように、付加価値に含まれるものの定義は減価償却費をはじめ、やや曖昧な点もあるが、労働生産性をはじめとした経営分析に利用する場合には、業種の特殊性や分析の目的などを考慮して付加価値に含めるものを明確にしたうえで、同じルールのもとで同業他社比較や期間比較を行うことが必要である。

第2章
研究開発費のコントロール

1 研究開発費の管理の重要性

ハイテク業界や製薬業界をはじめ、多くの業界で研究開発競争が激化している。そのような中で日本のメーカーの研究開発費も比較的高い水準で推移している。

研究開発費の増加は、研究員の人件費が上昇していること、多品種少量生産によって製品開発の手間が増大していること、製品のライフサイクルが短縮化し研究開発のインターバルが短くなっていることなどが理由と考えられる。さらに、BRICsやアジア諸国などの経済発展によって、単純な技術はすぐにキャッチアップされるため、付加価値の高い研究開発が必要とされることも影響していると考えられる。

研究開発は、**基礎研究**と**製品開発**の2つに大別できる。

基礎研究は、基礎技術などに関する科学的な研究であり、一般に長い期間がかかり、新製品開発といった具体的な目的とは直接関係しないものである。こうした基礎研究は、鉄鋼、化学などの素材産業において、重要性が高い。一方、製品開発は、新製品や新サービスなどについての研究開発であり、目的が明確で、成果が利益と結びつく可能性が高いものである。自動車業界やコンピュータ業界などでは、この製品開発の比重が大きくなっている。

【参考】技術戦略立案のためのフレームワーク

技術戦略を立案する際には、全社戦略を立案するときに用いられる「プロダクト・ポートフォリオ・マネジメント」（PPM）を応用した、**テクノロジー・ポートフォリオ・マネジメント**（TPM：Technorogy Portfolio Management）を利用することができる。

このフレームワークでは、**図表4-3**に示すように、1つの軸に「自社の能力」として、技術水準の高さやその進捗度合いなどをもとに「自社技術の優位性」をとり、もう1つの軸に「技術の魅力度」として、期待されるマーケットサイズなどをもとに「自社で期待される成果」をとっていく。それによって技術を4つに区分して、それぞれに合った戦略を立案していくのである。

具体的には、自社技術の優位性が高く期待される成果が大きい場合には「自社開発」を目指し、自社技術の優位性が高くても期待される成果が小さい場合には、ロイヤルティを稼ぐ意味で「技術供与」を目指すことが考えられる。また、自社

図表4-3 技術戦略の基本対応スタンス

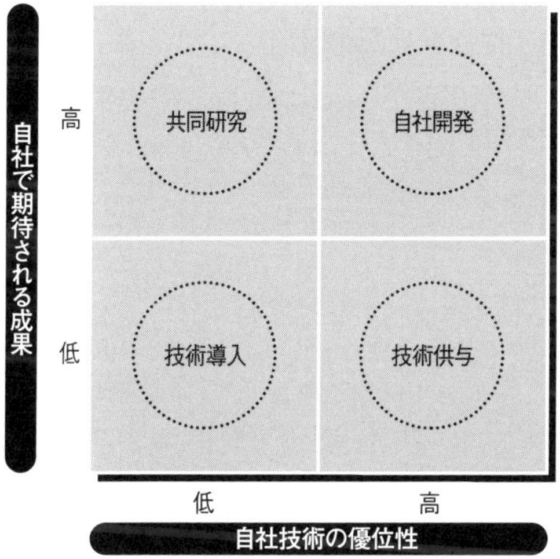

出所：波頭亮（1995）

技術の優位性が低く期待される成果も低い場合には、他社にロイヤルティを支払って外部の技術を利用する「技術導入」を行い、自社技術の優位性が低くても、期待される成果が大きい場合には、技術力のあるメーカーと組んで「共同研究」を行うか、その技術あるいは企業を「買収」することが考えられる。

このように、自社の技術に優位性があり、期待される成果が大きい場合には、研究開発を強化し、逆に優位性がなく成果も小さい場合には、自社での研究開発テーマから切り捨てることを基本方針として、技術を選別していくことが必要である。

2 研究開発費の中長期計画と予算

研究開発はメーカーの競争優位のベースを生み出すためのものであり、成果を出すためには時間もかかる場合が多いので、戦略的な視点で長期的に考えていく必要がある。つまり、研究開発を中長期経営計画の中でしっかりと位置づけていくことが必要である。

❶……………………中長期計画の設定

大きな成果が得られるような研究開発をしていくためには、まず市場のニーズと自社の技術レベルをもとにして、どのような製品開発を行っていけばよいかを考えることが必要である。さらに、研究開発のための経営資源は限られているので、研究開発の重点ポイントを絞り込むことが重要となる。具体的には、前述のTPMをはじめとする手法によって、自社の技術戦略を適切に立案することが必要になる。

次に、立案した全社の研究開発戦略をもとに、研究開発部門で中長期の技術開発計画の原案を立案していく。さらに、それをもとにして現場の研究者が、研究開発計画、設備投資計画、要員計画、販売計画といった詳細な計画を立案していくことになる。これをまとめて全体的な計画を確定し、この計画を予算で管理していくことになる。

なお、研究開発計画は自社の将来の戦略や業績に直結するものなので、全社的な視点で、トップの強い意思を反映させていくことが必要である。

また、製品開発ではプロジェクト別に計画を立てていくことが望ましいが、基礎研究では目的が明確でない場合もあり、プロジェクト別に計画を立てていくのが難しいことが多い。そのような場合には、基礎研究についてはある程度まとめた計画を立てていくことも考えられる。

❷……………………研究開発費予算

研究開発計画が決まると、次に研究開発費予算を設定することになる。

研究開発費予算は、会社全体としての戦略と密接に関係するものなので、まず経営陣からトップダウンで、大枠としての原案を作成することから始めていく。それに沿って現場の研究者が具体的な研究計画を作成し、これをもとに詳細な予算をつくり上げていく。それを研究開発部門で調整して、全社ベースの予算としてまとめ、トップの承認を受けていくのである。これは折衷法（263ページ）であるが、この方法が研究開発費の予算作成には適していると考えられる。

なお、具体的には研究開発のプロジェクト別予算と、研究開発部門全体の一般経費予算とに分けて設定することが望ましい。

❸研究開発費予算の設定方法

研究開発費予算にはいろいろな設定方法がある。総額の決め方としては、自社の売上高や経常利益を基準とする方法、競合企業の研究開発費を基準とする方法、さらに経営者の主観的な判断による方法などがある。

しかし、実際には、目標利益をもとに、研究開発の内容、業界の特性、競争状況、業績などをベースに、上記のようないくつかの基準で計算した金額を参考にしながら決める場合が多い。

なお、基準の1つとして採用されることが多い売上高研究開発費率は、業界によっても大きな差がある。大手メーカーの平均的な比率は4〜5%程度であるが、業種別に比較すると最も比率が高い製薬業界では平均が15%程度となっている。また電気通信業界は5〜10%程度、自動車業界は4〜5%程度、食品業界では1〜2%程度となっていることが多い。これは業界の特性が反映された結果である。このように、業界によってかなり違いがあるので、それぞれの特性を把握しながら基準をつくることが必要である。

図表4-4 売上高に対する研究開発費の比率

会社名	決算期	売上高研究開発費比率	売上高	研究開発費	単位
武田薬品	08/3	20.1%	1,374,802	275,788	百万円
ローム	08/4	8.9%	373,405	33,061	百万円
キヤノン	07/12	8.2%	4,481,346	368,261	百万円
パナソニック	08/3	6.1%	9,068,928	554,538	百万円
本田技研	08/3	4.9%	12,002,834	587,959	百万円
花王	08/3	3.4%	1,318,513	45,070	百万円
日清食品	08/3	0.9%	385,469	3,446	百万円
ファイザー	07/12	16.7%	48,418	8,089	百万ドル
サムソン	07/12	6.2%	105,019	6,475	百万ドル
ダイムラー	07/12	3.2%	99,399	3,158	百万ドイツ・マルク
P&G	08/6	2.7%	83,503	2,226	百万ドル
ケロッグ	07/12	1.5%	11,776	179	百万ドル
グーグル	07/12	12.8%	16,594	2,120	百万ドル
マイクロソフト	08/6	13.5%	60,420	8,164	百万ドル
インテル	07/12	15.0%	38,334	5,755	百万ドル

また、基礎研究と製品開発では、予算額の設定方法にも違いがあることが多い。たとえば基礎研究では、目的が明確化されていないため、研究開発費の一定割合、売上高や経常利益の一定割合、競合企業の水準などをもとにある程度大雑把に決めている場合が多く、それであまり問題はない。しかし、製品開発は明確な目的があるため、売上高比率などは参考程度にとどめ、戦略的に必要かどうかという観点から考えることが望ましい。

❹……………………プロジェクト別の予算管理

プロジェクト別の予算は、プロジェクト・マネジャーが責任を持つという形が望ましい。具体的には、予算の細かい管理はプロジェクト・マネジャーに任せ、研究開発の進捗状況や予算の消化状況について、研究開発の部門長やトップが報告を受けるというのが1つの方法である。

また、研究開発を続けていく中で、技術の将来性や実現可能性などが変化することもあるので、より有望な研究開発には予算を傾斜配分できるように、ある程度弾力性を持たせることも必要である。

3 研究開発費の管理と組織体制

研究開発費は、将来の成果を期待して支出されるものであるから、まず投入する金額を決めて、その効果をできるだけ大きくすることが管理のポイントになる。その意味では、一定の効果をより少ない費用で上げることが望ましい物流コストとは違って、販売促進費に近いといえる。また、研究開発費は、経営者が経営方針によって決めていくという意味で、**ポリシー・コスト**ということもできる。したがって、計画段階でどのような予算金額を設定するのかが重要となる。さらに、原価企画（第2部第2章）で述べたように、研究開発の成果によっては生産のしやすさなど後工程に違いが出て、利益に大きな影響を及ぼすこともあるので、そういった観点からもしっかりコントロールしていくことが重要である。

❶……………………管理のスタンス

それでは、研究開発費の管理はどのようなスタンスで行えばよいのであろうか。

研究開発費の管理については、厳しくしたほうがよいという考え方と、あまり厳しくすべきではないという2つの考え方がある。前者は厳しい管理をしなければヒトやカネや時間などに無駄が生じるおそれがあることが理由であり、後者は厳しい管理をすると研究者が萎縮したり、やりたい研究ができなくなり、結果として良い研究を阻害してしまうおそれがあることが理由である。双方とも根拠のある考え方であり、研究開発費の管理では自由度と厳格な管理を上手にバランスさせていくことが重要である。

独創性のある研究開発で有名な3Mのように、組織の中で研究者の自主性を促すような独特のルールを持っている企業もある。勤務時間の15%は何にでも自由に使えるという「15%ルール」、上司に無断で研究開発することを奨励するという「**ブートレッキング**（密造酒造り）」といった仕組みである。グーグルにも20%ルールという仕組みがある。これは、全社員が勤務時間の20%を本業ではないプロジェクトに使うことを認める制度である。プロジェクトの具体的な内容は本人に任されているが、会社と社会をよくすることを目的としたものに限定しており、評価の対象にもなっている。

❷……………………組織体制

組織については、研究テーマを決めたら具体的な研究内容は担当する研究者グループに大きな権限を与えて任せるような、原則として**フラットな組織**が望ましい。研究テーマごとにグループをつくり、独創性を重視して任せていく方法が、結果として少人数での効率的な運営につながる可能性が高いのである。

ただし、多くの専門分野の研究者が関わる大規模な研究開発の場合には、研究開発の成果を一定期間で出すために、チーム全体をまとめてコントロールしていく仕組みが必要である。

製品開発など実用的な研究開発の場合には、社内の部門を超えた協力が必要なことが多い。より良い製品を開発するには、販売部門から顧客の声を吸い上げたり、設計部門とデザインや機能を検討したり、購買部門と部品や原材料のコストや効率を見直したりというように、いろいろな部門の意見が必要だからである。この面からは、研究開発部門の縦のラインに、製品グループごとの横のラインも加えた**マトリックス組織**が望ましい。この組織体制によって、製品グループごとに、プロダクト・マネジャーが研究開発から生産、流通、販売までを一貫してコントロールしていくことができる。

しかし、この組織体制は、各チームが研究所長と製品ごとのプロダクト・マネジャーという2人の上司の命令に従わなければならないため、両者の意見が異なる場合には混乱をきたすおそれがある。したがって、どちらを重視すべきか、明確な指示が必要である。一般的には、顧客志向という面からプロダクト・マネジャーの意見を優先させたほうがよい。

さらに、研究者のやる気を刺激するという意味からは、研究開発チームをプロフィットセンターとして、研究開発の成果を測定していくことが望ましい。成果を評価に結びつけ、報奨などの**インセンティブ**のベースにすると、研究者のやる気にもつながると考えられる。

なお、基礎研究は、直接利益に直結しない場合が多いため、プロフィットセンター化はあまりなじまない。一部の企業では論文数や特許数などで評価しているが、それらも含めて利益とは別の指標でコントロールすることが必要である。ただ、その場合でも、中長期の業績への貢献を意識してもらうような仕組みは必要である。

❸研究開発費の効果測定とマネジメント

実際の研究開発は、どのようにマネジメントしていけばよいのだろうか。

研究開発のマネジメントでは、研究開発の各ステージの効果を適切に測定することと、その結果を利用しながら各ステージの生産性を上げていくことが重要となる。

研究開発のステージは、たとえば次の5つに分けることができる。

❶研究開発テーマの選択
❷各テーマへのヒト、モノ、カネなどの経営資源配分の決定
❸研究開発の実行と進捗状況の把握
❹研究開発成果の評価
❺開発成果の事業化

それぞれのステージの効率を上げ、研究開発が事業化に結びつく確率を高めることが、研究開発の生産性を上げることにつながる。さらに、研究開発の効果を定量的に測定していくことも重要である。

具体的には以下のような指標が考えられる。

研究開発効率 ＝ 事業収益 ÷ 研究開発費

なお、研究開発費には研究開発コストの総額が含まれ、事業収益としては売上

図表4-5 | 研究開発効率の計算式

[R&D効率]

$$\frac{事業収益}{研究開発費} = \frac{アイデア数}{研究開発費} \times \frac{R\&Dテーマ数}{アイデア数} \times \frac{完結テーマ数}{R\&Dテーマ数} \times \frac{事業化数}{完結テーマ数} \times \frac{事業収益}{事業化数}$$

[アイデア効率] [テーマ効率] [完結率] [事業化率] [事業収益率]

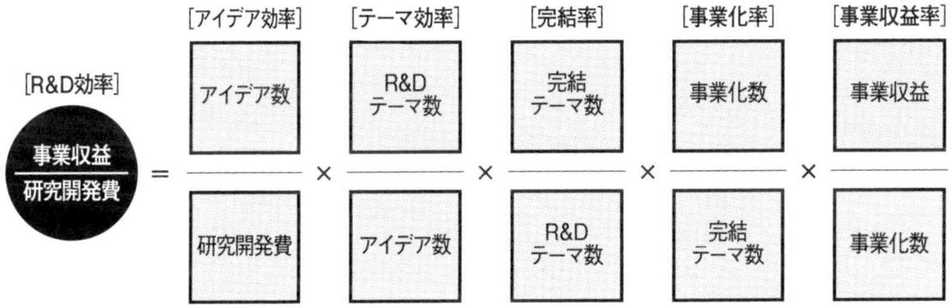

出所：波頭亮（1995）

高、付加価値額、利益額、ロイヤルティ収入などが考えられる。

この指標を**図表4-5**のように5つに分解して管理していくこともできる。5つの指標の意味はそれぞれ以下のとおりである。

- アイデア効率：投下された研究開発費に対してどれだけアイデアが出たのか
- テーマ効率：すべてのアイデアのうち、着手されたテーマがどれだけあるか
- 完結率：着手したテーマのうち、どれだけの研究開発が完結したのか
- 事業化率：完結した研究開発のうち、どれだけが事業化できたのか
- 事業収益率：事業化されたものがどれだけ収益をもたらしたのか

このように指標を分解することによって、研究開発の改善のポイントや特徴などがわかり、研究開発の生産性を向上させていくための具体策を立てやすくなる。

またこれらの数値をKPIとして採用していくことも1つの考え方である。さらに、研究開発テーマの選別などにNPVやIRRを活用することもできる。しかしこれらの手法は、その研究開発から生み出されるフリーキャッシュフローの予測が適切に設定できることが前提となっている。したがって、顧客のニーズがある程度見えるような製品の研究開発などの応用研究では採用できる可能性が高いが、製品

化が明確ではない基礎研究などでは採用することが難しい。

研究開発の評価は、事前評価、中間評価、事後評価に分けて行うこともできる。研究開発費は経営トップが政策的に決める費用であることを考えると、事前評価と中間評価が重要である。

❶事前評価

事前評価とは、研究開発を開始する前の段階での評価のことであり、この結果によって実行するかしないかが決まることとなる。具体的には、計画内容や開発する製品の需要予測、技術比較、他社との比較、開発スケジュール、予算、経済性予測などの面から評価していく。将来予測がある程度できる場合には、NPV法やIRR法を導入して、定量的な評価も行うことが望ましいであろう。

また、事前評価では、研究開発テーマや計画を研究者が自ら評価しなければならないことになるので、研究成果が市場に受け入れられるにはどうしたらよいか考えるきっかけとなり、マーケティング感覚を養う意味からも重要である。

❷中間評価

中間評価とは、研究開発の途中で、その進み具合や研究の方向性などをチェックして、計画どおりに継続していくのか、規模の拡大や縮小あるいは中止などの方針変更を行うかを決めていくことである。しかし中間評価をあまり厳しくしすぎると、研究者が安心して研究に没頭できないことにもなり、研究開発の一貫性が失われるおそれも出てくる。したがって、ある程度の余裕を持ち、進捗度のチェックに重点を置いて定期的に行うことが望ましいと考えられる。

❸事後評価

事後評価とは、研究開発が完了した段階で、その成果を定量的・定性的に評価することである。実際には、あまりしっかりと行われていないことが多いが、成功や失敗の理由を分析し、今後のプロジェクト評価の参考にしたり、研究者にインセンティブを与えるベースとして活用するという面からは重要なものである。

4 研究開発の成果向上策

研究開発の成果を高めていくためには、いろいろな施策が考えられる。ここでは、インセンティブ・システム、成功確率向上のための施策、特許戦略の3つの面からまとめていく。

❶ インセンティブ・システム

研究者のやる気を引き出すためには、利益に結びつく価値のある研究開発を行った研究員を評価し、インセンティブを与えるような仕組みが必要である。

具体的には、画期的な新製品開発を行った研究員に対する報奨金などが考えられる。最近は一部の日本企業でも、こうした制度を採用している。たとえば、武田薬品工業では、1998年から大型新薬を開発した研究者に、その新薬の全世界売上高をベースに報奨金を支給する制度を導入している。当初は報奨金に上限があったが、2004年度からはそれを撤廃し、インセンティブを高める方向に変更している。三菱化学では、上限を2億5000万円とする発明に対する報奨金制度を設定している。

また、研究者のキャリアパスをしっかり設計しておくことも重要である。一般に理系の研究者の能力のピークは35歳前後ともいわれているので、その年齢以降の処遇が問題となる。具体的には研究者として功績のあった人を、役員待遇の専門職や特別職として処遇する仕組みが考えられる。

❷ 成功確率の向上

研究開発の成果が売上高や利益に結びつく確率を高めていくことも必要である。そのためには、まずマーケティングを意識しながら研究開発を行うことが重要である。

具体的には、開発予定の製品のマーケットに近い場所に研究所を設けたり、営業やマーケティング部門と定期的な情報交換を行うことによって顧客の声を製品に反映させやすい環境をつくることが考えられる。また、市場のニーズに素早く対応して、いち早く市場に製品を出し、先行者利益をとるために、開発スピードを上げていくことも必要である。

ただし、拙速になって新製品の質が下がったり、技術の差が小さいために製品の寿命が短くなったのでは意味がないので、一定の質が維持できるような管理をしていくことも重要である。

なお、花王では、研究開発の会議に経営者が出席したり、研究者が販売店回りの研修をするなど、研究担当者に経営の方針を理解してもらったり、販売の現場を知ってもらうような仕組みをつくっている。このように、顧客のニーズを意識しながら研究開発を行っていく体制づくりも重要である。

❸……………………特許戦略

日本企業の多くが、従来の国内重視の特許戦略から、アメリカやアジアを中心とした海外重視へと転換している。

その背景には、次のような状況がある。

- ヨーロッパやアジアの有力企業がアメリカに生産拠点を置いたり、多額の輸出をしているため、結果としてアメリカが世界の特許の主戦場となっている
- アメリカでは裁判が迅速に行われ、しかも高額な損害賠償が認められることが多いため、特許取得によって特許侵害を防止するメリットが大きくなっている
- アジアでは、現地企業が日本企業の特許を侵害しているケースも増えており、自衛する必要性が生じている

さらに、特許の取得は、自社の技術や製品の防衛といった消極的な面だけではなく、**デファクト・スタンダード**（業界標準）づくりや特許使用料収入の増加といった積極的な面にもつながる。

一歩先を行くアメリカ企業の中には、特許を有効活用し、ライセンス収支で多額の黒字を計上している例もある。今後は、このような攻めの特許戦略も必要と考えられる。また、特許を積極的に公開して相互利用を行うとともに、不要な特許を売却したり、技術供与に回すことでキャッシュ化を図るなど、機動的に考えていくことも必要である。

第3章

エンターテインメント・ビジネスのコントロール

1 エンターテインメント・ビジネスの特徴

エンターテインメント・ビジネスには、他のビジネス分野には見られない次のような特徴がある。

❶ハイリスク／ハイリターン

エンターテインメント・ビジネスにおいては、大きなコストをかけてもヒットしないものもあれば、コストをあまりかけなくても大ヒットするものもある。また、一般に、ソフトの制作コストなどの固定費が大きいのに対して、DVDやCDなどの複製費用といった変動費は小さく、販売量の増減によって利益が変化しやすい構造となっている。

また、ソフトの性質や露出度などによって陳腐化するスピードが違うという特徴もあり、この面からもコントロールが難しい。

このようにエンターテインメント・ビジネスは、当たれば大きな利益が得られるが、当たらないと大きな損失を被る可能性が高く、基本的にハイリスク／ハイリターンのビジネスということができる。

❷変化が激しい

エンターテインメント・ビジネスは、“遊び”を提供し、人間の欲求を満たすという性格が強い。

したがって、人々を刺激するような新鮮さを維持するために絶えず変化が求められる。そして、さらなる刺激を与えるために内容やそれを支える技術の高度化を求められていくことが多い。結果として、さまざまな面で変化が激しくなる傾向がある。

❸ソフトが良いだけでは成り立たない

最近の技術進歩によって、1つのソフトをテレビゲーム、DVD、CDなど、いろいろなメディアに乗せて提供することが一般的になっている。そのため、質の良いソフトをつくるだけでなく、それを生かせるような技術やハード、あるいはタイムリーに顧客に提供できるような供給体制を充実させることが、ビジネスを成功させるポイントになってきている。

2 リスクへの対応

エンターテインメント・ビジネスは、一般にソフトの制作費など、固定費の比重が大きいため、利益が販売数量の変化の影響を受けやすい構造になっている。安定的に利益を出せるようにするためには、固定費をカバーできるように一定の売上高を確保する、固定費を変動費化する、固定費を下げるなどの方法がある。以下、具体的に考えてみよう。

◉マルチユースで売上高を伸ばす

通常、エンターテインメント・ソフトを制作する場合には、映画、ゲームソフト、音楽など、主な供給メディアが決まっている。しかし、特定のメディアだけでは売上高に限界があり、高騰する制作コストを埋め合わせられなかったり、十分な利益が得られるビジネスにはならないことも少なくない。したがって、同じ音楽ソフトであっても、CD、DVD、AM放送、FM放送、地上波TV、CATV、衛星放送など、いろいろなメディアを使うことによって売上高を伸ばすことが重要になる。

また、同様の理由から、映画についても、国内映画館→海外映画館→DVD→CATV→国外TV→フリーTVなどの順で使い回していく例が多い。この場合、流すメディアの順番に料金を安くする、つまり映画を早く観たい人ほど高い料金を払わなければならない仕組みにしていることも多い。ある意味で時間的な価値を反映しているのである。

さらに、いろいろなメディアを使うことで、相乗効果によって知名度を上げられるほか、たとえば歌手が病気や事故で一時的に活動を休止しても一定の売上高を確保できることになる。しかし、マルチユースによって作品が陳腐化してしまっては元も子もないので、その使い方には注意が必要である。

また、エンターテインメント・ビジネスは、キャラクター・ビジネスに展開できると非常に有利である。キャラクター商品などのロイヤルティは小売金額の4〜5%程度になることもあり、非常に大きな追加売上高につながる可能性が高い。

◉アウトソーシングによって固定費を変動費化する

制作部隊を社内に抱えていると、そのコストは固定費になってしまう。制作するソフトに合わせてベストな制作メンバーを社外から選び、アウトソーシングしていくのも1つの方法である。社内に制作スタッフを丸抱えした場合に比べ、制作コストは若干高くなる場合が多いが、制作するソフトに合わせてベストメンバーを選ぶことができ、固定費の変動費化が図れ、さらに人件費確保のためにソフト制作に追われるといったことも避けられる。このようにアウトソーシングはリスクの分散をはじめとしてメリットが大きいといえる。

◉プロジェクトの投資額やコストを分散する

プロジェクトのリスクを減らすためには、プロジェクトごとにファンドを組んで出資を募る方法もある。出資者には売上高や利益の一部を分配することになるが、制作コストの一部を負担してもらえるため、儲けの減少と引き換えにリスクを減らすことができる。

映画では配給会社から配給収入の契約保証をもらったり、音楽については制作費用をプロダクションや音楽制作会社が負担し、プレス、宣伝、販売に関連する費用はレコード会社が負担して、リスクを分担する方法も考えられる。

◉プロジェクト・ポートフォリオを組む

いくつかの性格の異なるプロジェクトを並行して行うことによって、ポートフォリオを組み、投資を分散して、リスクを低減する方法も考えられる。この面からは、1つの大型ソフトを全部自社制作するよりも、共同制作のソフトを3本制作するほうが望ましいことになる。

◉ソフトの成功確率を向上させる

ソフトの成功確率を高めていく仕組みも重要である。その1つとして、ヒット作の続編を制作することが挙げられる。しかし、監督や俳優などへの報酬がアップする一方で、第1作よりも大きなヒットには結びつかない場合が多く、マンネリ化してしまうおそれもあるので注意が必要である。また、インタラクティブに顧客の好みをつかみ、それを作品に反映させて、顧客との共同作業で作品を完成させていくといった方法も考えられる。

◉ライブラリー・ビジネスを確立する

エンターテインメント・ビジネスでは、寿命の長いソフトを数多く持つことができると、追加の投資をほとんどすることなく、長く一定の売上高が確保できる。したがって、良いソフトをつくり、その著作権や原盤権などの権利をしっかり確保し、それらを蓄積して経営を安定させていくことも重要である。

このように、エンターテインメント・ビジネスはリスクがつきものではあるが、リスクをとりながらも、リスクを低減していく仕組みを採用することが大切である。

3 エンターテインメント・ビジネスの管理方法

❶ 管理の方法

これまで見てきたように、エンターテインメント・ビジネスは不確実性が高く、先が見えにくいので、損益管理や予算管理が難しい場合が多い。さらに、エンターテインメント・ソフトは、概して制作コストよりもアウトプットの質という点から評価される。したがって、効率性のみを重視した管理をしていくことは難しい。

さらにエンターテインメントのクリエイターは、気分が乗ると深夜まで業務を行うなど、定時から定時までといった定型的な働き方がなじまない場合が多い。この面からも、効率を重視した厳しい管理をすると逆効果になることもあるので注意が必要である。

また、ソフトの寿命が長いものは、いろいろなメディアへの転用ができると、回収が数年にわたる場合もある。優秀なクリエイターでもヒット作を連発することは難しい。したがって、開発スタッフに対する評価は単年度や月次ベースではなく、2〜3年の長い期間で考えていくことが必要となる。

このような点を考えると、顧客に近い立場にある開発現場のプロジェクトチームにある程度権限を委譲して、自主管理をさせていく方法が適している。しかし、エンターテインメント・ビジネスは、単に良い作品をつくることだけが目的ではなく、ビジネスとして利益を生み出していくことが最終的な目的である。その意味で、あくまでもビジネスであることを現場に意識してもらうために、売上高や利益とともにコスト情報など自主管理に必要な情報を正確に把握し、タイムリーに提供することも必要である。ただし、前述のように、ソフトの質を確保するという面からは、必要以上に予算を強調しすぎるのは好ましくない。

なお、リスクに関係する情報は、現場にそのつどフィードバックすると、現場が混乱するおそれもある。リスクは原則として経営者がコントロールし、現場の作業に関係すると思われるものだけをフィードバックしていく仕組みが望ましい。

また、制作コストの予算と制作期間を決め、それを守るようにすること、制作ステップの中で顧客の立場から見て面白いか、あるいは操作しやすいかといった点から、マイルストーン管理をしていくことも重要である。

❷必要な会計データ

通常、エンターテインメント・ビジネスで必要とされる会計データは、以下のとおりである。

❶タイトルごとの個別情報

エンターテインメント・ソフトは、それぞれ内容に大きな違いがあり、コストや売上高も大きく異なる。また、プロジェクトごとに区分して、企画や管理を行うのが一般的である。したがって、ソフトごとにコストを割り当て、損益計算を行っていくことが望ましい。

具体的には、個々の製品やソフトごとに原価を集計していく**個別原価計算**の手法を利用して、以下のステップでコストを割り振って管理していくことが望ましい。

- 制作費用を直接費と間接費に分ける
- 直接費はできるだけ各ソフトの費用として直接割り当てる
- 間接費についても、できるだけ各ソフトに何らかの基準で割り振っていく

この間接費の割り振り方法として、ABC（活動基準原価計算）の考え方を応用することも考えられる。

❷会社全体あるいはグループとしての損益情報

企業は、1年をベースとした期間で業績を集計しなければならない。したがって、すべてのソフトの損益を集計して、年度ごとに、会社全体の業績を把握することも重要である。また、ソフトの売上予測や完成予定時点を上手に組み合わせることによって、各年度の売上高の変化をあまり大きくしないようにすることも必要であろう。さらに、ソフトの制作をいくつか並行させて、資金や人員という経営資源をポートフォリオという観点から上手に組み合わせていくことも必要である。

投資意思決定の判断基準としては、リスクを検討するという面から、制作費などの投資金額がどの程度の期間で回収できるかを重視した「ペイバック法」も利用していくことが望ましい。

4 エンターテインメント・ビジネスでの動機づけとインセンティブ

エンターテインメント・ビジネスにおいては、クリエイターのやる気を起こさせる仕組みをつくることが重要である。

具体的には、以下の2つのポイントを押さえることが必要となる。

❶……………………小規模なプロジェクトチーム

エンターテインメント・ビジネスでは、顧客の嗜好を把握して、それに合わせてコンテンツをつくることが非常に重要となる。

そのためにはチームのまとまりが大切であり、組織としてはプロジェクトごとに小規模なチームを組み、ある程度大きな責任と権限を与えるようなフラットな形が望ましい。

最近はゲームソフトなどをはじめとして開発・制作作業が複雑になり、1つのゲームソフトの開発にかなり多くのメンバーが関わることも珍しくない。しかし、基本的な意思決定は少人数で行っていくことが望ましい。

また、エンターテインメント・ソフトでは、まずそれを生み出すクリエイターが重要であることは当然であるが、実際にビジネスとして成功させていくという面からはプロデューサーとディレクターも重要である。この2つの呼称はいろいろな意味で使われているが、一般的には、**プロデューサー**はディレクターの上に立って経営資源の配分や資金調達や採算の管理を行う。

一方、**ディレクター**は、ソフト開発あるいは制作のリーダーである。彼らがしっかりプロジェクトをリードしていくことで、制作コストが増大して、いくら売れても黒字の見通しが立たないといったことは起こらなくなり、ビジネスとして成り立つ可能性が高くなる。

管理職は、顧客の嗜好に敏感な若い人などが仕事をしやすい環境をチームの中につくることに専念し、全体としての方向づけをすることを役目と考えることが望ましい。また、新人のほうが顧客の嗜好を理解できることもあるので、新人の企画や意見を吸い上げるような仕組みも必要である。

❷……………………競争と評価する仕組み

プロジェクトチームのやる気を刺激するためには、実績を情報として正確にフィードバックし、評価に結びつけていく仕組みも必要である。実績を表すデータとしては、わかりやすく比較しやすいという面から、「売上高」と「利益」が挙げられる。この2つを中心としてタイムリーにデータを集計し、提供していくことが必要である。

評価については、エンターテインメント・ビジネスの場合、クリエイターではない管理者が定性的な評価をしようとしても難しい場合が多い。したがって、能力主義をベースにした公平な評価をしていくためには、財務的な評価である売上高や利益など客観的な数値を使うことが望ましい。

また、最近は何人かのチームで1つのソフトを制作することが多いので、チーム内で各メンバーの貢献をどう評価するかということが問題になる。この場合、インセンティブはグループに対して与えて、その分配は各メンバーの貢献度がわかる立場にあるグループリーダーに任せるような方法が考えられる。

さらに、実績に基づく適切な報奨制度も必要である。具体的には、クリエイターやスタッフを対象にした、成功報酬的なボーナスの導入が考えられる。ただし、ヒットは努力だけでは生み出せないことも考えると、成功報酬だけでなく、プロセスにも一定の評価をするような仕組みをつくっておくのも1つの考え方である。

評価期間は、リスクが大きく、ソフトの寿命によっては最終的な評価までに時間がかかることを考えると、単年度だけではなく、3年程度の中期の評価も行うことが望ましく、リターンマッチも認めることが必要である。

参考文献

石井淳蔵・奥村昭博・加護野忠男・野中郁次郎（1996）『経営戦略論［新版］』有斐閣.
伊藤克容（2007）『組織を活かす管理会計－組織モデルと業績管理会計の関係性』生産性出版.
伊藤嘉博・清水孝・長谷川惠一（2001）『バランスト・スコアカード－理論と導入』ダイヤモンド社.
岡本清（2000）『原価計算6訂版』国元書房.
加登豊（1993）『原価企画　戦略的コストマネジメント』日本経済新聞社.
加登豊・山本浩二（1996）『原価計算の知識』日本経済新聞社.
グロービス・マネジメント・インスティテュート編著（2005）『新版MBAマーケティング』ダイヤモンド社.
グロービス経営大学院編著（2008）『改訂3版MBAアカウンティング』ダイヤモンド社.
小林啓孝・山根節（1996）『マルチメディア管理会計』中央経済社.
櫻井通晴（2003）『バランスト・スコアカード－理論とケース・スタディ』同文舘出版.
櫻井通晴（2004）『管理会計第3版』同文舘出版.
柴山慎一・正岡幸伸・森沢徹・藤中英雄（2001）『実践　バランススコアカード』日本経済新聞社.
清水孝（2004）『戦略マネジメント・システム』東洋経済新報社.
園田智昭（2006）『シェアードサービスの管理会計』中央経済社.
中田信哉・長峰太郎（1999）『物流戦略の実際』日本経済新聞社.
西澤脩（1997）『分社経営の管理会計』中央経済社.
西澤脩（2007）『原価・管理会計論』中央経済社.
西山茂（2006）『企業分析シナリオ第2版』東洋経済新報社.
西山茂（2007）『M&Aを成功に導くBSC活用モデル』白桃書房.
西山茂（2008）『入門ビジネスファイナンス』東洋経済新報社.
波頭亮（1995）『戦略策定概論－企業戦略立案の理論と実際』産能大学出版部.
松田修一（1999）『会社の読み方入門』日本経済新聞社.
松原恭司郎（2000）『バランス・スコアカード経営』日刊工業新聞社.
宮下正房・中田信哉（2004）『物流の知識』日本経済新聞社.
森沢徹・宮田久也・黒崎浩（2005）『バランス・スコアカードの経営』日本経済新聞社.
門田安弘編著（2003）『管理会計学テキスト第3版』税務経理協会.

Aaker, D. A. (1984), *Strategic Market Management*, Wiley.（野中郁次郎・北洞忠宏・嶋口充輝・石井淳蔵訳（1986）『戦略市場経営』ダイヤモンド社.）
Anthony, R. N., and V. Govindarajan (2006), *Management Control Systems, Twelfth Edition*, Irwin Professional.

Collins, J. C. and J. I. Porras (1994), *Built to Last：Successful habits of visionary companies*, Harpercollins.（山岡洋一訳（1995）『ビジョナリーカンパニー－時代を超える生存の法則』日経ＢＰ出版センター.）

Copeland, T., T. Koller and J. Murrin (2000), *Valuation：Measuring and Managing the Value of Companies, Third Edition*, Wiley.（マッキンゼー・コーポレートファイナンス・グループ訳（2002）『企業価値評価』ダイヤモンド社.）

Horngren, C. T. et al. (2008), *Cost Accounting：A Managerial Emphasis, Thirteenth Edition*, Prentice Hall.

Kaplan, R. S., and D. P. Norton (1996), *The Balanced Scorecard: Translatings Strategy into Action,* Harvard Business School Press.（吉川武男訳（1997）『バランス・スコアカード－新しい経営指標による企業変革』生産性出版.）

Kaplan, R. S., and D. P. Norton (2000), *The Strategy-Focused Organization：How Balanced Scorecard Companies Thrive in the New Business Environment*, Harvard Business School Press.（櫻井通晴監訳（2001）『キャプランとノートンの戦略バランスト・スコアカード』東洋経済新報社.）

Kaplan, R. S., and D. P. Norton (2004), *Strategy Maps : Converting Intangible Assets into Tangible Outcomes*, Harvard Business School Press.（櫻井通晴・伊藤和憲・長谷川惠一監訳（2005）『戦略マップ』ランダムハウス講談社.）

Knight, J. A. (1998), *Value-Based Management*, McGraw-Hill.

Porter, M. E. (1985), *Competitive Advantage*, The Free Press.（土岐坤・中辻萬治・小野寺武夫訳（1985）『競争優位の戦略』ダイヤモンド社.）

Rappaport, A. (1986), *Creating Shareholder Value*, The Free Press.

Shank, J. and V.Govindarajan (1993), *Strategic Cost Management*, The Free Press.（種本廣之訳（1995）『戦略的コストマネジメント』日本経済新聞社.）

Stewart, Ⅲ, G. B. (1991), *The Quest for Value*, Harper Collins Publishers, Inc.（日興リサーチセンター・河田剛・長掛良介・須藤亜里訳（1998）『EVA 創造の経営』東洋経済新報社.）

索引

■A

Asset（総資産）……22
ABB（Activity Based Budgeting：活動基準予算）……150
ABC（Activity Based Costing：活動基準原価計算）……134
ABM（Activity Based Management：活動基準管理）……142

■B

BBRT（Beyond Budgeting Round Table）……286
BCGのプロダクト・ポートフォリオ……26
Beyond Budgeting Model（脱予算モデル、超予算モデル）……286
BPR（Business Process Reengineering：ビジネス・プロセス・リエンジニアリング）……142
BSC（Balanced Scorecard）……290

■C

CAD……166
CAM……166
CAPM（Capital Asset Pricing Model：資本資産価格モデル）……99
CVP（Cost・Volume・Profit）分析……234

■D

Debt（有利子負債）……98
DCF（Discounted Cash Flow：ディスカウンテッド・キャッシュフロー）法……101,115

■E

Equity（自己資本）……20
EBIT（Earning Before Tax：金利税金差引前利益）……90
EBITDA（Earning Before Interest Tax Depreciation Amortization）……123
EVA（Economic Value Added：経済的付加価値）……23
EV（Enterprise Value：企業価値）……123
EV-EBITDA……123

■F

Flexibility（柔軟性）……274

■G

GEのビジネス・スクリーン……26

■I

IRR（Internal Rate of Return：内部収益率）……110

■K

KFS（Key Factor for Success）……31
KPI（Key Performance Indicator：重要業績評価指標）……126

■M

M & A（Merger & Acquisition：合併・買収）……114

■N

NOPAT（Net Operating Profit After Tax：税引後営業利益）……24,90
NPV（Net Present Value：正味現在価値）……100

■P

Penetration Pricing（市場浸透価格戦略）……48,70,80
PER（Price Earning Ratio：株価収益率）……122

■R

Return（利益）……20
ROA（Return on Asset：総資産利益率）……22
ROE（Return on Equity：自己資本利益率）……20
ROI（Return on Investment：投資利益率）……114,211
ROIC（Return on Invested Capital：投下資本利益率）……23,25

■す

■せ

［著者］
西山 茂（にしやま・しげる）
早稲田大学政治経済学部卒業。米国ペンシルバニア大学ウォートンスクール経営学修士課程（MBA）修了。監査法人トーマツにて会計監査・企業買収・株式公開などの業務を担当した後、㈱西山アソシエイツを設立し、株式公開支援や企業買収支援などの財務コンサルティングおよび企業研修などの業務に従事。2000年4月より早稲田大学大学院（ビジネススクール）助教授に就任し、現在教授。学術博士（早稲田大学）。公認会計士。
主な著書に『改訂3版 MBAアカウンティング』（監修・共著）、『戦略財務会計』（以上、ダイヤモンド社）、『企業分析シナリオ（第2版）』『入門ビジネス・ファイナンス』（以上、東洋経済新報社）、『英文会計の基礎知識』（ジャパンタイムズ）、『M&Aを成功に導くBSC活用モデル』（白桃書房）などがある。

【改訂2版】戦略管理会計

1998年4月16日　初版第1刷発行
2008年7月25日　初版第14刷発行
2009年3月12日　改訂2版第1刷発行
2024年5月10日　改訂2版第5刷発行

著　者——西山 茂
発行所——ダイヤモンド社
〒150-8409　東京都渋谷区神宮前6-12-17
https://www.diamond.co.jp/
電話／03･5778･7228（編集）　03･5778･7240（販売）
装丁————国友幸子、遠藤陽一（デザインワークショップジン）
製作進行——ダイヤモンド・グラフィック社
印刷————堀内印刷所（本文）・新藤慶昌堂（カバー）
製本————ブックアート
編集担当——DIAMONDハーバード・ビジネス・レビュー編集部

ISBN 978-4-478-00812-6